AF534368

DORIS KAMPAS

DAS GROSSE
HOCHBEET-BUCH

ALLES, WAS DU WISSEN MUSST –
FÜR ÜBER 1.000 TAGE PFLANZEN,
ERNTEN, SELBSTVERSORGEN

illustriert und gestaltet
von Ruth Veres

Löwenzahn

BIS ZUM HOCHBEETRAND UND NOCH VIEL WEITER – DAS INHALTSVERZEICHNIS

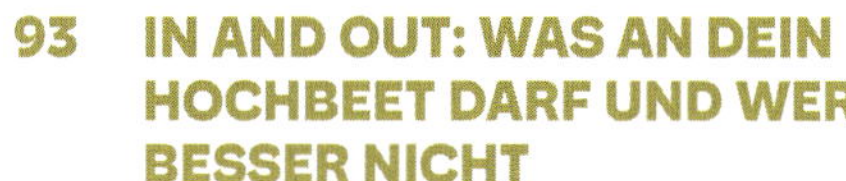

1.000 TAGE HOCHBEET-ERNTE UND DARÜBER HINAUS

*Im 1. Hochbeet-Jahr klappt's immer. Du kannst dich kaum retten vor Ernteüberflüssen und bewundernden (manchmal auch neidischen) Blicken von Familie, Freund*innen oder Nachbar*innen. Doch wie geht's weiter? Welche Pflanzen dürfen im 2. Jahr ins Hochbeet? Und welche im 3., 4. oder 5. Hochbeet-Jahr? Und wie verändert sich das Hochbeet mitsamt Befüllung im Lauf der Jahre? Wie sorgst du dafür, dass es dauerhaft fruchtbar bleibt?*

Starten wir am Anfang: Du bist noch nicht so weit und legst gerade dein erstes Hochbeet an? Oder du möchtest deinen Hochbeet-Garten erweitern und diesmal Probleme von vornherein vermeiden? Dann blättere zum Kapitel **„Erstmal von vorne: Ohne Basics kein Hochbeet"** auf Seite 7. Hier erfährst du alles über das passende Hochbeet-Material, Größe und Höhe, Form und Haltbarkeit, Aufbau, Befüllung und eine Extraportion Komfort im Hochbeet. Auch Balkon-Gärtner*innen kommen nicht zu kurz, denn mit ein paar Kniffen steht deinem Hochbeet-Glück sogar in luftiger Höhe nichts im Weg.

Im Kapitel **„Die 11 großen Fragen des Hochbeet-Gärtners"** (Seite 27) findest du Antworten zu Themen, die viele Hochbeet-Gärtner*innen beschäftigen: vom Nitrat im Salat über die Neubefüllung des Beets oder die Reparatur beschädigter Noppenfolie bis hin zu Pflanzen, die besser draußen bleiben.

Und jetzt? Geht's ans Anpflanzen. Oder Säen. Auf jeden Fall **weit über das 1. Hochbeet-Jahr hinaus.** Im Kapitel **„Den Kasten am Laufen halten"** ab Seite 38 erfährst du alles, aber auch wirklich alles, was du brauchst, um über viele Jahre erfolgreich Gemüse, Kräuter und Co. anzubauen. Ein Fruchtfolgeplan für die ersten 4 Jahre führt dich zur abwechslungsreichen Rund-ums-Jahr-Riesenernte. Weiter geht's mit viel praktischem Wissen rund um Gemüse im Hochbeet. Welches Gemüse säst du direkt, welches setzt du doch besser als Jungpflanze? Was sind die Lieblingstemperaturen der einzelnen Gemüsearten? Wie lange „besetzt" welches Gemüse dein Hochbeet? All das erfährst du genauso wie die richtigen Pflanzabstände und die idealen Pflanzpartner im Hochbeet.

Frühling, Sommer und Herbst sind dir nicht genug? Müssen sie auch nicht sein, denn in der kalten Jahreszeit beginnt das **winterliche Erntevergnügen aus dem Hochbeet.** Ab Seite 76 kannst du nachlesen, wie vielfältig Wintergemüse ist und wie gut es im Hochbeet gedeiht.

Der große Anbaukalender auf Seite 86 gibt dir nochmal eine wunderbare Übersicht über die richtigen Anbauzeiträume von Gemüse und Kräutern. Und wer anbaut, erntet natürlich auch – doch **Ernte** ist nicht gleich Ernte. Die kleinen, aber feinen Unterschiede dürfen also ebenfalls nicht fehlen. Genau wie die Frage, wie du **Kräuter und Blumen im Hochbeet** anbaust. Erfahre mehr ab Seite 89.

Ein weiteres Thema, um das wohl kein Weg herumführt, ist **die Klimakrise** – sie bringt nicht nur uns ins Schwitzen. Auch wenn ein Hochbeet viel ausgleicht, stellt die Witterung deine Pflanzen dennoch vor so manche Herausforderung. Im Kapitel **„Hochbeet extrem"** auf Seite 117 findest du Rat, wie du Trockenheit, Dauerregen oder Sturm begegnest.

Kleine Besucher gibt es im Hochbeet zuhauf. Viele dieser Tierchen, wie z. B. Regenwürmer oder Springschwänze, sind nützlich, doch andere erfreuen weder dich noch deine Pflanzen. Damit fressende, saugende oder beißende Insekten und Co. draußen bleiben, beugst du besser rechtzeitig vor. Wie? Das erfährst du im Kapitel **„In and out – was an dein Hochbeet darf und wer besser nicht“** (Seite 93). Und wenn es sich die ungebetenen Mitbewohner schon gemütlich gemacht haben? Dann gibt es genug sanfte, biologische Methoden, um sie rasch aus deinem Hochbeet zu vertreiben (Seite 100).

Ins Hochbeet dürfen hingegen: **Dünger und Mulch.** Welchen Zweck sie erfüllen und was die geeignetsten natürlichen Mittel sind, liest du ab Seite 108. Außerdem findest du ab Seite 113 **zahlreiche Bewässerungstipps.**

Nach so vielen Informationen bist du nicht mehr zu halten und möchtest endlich loslegen? Oder einfach sofort anbauen und dir das Wissen nach und nach aneignen, ganz nach Lust, Laune und Zeit? Dann raus mit dir zum Hochbeet und rein mit den Samen und Pflanzen. Mit über 20 fertigen Anbauplänen für dein Hochbeet kann garantiert nichts schiefgehen. Und wenn doch? Dann blättere einfach wieder ein paar Seiten zurück. Mit diesem Buch gebe ich dir meine gesammelten Erfahrungen mit auf den Weg, damit du einfach das Beste aus deinem Hochbeet rausholst – Jahr für Jahr.

Doris Kampas

MEIN UNGLAUBLICHES HOCHBEET STEHT – UND JETZT?

Los geht's! Dieses Kapitel ist vollgepackt mit den wichtigsten Basics, egal, ob du bereits ein Hochbeet zu Hause hast oder erst mit dem Gedanken spielst, dir eines zuzulegen. Finde heraus, welches Material für dein Hochbeet geeignet ist, welche Hochbeet-Maße ideal sind, wo das Hochbeet am besten hin soll und was als Befüllung alles hinein darf. Darüber hinaus erfährst du alles rund um Schneckenschutz, Frühbeet-Aufsätze, wie du dein Holz-Hochbeet vor Nässe schützt und was du beim Hochbeet-Gärtnern am Balkon beachten solltest.

ERSTMAL VON VORNE: OHNE BASICS KEIN HOCHBEET

Du bist ein Hochbeet-Neuling und überlegst die Anschaffung deines ersten Hochbeets? Oder du möchtest deinen Hochbeet-Garten erweitern? Dann ist dieses Kapitel für dich genau richtig: Hier findest du kompakt zusammengefasst alles, worauf es bei der Anlage deines Hochbeets ankommt.

EINMAL NEUES HOCHBEET, BITTE: SELBSTGEBAUT, UPGECYCELT ODER GEKAUFT

Ein Hochbeet ist mehr als ein viereckiger Kasten, und genauso vielfältig wie seine Formen sind die Möglichkeiten, wie dein Hochbeet entsteht.

Es gibt zahlreiche im Handel erhältliche Hochbeete. Du kannst dein Hochbeet natürlich auch selbst bauen, z. B. aus Holz oder upgecyceltem Material wie Paletten, ausrangierten Möbeln oder einer alten Badewanne – Wasserabfluss inklusive. Zum Einstieg gibt's hier einige Hochbeet-Ideen – von klassisch bis ausgefallen.

Hoch, höher, Hochbeet!

Wunderbar stabil – das Hochbeet aus Lärchenholz

Tiefstapeln war gestern: ein Blumenkästen-Hochbeet-Turm

Ein Pyramiden-Hochbeet aus Böschungssteinen passt in jede Ecke.

Zucchini ahoi im Boot-Hochbeet

Ziemlich wow, oder? Das ovale Metall-Hochbeet macht ganz schön was her.

Ab in die Badewanne!

Aus Brunnenringen wird ein Hochbeet.

So viele Baustoffe – so viele Hochbeete

Holz, Metall, Ziegel, Stein, Beton, Kunststoff oder Naturmaterial wie Weidenruten – jeder Werkstoff hat seine Eigenschaften, Vorteile und Nachteile. Für welches Hochbeet-Material du dich letztlich entscheidest, hängt von deinem Geschmack, aber auch deinen Ansprüchen an Haltbarkeit, Klimafreundlichkeit, Preis, Hochbeet-Form und einigem mehr ab.

Hier ein kleiner Überblick über die Pros und Kontras der verschiedenen Hochbeet-Baustoffe:

Holz

Der Naturstoff, der in den Garten genauso passt wie auf Terrasse und Balkon.

Holz-Pros:

- Naturmaterial
- optisch ansprechend, harmoniert mit Pflanzen
- fördert das Pflanzenwachstum: Holz wärmt sich tagsüber auf und gibt gespeicherte Wärme in der Nacht langsam ab.
- ökologisch und klimaneutral: Heimisches Holz reist nicht weit und braucht für seine Gewinnung relativ wenig Energie. Der Baum speichert beim Wachsen Kohlendioxid, dieses bleibt in deinem Hochbeet gebunden und wird nicht an die Atmosphäre freigegeben.
- darf unbehandelt bleiben: Manche Holzarten brauchen keinen Anstrich. Sie beinhalten Stoffe, die sie vor rascher Verwitterung schützen. Welches Holz das ist, liest du in der Tabelle auf der nächsten Seite.
- Holz ist – je nach Art – preiswert bis mittelpreisig.
- kann mit etwas Geschick leicht selbst gebaut werden (z. B. aus Holzresten).

Holz-Kontras:

- Tropenholz ist klimaschädlich – verwende heimisches/mitteleuropäisches Holz aus nachhaltiger Waldwirtschaft.
- Je nach Holzart unterschiedliche Haltbarkeit – von kurz bis sehr lange (schau dir die Tabelle auf der nächsten Seite an).
- Manche Holzarten benötigen konstruktiven Holzschutz für längere Haltbarkeit. Das klingt komplizierter, als es ist – wie einfach du konstruktiven Holzschutz umsetzt, steht auf Seite 20.

Hochbeete aus Lärchenholz sind meine Favoriten.

Ein Paletten-Hochbeet aus Fichtenholz ist günstig und schnell zusammengezimmert.

Mitteleuropäische Holzarten für dein Hochbeet und ihre Eigenschaften:

HOLZART	HALTBARKEIT	PREIS	BRAUCHT KONSTRUKTIVEN HOLZSCHUTZ (Seite 20)	SONSTIGE INFOS
Fichte	3–5 Jahre	günstig	ja	ideal z. B. für einen Mietgarten mit kurzer Nutzungsdauer
Kiefer	5–7 Jahre	günstig	ja	
Lärche	15–20 Jahre	mittel	ja	das klassische Gartenbauholz mit dem besten Kosten-Nutzen-Verhältnis, lange Lebensdauer mit konstruktivem Holzschutz
Eiche	20–25 Jahre	hoch	ja	
Robinie	20–30 Jahre	hoch	nein	verrottet auch bei Kontakt mit Erde kaum

Metall

Hochbeete aus Metall erleben in den letzten Jahren einen Boom. Auch der Werkstoff Metall hat seine Vorzüge und Schwächen.

Metall-Pros:

- lange Haltbarkeit
- keine Noppenfolie notwendig
- passt gut in Gärten/auf Terrassen/Balkone mit klaren Linien
- „edle“ Optik, wirkt modern
- lässt sich leicht abbauen und an einen anderen Platz versetzen (wenn du vorher die Befüllung ausräumst)

Hält fast ewig und lässt sich ratzfatz aufbauen: das Hochbeet aus Metall

Metall-Kontras:

- höherpreisig
- energieaufwändiger in der Produktion und damit klimaschädlicher als Holz
- erhitzt sich im Sommer und kühlt im Winter rasch aus
- im Winter zusätzliche Wärmedämmung notwendig
- je nach Material werden verschiedene Zuschlagstoffe beigemengt (z. B. Zink als Rostschutz, Nickel, Kupfer oder Chrom bei Cortenstahl)

Ab in die Tonne: Auch so geht Hochbeet!

Hochbeete gibt es aus folgenden Metallarten:

METALL	EIGENSCHAFTEN
Normalstahl	unbehandelt, verrostet
Stahl verzinkt	lange Lebensdauer, Schäden an der Zinkschicht vermeiden
Cortenstahl	sehr lange Lebensdauer, rostartige Braunfärbung wird durch verschiedene Zuschlagstoffe erzeugt
Edelrost-Stahl	lange Lebensdauer, Rosteffekt wird durch natürliche Substanzen wie Speiseessig oder Zitronensäure verursacht
Aluminium	sehr lange Lebensdauer, hoher Energieaufwand bei Produktion, allerdings sehr leichtes Material
Edelstahl	sehr lange Lebensdauer, sehr hochpreisig

Stein

(Selbstgebaute) Hochbeete aus Stein verleihen deinem Garten den besonderen Schick.

Kalkstein und Mörtel: Kombi für immer

Stein-Pros:

- sehr langlebig und stabil
- hervorragende Wärmespeicherung und guter Tag-Nacht-Temperaturausgleich für deine Pflanzen
- ideale Resteverwertung, wenn z. B. vom Hausbau Ziegel übrig bleiben
- sieht im Garten natürlich und harmonisch aus
- Locker gesetzte Hochbeete aus Natursteinen sind gleichzeitig Lebensraum für Gartentierchen wie Eidechsen, Blindschleichen oder Kröten.
- je nach Steinart unterschiedlicher, aber insgesamt nicht sehr hoher Energieverbrauch. Regionale Natursteine sind sehr klimafreundlich, gebrannte Ziegel benötigen etwas mehr Energieeinsatz.

Stein-Kontras:

- sehr aufwändig in der Errichtung
- neu angeschaffte Steine sind sehr teuer, Aufbau durch Fachbetriebe ebenso
- hohes Gewicht, daher ungeeignet für Balkone und Terrassen

Tipp:

Achte bei der Anschaffung auf die Frostfestigkeit der Steine. Ideal sind Natursteine oder Klinker. Auch Tuff- oder Kalksteine sind nicht nur hübsch, sondern sehr haltbar.

Ein Hochbeet aus Naturstein ist nicht nur Lebensraum fürs Gemüse: Auch Eidechsen oder Kröten ziehen mit etwas Glück ein.

Kunststoff

Ein viel diskutierter Werkstoff, der auch für zahlreiche Hochbeet-Modelle verwendet wird. Was dafür und was dagegen spricht:

Kunststoff-Pros:

- sehr preisgünstig
- extrem leichtes Material, ideal für Terrassen und Balkone
- bunte, lebendige Farben für jeden Geschmack
- zahlreiche Modelle auf Beinen – und damit geringes Gewicht
- flexible und erweiterbare Bausteinmodelle erhältlich
- sinnvolle Verwertung bei Recycling-Modellen

Kunststoff-Kontras:

- Verformung in der Sommerhitze
- geringere Stabilität
- Zuschläge von UV-Stabilisatoren sind notwendig, damit sich das Plastik nicht zersetzt.
- hoher Energieverbrauch bei der Produktion nicht recycelter Kunststoffe
- Herkunft oft aus Fernost und mit weiten Transportwegen verbunden

Gut zu wissen:

Eine von der EU beschlossene Vorgabe zur Erhöhung der Recycling-Quote von Kunststoffen hat eine kleine Bewegung in Richtung Produktion verschiedenster Pflanzgefäße, darunter auch Hochbeete, aus Recycling-Material ausgelöst. Diese sind wesentlich nachhaltiger und klimafreundlicher als Hochbeete aus „frischem" Plastik.

Naturmaterial und Upcycling

Selbstgebaute Hochbeete aus Naturmaterialien oder Upcycling-Hochbeete aus schon verwendeten Gegenständen wie Weinfässern, Gemüsekisten, Paletten, Schubkarren und vielem mehr sind in Sachen Nachhaltigkeit nicht zu schlagen. Sie verursachen kein zusätzliches CO_2 und finden auch nach der Erfüllung ihres ursprünglichen Zwecks einen sinnvollen Einsatz. Einige Upcycling-Ideen zeigen dir die Fotos auf Seite 8.

Größe, Höhe und Hochbeet-Form – passend für deine Bedürfnisse

Ideale Hochbeet-Maße gibt es tatsächlich. Sie haben Einfluss auf die Stabilität, das gute Gedeihen deiner Pflanzen und deinen Komfort.

Je nachdem, wie groß du bist, freust du dich bei folgenden **Hochbeet-Höhen** über gemütliches, rückenschonendes Gärtnern:

KÖRPERGRÖSSE	HOCHBEET-HÖHE
bis 160 cm	70–75 cm
160–180 cm	80–85 cm
über 180 cm	90–100 cm
Kinder (3–10 Jahre)	je nach Alter 40–60 cm

Mini-Gärtner*innen welcome: Hochbeete mit Snackgemüse zu bepflanzen, macht auch Kindern Spaß.

Tipp:

Du bist unsicher, wie hoch dein Hochbeet sein soll? Deine Küchenarbeitsplatte liefert einen guten Vergleichswert. Ist ihre Höhe für dich angenehm, passt diese auch fürs Hochbeet.

Auch die Auswahl der Pflanzen hat Einfluss auf die Höhe des Hochbeets. Für Tomaten, Stangenbohnen oder Rosenkohl genügen bereits 40–50 cm, sonst wachsen sie in den Himmel.

Hier wächst Tomatensoße fürs ganze Jahr.

Dein Hochbeet sollte nur so **breit** sein, dass du mit deinen Händen bequem zu allen Pflanzen gelangst. Kannst du es von beiden Seiten bearbeiten, sind 100–120 cm ideal, steht es an einer Wand oder neben einem Zaun, genügen 60–80 cm Breite.

Ideale Maße – nicht zu hoch und nicht zu breit: Die Pflanzen wachsen nach oben und können von einer Seite gut bearbeitet werden. Extra-Bonus: Neben der Hauswand ist es kuschelig warm.

Grundsätzlich ist der **Länge** deines Hochbeets keine Grenze gesetzt, allerdings: Je länger ein Hochbeet ist, desto mehr Füllmaterial fasst es und umso schwerer wird die Befüllung. Diese übt Druck auf die Hochbeetwände aus, vor allem die Längsseiten verbiegen sich unter der andauernden Belastung. Für eine gute Stabilität haben sich 200 cm als ideal herauskristallisiert.

Tipp:

Dein Hochbeet ist länger als 200 cm? Dann helfen zusätzliche Querverstrebungen wie Balken, Gewindestangen oder Ketten. Sie wirken dem Druck von innen entgegen.

Wie du ein Hochbeet stabil baust, liest du auf Seite 18.

Das klassische Hochbeet ist rechteckig und ca. 80 cm hoch. Daneben gibt es noch viele weitere **Hochbeet-Formen.** Während runde, ovale oder geschwungene Hochbeete eher fürs Auge gedacht sind, nutzen L-förmige oder Dreiecks-Hochbeete den zur Verfügung stehenden Platz gut aus. Vertikale Hochbeete und Pyramiden-Hochbeete vergrößern auf kleinem Raum die Anbaufläche. In Pyramiden-Hochbeeten bringst du auf derselben Fläche wesentlich mehr Pflanzen unter, da der Wurzelraum größer ist.

Einmal um die Ecke, bitte.

Bester Lückenfüller: ein dreieckiges Hochbeet.

Einfach und genial: Im Pyramiden-Hochbeet bringst du auf kleiner Fläche viel unter, in diesem Fall 4 Zucchinipflanzen auf 1 m² Bodenfläche.

DAS BESTE PLÄTZCHEN FÜR DEIN HOCHBEET: IM GARTEN, AUF DEM BALKON UND DER TERRASSE

Die gute Nachricht zuerst: Ein Hochbeet passt nahezu an jeden Standort. Du kannst damit auch Flecken in deinem Garten wiederbeleben, wo bisher nichts gewachsen ist. Ein schlechter, verdichteter Boden oder ein betonierter Platz wird mit dem Hochbeet zum üppigen, fruchtbaren Gemüse- oder Blütenbeet.

Folgendes hilft dir trotzdem, damit dein Hochbeet noch komfortabler und ertragreicher wird:

- **Sonne, Sonne, Sonne:** Viele unserer Nutzpflanzen brauchen zum Wachsen neben guter Erde und ausreichend Wasser vor allem eines: viel Licht. Ideal für dein Hochbeet ist also ein vollsonniger Standort. Hast du nicht? Keine Sorge, es gibt ausreichend (Gemüse-)Pflanzen, die auch im (Halb-)Schatten gut gedeihen. Welche das sind, findest du in der Aufstellung auf Seite 167 und im Schattenplatz-Hochbeet zum Nachpflanzen auf Seite 162.

- **Je näher, desto besser:** Schnell einen Salat oder ein paar Kräuter in die Küche geholt? Das fällt dir umso leichter, je eher du beim Hochbeet und wieder zurück bist. Denn im Alltag zählt manchmal jede Minute und du hast sicher keine Lust, durch den ganzen Garten zu laufen, während drei Töpfe gleichzeitig am Herd stehen. Ein Hochbeet in Hausnähe hat also unschlagbare Vorteile, zumindest für die wichtigsten Kräuter und Gewürze.

- **Von Ost nach West:** Entgegen der oft empfohlenen Nord-Süd-Ausrichtung ist meine Erfahrung, dass die Ost-West-Ausrichtung deines Hochbeets sinnvoller ist. Besonders dann, wenn du auch im zeitigen Frühjahr und im Winter etwas anbauen willst. Warum? Beim Einsatz eines Frühbeet-Aufsatzes zeigt dessen abgeschrägte Seite Richtung Süden – dein Hochbeet fängt damit die Sonnenstrahlen an kalten Tagen optimal ein. Also: Lange Seite Richtung Süden, die beiden kurzen Seiten sind nach Osten bzw. Westen ausgerichtet.

- **Achtung vor gefräßigen Pflanzen:** Nein, nicht die Venusfliegenfalle macht uns im Hochbeet Probleme, sondern der Kirschbaum. Oder die Hecke im Nachbargarten. Der Anbau im Hochbeet klappt einige Jahre recht gut, bis nahe Bäume oder Sträucher seine Vorteile entdecken. Dann schlagen sie ihre Wurzeln Richtung Hochbeet und naschen am nährstoffreichen gedeckten Beet mit. Das geht so weit, dass die Wurzeln das Hochbeet komplett durchwuchern. Also: Abstand halten – oder du baust eine wasserdurchlässige Wurzelsperre ein. Lege dazu vor der Hochbeet-Befüllung ein dickes, aber wasserdurchlässiges Vlies auf den Boden. Gut geeignet ist z. B. ein Bauvlies.

Mmmh: immer frische Kräuter abzupfen!

Der große Kirschbaum streckt seine Wurzeln ins Hochbeet, das Vlies sperrt sie aus.

- **Am Balkon oder auf der Terrasse:** Frei schwebende Balkone und Terrassen dürfen aus statischen Gründen nur mit einem bestimmten Gewicht belastet werden. Ist die Last punktuell zu schwer, kann es zu Schäden (z. B. Risse im Boden) kommen. Die Belastung wirkt umso stärker, je exponierter das Gewicht ist, also je näher das Hochbeet am Balkonrand steht. Stelle das Hochbeet daher besser nahe zur Hauswand. Das hat übrigens einen Vorteil: Die Pflanzen im Hochbeet profitieren an kalten Tagen von der Abwärme des Hauses und wachsen besser. Mehr über Hochbeete am Balkon findest du gleich im nächsten Punkt.

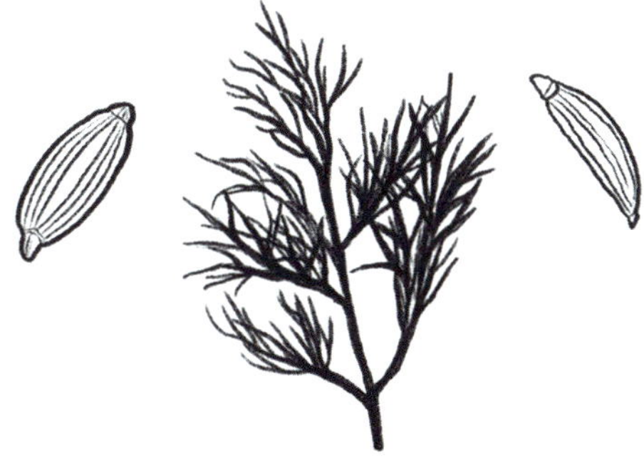

Dein Hochbeet auf dem Balkon oder der Terrasse

Wie bereits erwähnt: Beachte unbedingt das Gewicht deines Hochbeets. Die meisten Hausverwaltungen erlauben eine maximale Belastung von 250–300 kg/m². An diese Vorschriften solltest du dich halten, denn bei Schäden steigt dir jede Versicherung aus – und das kann teuer kommen. Doch keine Sorge: Das ist kein Grund, dich entmutigen zu lassen und auf ein Hochbeet in luftigen Höhen zu verzichten.

Zuallererst solltest du das Gewicht deines geplanten Hochbeets ermitteln. Das geht so:

1. Wie groß ist dein Hochbeet? Nehmen wir als Beispiel die typischen Hochbeet-Maße von 100 × 200 × 84 cm. Zusätzlich musst du das Gewicht des Hochbeets, also des Rahmens wissen. Die Angaben dazu findest du beim Hersteller, wenn du das Hochbeet selbst baust, wiege die Bretter einfach ab (z. B. mit Hilfe einer Personenwaage). Unser Beispiel-Hochbeet wiegt 80 kg – also 40 kg je m².

2. Nun berechnest du, wie viel Füllmaterial ins Hochbeet passt – also das Volumen. Das geht ganz einfach: Länge × Breite × Höhe! In unserem Beispiel also 2 m × 1 m × 0,84 m = 1,68 m³ (Kubikmeter).

3. Rechne jetzt das Volumen in Liter um, wobei 1 m³ = 1.000 l entspricht. Unser Hochbeet benötigt daher 1.680 l Füllmaterial. Im nächsten Schritt ermitteln wir das Gewicht des Füllmaterials.

4. Gehen wir davon aus, du befüllst dein Hochbeet mit Bio-Erde. 100 l Bio-Erde wiegen ca. 50 kg. Für das Hochbeet benötigen wir 1.680 l, also brauchst du insgesamt 50 × 16,8 = 840 kg Erde.

5. Je m² fallen also 430 kg für die Erde + 40 kg Hochbeet-Gewicht an, das sind schon 470 kg. Damit sind wir leider noch nicht fertig: Zusätzlich musst du einen Sicherheitsfaktor von ca. 30 % für Regen oder Schnee berechnen – also kommen wir insgesamt auf 611 kg Gesamtbelastung/m².

Wie du anhand unserer kleinen Berechnung im Kasten siehst, ist ein „normales" Hochbeet mit Erde-Befüllung für deinen Balkon zu schwer. Es gibt aber genug Wege, um das Gewicht zu reduzieren. Hier ein paar Ideen:

Ein Hochbeet muss nicht immer hoch sein

Terrassen- oder Balkonbeete zwischen 35 und 50 cm Höhe sind wesentlich leichter, die Pflanzen gedeihen darin genauso gut. Sogar tief wurzelndes Gemüse, wie Karotten oder Pastinaken, findet ausreichend Platz. Wichtig: Die Beete benötigen einen Boden, denn sonst ruinierst du deine Terrasse. Idealerweise stellst du das Terrassenbeet auf kleine Pflöcke, damit ein kleiner Zwischenraum zwischen dem Untergrund und dem Beetboden entsteht (ca. 2–5 cm genügen). So kann Luft zirkulieren und überschüssiges (Gieß-)Wasser abrinnen.

Ein Terrassenbeet ist nicht zu schwer und liefert trotzdem eine satte Ernte.

Stelle dein Hochbeet auf Beine

Du willst dich nicht unnötig bücken? Dann stelle dein Hochbeet doch einfach auf Beine. Wichtig ist ein stabiler Boden mit Abfluss, damit deine Pflanzen nicht baden gehen.

Mach deinem Hochbeet Beine.

Schummle dir einen Zwischenboden ins Hochbeet

Ziehe einfach in der Hälfte des Hochbeets einen Zwischenboden ein. Das gelingt gut mit stabilen Leisten, die du an der Innenseite montierst und auf denen du den Boden bzw. einzelne Bodenbretter verschraubst. Auch hier gilt: Kleine Löcher im Zwischenboden verhindern Staunässe.

Leicht, leichter, am leichtesten: Auf die Befüllung kommt es an

Es ist nicht notwendig, dass du dein Hochbeet von unten bis oben mit Erde befüllst. Im Gegenteil, auch am Balkon besteht die ideale Befüllung fürs Hochbeet aus einem bunten Mix verschiedener natürlicher Stoffe. Als Untergrund für die oberste Erdschicht gibt es mehrere leichte Materialien:

Miscanthus: wird auch Elefantengras oder Chinaschilf genannt. Das goldgelbe, kurz gehäckselte Gras wird hauptsächlich zum Mulchen verwendet, hat sich aber auch als ideale Untergrund-Befüllung fürs Hochbeet erwiesen. Es wird selbst bei hoher Wassersättigung nicht schwer und wirkt als Drainageschicht. Überschüssiges Wasser sickert durch, ohne Erde auszuschwemmen.

Blähton: Etwas schwerer, aber immer noch zweckmäßig ist Blähton. Er saugt Flüssigkeit in einer Menge von bis zu 10 % seines Eigengewichtes auf. Allerdings sind die Gewichte verschiedener Blähtone sehr unterschiedlich, lege beim Einkauf ein Augenmerk darauf. Blähton hat den zusätzlichen Vorteil, dass er den Pflanzen gespeichertes Wasser nach Bedarf zur Verfügung stellt.

Perlit: ist ein Vulkangestein, das – ähnlich wie Popcorn – durch starkes Erhitzen kleine, weiße Kügelchen bildet. Es gibt zwei Formen von Perlit:

- Agrarperlit: wird als Zuschlagstoff für Erden verwendet und verfügt über ein hohes Wasserspeichervermögen. Agrarperlit saugt Wasser wie ein Schwamm auf, wodurch sich sein Gewicht um ein Vielfaches erhöht.
- Wasserabweisender Perlit: wird als Bauzuschlagstoff, aber auch für die Anlage von Dachterrassen verwendet. Dieser Perlit bleibt ultraleicht mit einem Gewicht von 100–150 kg/m^3.

Verwende für dein Hochbeet auf Balkon und Terrasse den wasserabweisenden Perlit.

LANG LEBE DAS (HOLZ-)HOCHBEET: TIPPS FÜR EINE FRUCHTBARE LANGZEITBEZIEHUNG

Hochbeete aus Naturmaterialien wie Holz oder z. B. selbstgeflochten aus Weiden- oder Haselzweigen unterliegen natürlichen Prozessen – sprich: der Verwitterung. Statt auf imprägnierte Bretter oder chemische Holzanstriche zurückzugreifen, gibt es einfache, dafür umso effektivere Methoden, um deinem Hochbeet ein langes Leben zu garantieren. Mein erstes Hochbeet aus Lärchenholz erfreut mich seit mittlerweile knapp 20 Jahren und zeigt keine Spur von Altersschwäche.

Nasse Füße unerwünscht

Die fürs Holz gefährlichste Stelle ist der Übergang von Erde zu Luft – genau dort, wo die untersten Hochbeet-Bretter auf dem Boden stehen. In den obersten Zentimetern des Bodens tummeln sich zahlreiche Bakterien, Pilze und andere Mikroorganismen, die unter Zuhilfenahme von Sauerstoff organisches Material – also Holz – abbauen. Auch kleine, im Boden lebende Insekten knabbern am Holz. Besonders rasch geht die Vermoderung voran, wenn der Boden feucht ist. Denn hier nutzen viele Bodenorganismen den Wasserfilm als „Rutschbahn“, um direkt zu ihrer

Nahrungsquelle zu kommen. Zudem erhöht Feuchtigkeit die Stoffwechselaktivitäten der Bodenlebewesen und spült ihnen benötigte Mineralstoffe zu.

Die einfachste Lösung ist also, dein Hochbeet von Mikroorganismen und Feuchtigkeit fernzuhalten. Das geht so:

1 Markiere am Boden die Außenränder für dein Hochbeet mit einer Schnur oder einem Spaten. Nun hebe mit dem Spaten entlang der Markierung einen ca. 15 cm breiten und 20 cm tiefen Graben aus. Und zwar so, dass die Hochbeet-Kanten später in der Mitte des Grabens zu stehen kommen.

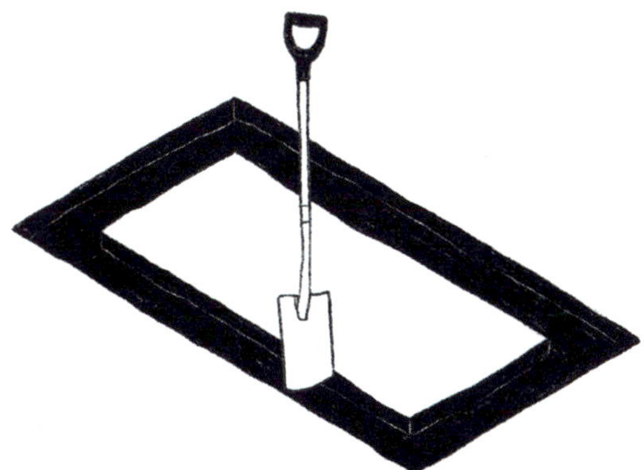

Achtung:

Grabe nur den Rahmen, nicht die ganze Fläche aus. Innen bleibt Erde, denn Regenwürmer und andere Tiere müssen ins Hochbeet einwandern können. Das gelingt nicht, wenn sie sich durch eine dicke Schotterschicht wühlen müssen.

2 Fülle je nach Geschmack Streusplitt, Kiesel oder Riesel in den Graben. Vermeide große, runde Steine, da diese später sehr unbequem sind, wenn du dich zum Hochbeet stellst. Angenehmer für deine Füße sind Bruchsteine mit einer Körnung von 8–16 mm. Setze für eine höhere Standfestigkeit deines Hochbeets in jede Ecke einen glatten Stein (z. B. einen alten Ziegel- oder Pflasterstein).

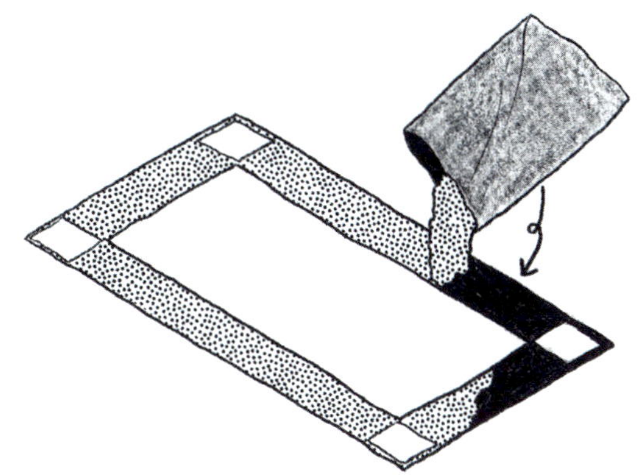

3 Setze das Hochbeet in die Mitte des Drainagestreifens, sodass die Holzkanten komplett auf der Kiesschicht aufliegen.

Durch die Kiesdrainage versickert Regenwasser sehr rasch, das Hochbeet trocknet selbst nach Starkregen wieder schnell. Für die Bodentierchen ist die steinige Kiesschicht ungemütlich, sie machen sich nun lieber im Inneren des Hochbeets an die Arbeit – genau dort, wo du sie haben willst.

Eine Drainage aus Kies ist der beste Schutz für Holz, ...

... gefolgt von Steinen. Achte auf Fugen zwischen den Steinen, damit (Regen-)Wasser abrinnen kann.

Das Holz an der Innenseite schützen

Auch an der Innenseite kommt das Hochbeet direkt mit Erde in Verbindung. Da sich gerade im Hochbeet viele Tierchen tummeln, die nicht unterscheiden können, ob sie nun die eingefüllten Äste oder doch das Hochbeet-Holz anknabbern sollen, ist auch hier ein konstruktiver Holzschutz notwendig. Der Aufwand dafür ist – sowohl finanziell als auch handwerklich – sehr überschaubar.

Nagele oder schraube eine Noppenfolie an die Innenseite des Hochbeets.

> ***Achtung:***
>
> Die Noppen müssen zum Holz zeigen! Dadurch entstehen Hohlräume zwischen Hochbeet und Erde, das Holz kann besser atmen.

Beginne am oberen Rand und verwende Schrauben mit Beilagscheiben (Karosseriescheiben) oder Nägel mit großem Kopf (z. B. Dachpappennägel). Sei ruhig großzügig und befestige die Noppenfolie vor allem im oberen Bereich in 2–3 Reihen in Abständen von 10–15 cm. Die Befüllung des Hochbeets wirkt später mit großen Kräften und zieht die Folie mit hinunter.

> ***Tipp:***
>
> Hebe dir Folienreste für spätere Reparaturen auf.

Die Noppenfolie schützt dein Holz vor dem Vermodern. Verwende Nägel mit großen Köpfen.

Konstruktion sticht Holzverbrauch

Für ein stabiles Hochbeet musst du nicht Unmengen an Holz verbauen. Mit einer durchdachten Konstruktion bleibt dein Hochbeet formschön und langlebig.

Holzbretter mit Nut und Feder verzahnen sich und verhindern das Auseinanderdriften der einzelnen Bohlen. Statt die Bretter an innenliegende Holzstaffeln zu schrauben, ist es besser, von außen einen „Gegendruck" aufzubauen, denn die Hochbeetbefüllung drückt mit hohem Gewicht auf das Holz. Holzbretter, die innen an Querlatten oder Holzstaffeln befestigt sind, werden dennoch auseinandergedrückt. Die Holzstärke spielt dabei keine Rolle. Den Gegendruck erzeugst du hingegen, indem du die Nut-Feder-Bretter an außenliegenden Winkeln (z. B. aus Metall) befestigst. Diese Bauweise spart Platz, Geld und Wald.

Nut-Feder-Bretter und die Verschraubung mit Außenwinkeln sorgen für Stabilität, du sparst Holz(stärke) und damit Geld.

IMMER REIN DAMIT: MIT DER RICHTIGEN BEFÜLLUNG ZUR TURBO-ERNTE

Wenn dein Hochbeet steht, geht's an die Befüllung.

> ***Eine kleine Vorwarnung:***
>
> Dein Hochbeet schluckt mehr, als du dir im ersten Moment vielleicht vorstellen kannst. Beginne mit dem Sammeln von Befüllungsmaterial, sobald du mit dem Gedanken an ein neues Hochbeet spielst.

So sieht die schichtweise Hochbeet-Befüllung für ein 85 cm hohes Hochbeet aus:

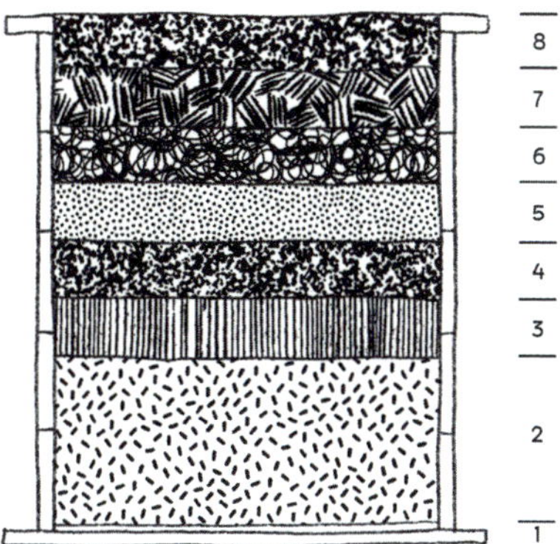

1 Wühlmausgitter
2 30–40 cm hohe Mischung aus Strauch- und Baumschnitt, Ästen, Zweigen, Staudenresten und Stängeln
3 10 cm hohe Mischung aus Gras- und Rasenschnitt, Schnitt von Ziergräsern, samenfreies Beikraut, Miscanthus-Mulch
4 10 cm alte Erde, z. B. aus Blumentöpfen, alter, gut abgelegter Kompost
5 10 cm Laub mit etwas Erde gemischt, Pflanzenreste, Küchenabfälle
6 10 cm Kompost oder Tiermist
7 10 cm reifer Kompost oder Bio-Erde
8 10 cm Bio-Erde

> ***Tipp:***
>
> Du musst nicht jedes angeführte Material verwenden – nimm einfach die Stoffe, die in deinem Garten vorhanden sind.

Die folgende Aufstellung gibt dir einen Überblick, welche Stoffe ins Hochbeet dürfen – und welche nicht:

Darf ins Hochbeet	Darf NICHT ins Hochbeet
Strauch- und Baumschnitt, Äste und Zweige von Obst- und Laubbäumen, Ziersträuchern, Wildsträuchern; Holzhäcksel, Waldhackgut	Stämme von Hartholz (z. B. Robinie, Eiche), da diese langsam verrotten. Nadelgehölze; frische Zweige von Weiden, Haseln, Rosen, Himbeeren, Brombeeren etc., da diese wieder austreiben und im Hochbeet anwachsen; Thujen(zweige) und Rindenmulch versauern die Befüllung
Staudenreste, Reste von Zierpflanzen und Blumen, z. B. Stängel von Sonnenblumen, Lavendel, Rudbeckien etc.; Rückschnitt von Kräutern (z. B. Salbei, Thymian)	Rückschnitt von Efeu, Pfefferminze und Wurzelreste oder Rhizome von wuchernden Pflanzen wie Bambus, Topinambur, Ziergräsern usw.
Laub von Obst- und Ziergehölzen	Nuss- und Eichenlaub: enthält Gerbsäure, die das Wachstum hemmt
Gras- und Rasenschnitt, Schnitt von Ziergräsern, samenfreies Unkraut, Miscanthus-Mulch	Wurzelunkraut wie Quecke, Ackerwinde, Giersch, samentragendes Beikraut
ungespritzte Gemüse- und Obstreste aus Garten und Küche	kranke Pflanzenreste, gespritzte Pflanzenreste (z. B. Bananenschalen, Zitrusfrüchte)
Kompost, halb und ganz gereift; alte Erde z. B. aus Blumentrögen und -töpfen	ungesiebter Kompost (Achtung, Schneckeneier!), Erde von kranken Pflanzen (z. B. Mehltau)
abgelegter Tiermist von Bio-Betrieben	Tiermist von konventionellen Betrieben (es können Rückstände von Antibiotika und Hormonen enthalten sein), frischer Tiermist
gute Bio-Erde (gekauft)	konventionelle Billigerde, belastete Erde aus dem Garten (es können Reste von Schneckeneiern, Wurzelunkraut und sonstigen Krankheitserregern enthalten sein)

Achtung:

Wühlmäuse lieben die kuschelig warme Hochbeetbefüllung zum Wohnen und als Kinderstube. Lege darum unbedingt ein Wühlmausgitter ins Hochbeet. Wie das geht, liest du gleich auf der nächsten Seite.

Falls es dir komisch vorkommt, dass die cm-Angaben für das eingefüllte Material höher sind als das Hochbeet: Schon während des Einfüllens komprimieren die oberen Stoffe vor allem die Schicht aus Zweigen und Ästen, da diese viel Luftraum enthalten. Die Befüllung wird im Lauf der Zeit noch weiter sinken. Wie du dein Hochbeet wieder auffüllst, liest du auf Seite 32.

Das darf ins Hochbeet:

Zweige

Gras- und Rasenschnitt

Laub

Kompost

alte Erde aus Blumentöpfen und Trögen

frische Bio-Erde als Abschluss

Die Besitzverhältnisse sind dann auch mal geklärt.

Kein Befüllungsmaterial – was tun?

In kleinen Gärten fällt meist nicht ausreichend Befüllungsmaterial an. Doch keine Sorge, du kannst Folgendes zukaufen und anstelle des Gartenmaterials ins Hochbeet füllen:

- Holzhäcksel und Waldhackgut statt Strauchschnitt und Zweigen
- Miscanthus statt Grasschnitt und Laub
- Bio-Erde statt Kompost und Erde

Befüllung am Balkon

Hochbeeten am Balkon, auf der Terrasse oder einer befestigten Fläche fehlt der direkte Erdanschluss. Es können weder Regenwürmer noch andere Bodentierchen einwandern. Ein Schichtaufbau wie im Garten ist daher nicht notwendig, zumal nur wenige Hochbeete am Balkon die klassische Hochbeet-Höhe erreichen. Es genügt also je nach Hochbeet-Höhe eine Befüllung aus leichterem Material und einer üppigen Schicht aus Bio-Erde (20–25 cm).

Welches Material du einfüllen kannst, um dein Hochbeet am Balkon leichter zu machen, findest du auf Seite 18.

Ein bisschen Komfort, bitte: Nützliches und Praktisches rund ums Hochbeet-Gärtnern

Kleine, hilfreiche Erweiterungen sperren unliebsame Tierchen aus, bieten Platz für Handwerkszeug und dehnen die Erntezeit im Hochbeet aufs ganze Jahr aus.

Wühlmausgitter

Auch wenn dir bisher in deinem Garten keine Wühlmaus begegnet ist, ins Hochbeet wird sie mit hoher Wahrscheinlichkeit einziehen. Der lockere Schichtaufbau und das überreiche Nahrungsangebot sind für Wühlmäuse eine direkte Einladung, ihre Zelte in deinem Hochbeet aufzuschlagen.

Eine einfache Abhilfe – übrigens auch, um Maulwürfe und Feldmäuse draußen zu halten – ist ein feinmaschiges Wühlmausgitter. Die Maschenweite sollte etwa 6,5 × 6,5 mm betragen. Ist sie weiter, wie z. B. bei einem Hasengitter, schlüpfen die kleinen Wühlmäuse durch. Ein weiteres Qualitätskriterium für das Wühlmausgitter ist die Art der Verzinkung. Das Gitter sollte punktgeschweißt und anschließend stückverzinkt sein. Dadurch bleibt die Zinkschicht unbeschädigt und das Gitter rostet nicht durch.

Schnell ein letzter Mäusecheck – oder doch besser ein Wühlmausgitter einlegen?

Handlauf

Ein abschließender Rahmen rund ums Hochbeet sieht nicht nur hübsch aus, er ist auch ausgesprochen praktisch. Du kannst am Handlauf Handwerkszeug, Töpfe mit Jungpflanzen oder deine Ernteschüssel deponieren. Eine Breite von ca. 9–12 cm ist als Auflagefläche ausreichend und wirkt elegant.

> ***Tipp:***
>
> Verbinde zwei oder mehrere nebeneinanderstehende Hochbeete mit einem Handlauf. Die einzelnen Hochbeete bleiben durch das geringere Volumen stabil, sehen aber wie ein großes, durchgehendes Hochbeet aus.

Schneckenschutz

Wer hat noch nie einen (leisen) Fluch losgelassen, wenn Nacktschnecken den frisch gesetzten Salat über Nacht weggeputzt haben? Hochbeet-Gärtner*innen haben es etwas leichter, denn zuwandernde Schnecken werden von außen einfach ausgesperrt. Eine Schneckenkante, direkt unter dem Handlauf montiert, verhindert das Einwandern der gefräßigen Weichtiere. Auf welchen Wegen Schnecken noch in dein Hochbeet gelangen könnten und wie du dagegen vorgehst, liest du auf Seite 93.

Schnecken müssen leider draußen bleiben.

Frühbeet-Aufsatz

Viele Gemüsearten erfrieren auch bei klirrender Kälte nicht, dennoch gedeihen sie mit einer Abdeckung besser. Mit einem Frühbeet-Aufsatz kannst du zeitig im Frühjahr mit dem Anbauen beginnen, im Herbst verlängert er deine Hochbeet-Saison. Sogar im Winter hält der Frühbeet-Aufsatz nicht nur Schnee und Eis von deinen Pflanzen fern, sondern fördert auch ihr Wachstum, wenn die Sonne scheint.

Der Frühbeet-Aufsatz funktioniert wie ein Mini-Gewächshaus. An sonnigen Tagen durchdringen Sonnenstrahlen die transparente Abdeckung. Erde und Pflanzen erwärmen sich, die Wärme steigt auf, kann aber durch die Abdeckung nicht entweichen. Auch Wasserdampf bleibt unter der Abdeckung, die Luftfeuchtigkeit steigt. In diesem feucht-warmen Mikroklima wächst das Gemüse rascher und üppiger.

Qualitätskriterien für einen Frühbeet-Aufsatz:

- **Öffnen, schließen und lüften:** Bei zu hoher Luftfeuchtigkeit im Hochbeet musst du lüften, sonst entstehen Schimmel und Pilzerkrankungen. Ideal ist also ein Frühbeet-Aufsatz, der sich nicht nur öffnen und schließen lässt, sondern auch eine Lüftungsstufe hat.
- **Transparent, aber nicht durchsichtig:** Es muss zwar ausreichend Licht zu den Pflanzen gelangen, allerdings sollen diese nicht verbrennen. Kunststoff schlägt beim Frühbeet-Aufsatz Glas, unter dem es zu rasch viel zu heiß würde. Eine Steg- oder Doppelstegplatte dämmt nicht nur, sondern bricht auch das Licht, damit es nicht zu direkt auf deine Pflanzen trifft.
- **Stabiler Rahmen, solide Verarbeitung:** Ein stabiler Rahmen, den du am Hochbeet fixieren kannst, sorgt dafür, dass der Frühbeet-Aufsatz auch Wind und Wetter standhält und beim ersten Luftzug nicht davonfliegt. Einen genaueren Blick solltest du auch auf Beschläge und Schrauben werfen: Sind sie rostfrei?
- **Klobig oder praktisch:** Der Frühbeet-Aufsatz bleibt nicht rund ums Jahr auf deinem Hochbeet. Ist er sperrig oder kannst du ihn praktisch verstauen? Lässt er sich gut ab- und wieder aufbauen?

Salat-Gewucher mit Frühbeet-Aufsatz

Kurz mal frische Luft schnappen: Bei hoher Luftfeuchtigkeit wird gelüftet.

Vliese, Insektennetze und Stangen

Im Frühling und Herbst leisten Vliese gute Dienste. Je nach Stärke halten sie Frost bis zu -4 °C ab, sorgen für ein günstiges Kleinklima und beschleunigen an sonnigen Tagen das Wachstum von Salat und Co.

Insektennetze schützen dein Gemüse vor gefräßigen Tieren wie Kohlweißling, Erdfloh oder Kohltriebrüssler. Mehr dazu findest du auf Seite 93.

Damit Vliese und Netze nicht direkt am Gemüse aufliegen, spanne sie am besten über (gebogene) Stangen aus Metall oder Kunststoff oder über gebogene Äste.

Vliese und Insektenschutznetze halten dein Gemüse warm und kleine Fresserchen fern.

DIE 11 GROSSEN FRAGEN DES HOCHBEET-GÄRTNERNS

1 NITRAT IM HOCHBEET: IST DAS EIN PROBLEM?

Frage Nummer 1 aller Hochbeet-Gärtner*innen: Darf ich in den ersten 1–2 Jahren Salat im Hochbeet anbauen? Enthält der Salat zu viel Nitrat und ist das gefährlich für meine Gesundheit?

Auf verschiedenen Internetseiten wirst du rasch fündig. Da hauptsächlich voneinander abgeschrieben wird, scheint es nur eine Antwort zu geben: „Verzichte in den ersten 1–2 Jahren auf Salat aus dem Hochbeet, denn sein hoher Nitratgehalt ist gefährlich für deine Gesundheit. Nitrat kann im menschlichen Körper in Nitrosamine umgewandelt werden, Nitrosamine sind krebserregend."

Musst du dich nun vor dem Salat-Essen fürchten? Ein Grund, einen tiefergehenden Blick auf das Thema Nitrat zu werfen.

Wie Nitrat ins Hochbeet kommt und warum am Anfang mehr vorhanden ist

Nitrat – chemisch NO_3 – entsteht mit Hilfe von Bakterien, die sich im Hochbeet tummeln. Die Bakterien binden einerseits Stickstoff aus der Luft (diese enthält 72 % Stickstoff), andererseits „lösen" sie Stickstoff aus Pflanzenresten (und, wenn vorhanden, aus Tierrückständen), die du ins Hochbeet gefüllt hast. Durch verschiedene chemische und biologische Prozesse entsteht aus Stickstoff zuerst Ammonium, anschließend Nitrit und schließlich Nitrat. Nitrat ist jene chemische Verbindung, die deine Gemüsepflanzen mit ihren Wurzeln aufnehmen können.

Zu Beginn, also in den ersten 1–2 Jahren nach der Hochbeet-Befüllung, ist das Angebot an verschiedenen organischen Materialien frisch und abwechslungsreich – darum sind die Bakterien besonders aktiv, das Nitrat- und Nährstoffangebot ist hoch. Mit fortschreitendem Abbau des Materials entstehen stabile Humusverbindungen, in die Stickstoff schwer löslich eingebaut wird, das frei verfügbare Nitrat sinkt.

Wie viel Nitrat in deinem Hochbeet vorhanden ist, hängt auch davon ab, welches Material du einfüllst. Besteht die Befüllung zu einem hohen Anteil aus holzigen, strohigen Teilen (z. B. Äste, Zweige, Stängel, Stroh), entsteht weniger Nitrat. Die Bakterien benötigen Stickstoff für den Abbau des groben Materials und können ihn folglich nicht in Nitrat umbauen. Es ist daher für Pflanzen weniger verfügbar.

Kommt mehr „feines" Material in dein Hochbeet, also Gras, Beikräuter, Gemüsereste, Küchenabfälle und frischer Kompost, ist das Angebot an Nitrat für deine Pflanzen höher.

Am meisten Nitrat steht dem Gemüse zur Verfügung, wenn du eine Lage Tiermist ins Hochbeet gibst.

Nitrat: Ein wichtiger Baustein für dein Gemüse

Nitrat ist für Pflanzen lebenswichtig. Es gelangt über die Wurzeln und die Leitungsbahnen zu den einzelnen Pflanzenteilen, wo es verwertet wird. Aus Nitrat entstehen Aminosäuren, Proteine, Enzyme, Teile der DNA, Senföle, Vitamin B, Chlorophyll (der grüne Pflanzenbaustein) und einiges mehr. „Schluckt" eine Pflanze zu viel Nitrat auf einmal, speichert sie es in ihren Zellen, um es bei Bedarf wieder zu verwenden. An warmen, sonnigen Tagen erfolgt der Ab- und Umbau von Nitrat in der Pflanze sehr rasch, an kühlen, dunklen Tagen langsamer.

Bei Nitrat- bzw. Stickstoffmangel wächst die Pflanze langsam, ihre Blätter sind hell und bleich, die Wurzeln schwach und sie setzt wenig Blüten oder Früchte an.

In diesen Gemüse(teilen) befindet sich besonders viel Nitrat

Der geringste Nitratgehalt befindet sich in Fruchtgemüse, also z. B. in Tomaten, Paprika, Erbsen, Buschbohnen, Gurken und Zucchini (20–300 mg/kg Frischgemüse).

Gemüse speichert Nitrat auch in seinen Wurzeln und Knollen, darum finden wir in Karotten, Sellerie, Kohlrabi, Blumenkohl und Weißkohl schon höhere Nitratwerte (500–1000 mg/kg Frischgemüse).

Am meisten Nitrat wird jedoch in Blättern deponiert, entsprechende Gemüsearten sind Salat, Spinat, Mangold, Kohl, Chinakohl, Grünkohl und Rucola, der mit durchschnittlich 5000 mg/kg Frischgemüse den Vogel abschießt.

Sogar innerhalb der Blätter verteilt sich das Nitrat. In alten Blättern, Strünken und dicken Blattadern ist der Nitratgehalt höher als in grünen, zarten und jungen Blattteilen.

Ein Ausreißer unter den Knollenfrüchten ist Rote Bete, ihr Nitratgehalt ordnet sich in der Höhe von Salat und Co. ein.

Insgesamt variiert der Nitratgehalt im Gemüse sehr stark und hängt zusätzlich von folgenden Einflüssen ab:

- Nitratgehalt im Boden: Klar, je mehr Nitrat im Boden ist, umso mehr kann eine Pflanze aufnehmen.
- Tageszeit und Temperatur: Je sonniger und wärmer, desto weniger Nitrat ist im Gemüse, je kälter und dunkler (Wolken, Herbst/Winter) desto mehr.
- Ort des Anbaus: Freilandgemüse enthält weniger Nitrat als Gemüse aus Gewächshäusern, da es mehr Sonne bekommt.
- Tageszeit der Ernte: Ab Mittag sinkt der Nitratgehalt.

Nitrat: Gut oder böse?

Wir nehmen Nitrat vorwiegend aus drei Quellen zu uns: 70 % aus Gemüse, 20 % aus Trinkwasser und 5 % aus Fleisch(produkten). Der Rest kommt von verschiedenen Nahrungsmitteln wie Obst, Getreide oder Milcherzeugnissen.

Da pflanzliche Kost die Hauptquelle für Nitrat ist, sind die täglichen Aufnahmemengen bei vorwiegend oder ausschließlich pflanzlicher Ernährung höher.

Gefährliches Nitrat …

Seit den 1970er-Jahren steht Nitrat auf Basis von Tierversuchen in Verdacht, auch im menschlichen Körper Nitrosamine zu bilden. Nitrat wird verschluckt, im Magen zu Nitrit reduziert und kann (!) dort bei Vorhandensein von Aminen (das sind natürlich vorkommende Stickstoffverbindungen) und bestimmten Bakterien Nitrosamine bilden. Welche genauen Umstände für die tatsächliche Bildung von Nitrosaminen vorliegen müssen, ist nicht endgültig geklärt. Studien legen nahe, dass die direkte Aufnahme von Nitrit (Achtung: nicht Nitrat!) und Magen-Darm-Infekte die Entstehung von Nitrosaminen begünstigen.

Nitrosamine sind (mit sehr hoher Wahrscheinlichkeit) krebserregend. Besonders viel kommt davon in Tabakwaren vor. Auch in Kosmetikprodukten, Gummi, stark erhitzten Fleischwaren (Wurst, Speck), Süßigkeiten, Gewürzen und sogar in verunreinigten Medikamenten kannst du auf Nitrosamine treffen. Durch die Zugabe von Vitamin C, v. a. bei Wurstprodukten, wurde in den letzten Jahrzehnten der Nitrosamin-Gehalt um bis zu 96 % reduziert.

Nitrat bzw. sein Umwandlungsprodukt Nitrit kann für Säuglinge in den ersten Lebensmonaten zur Gefahr werden. Nitrit wandelt das Hämoglobin, also den roten Blutfarbstoff, in Methämoglobin um. Während erwachsene Menschen das Methämoglobin rasch wieder zurückbilden können, gelingt dies Babys nicht, da sie bestimmte Enzyme noch nicht entwickelt haben. Methämoglobin hemmt den Transport von Sauerstoff im Körper, im schlimmsten Fall kann es zum Ersticken kommen. Zu deiner Beruhigung: In Mitteleuropa gibt es seit den 1960er-Jahren keine bekannten Fälle dieser als Blausucht bezeichneten Krankheit. Und ganz ehrlich: Wer ernährt sein kleines Baby mit Spinatbrei, Salatpüree und Rote-Bete-Saft?

Bei Magen-Darm-Infekten kann es ebenso zur Methämoglobin-Bildung kommen. Auch in diesem Fall stehen Salat und Spinat für dich und deine Kinder wohl nicht an oberster Stelle der Speisen-Wunschliste.

Die WHO (World Health Organisation) legte 2003 die empfohlene maximale Aufnahmemenge mit 3,7 mg Nitrat/kg Körpergewicht/Tag fest. Der Grenzwert für einen Erwachsenen mit 70 kg Körpergewicht liegt also bei rund 260 mg Nitrat/Tag.

… oder doch gesundes Gemüse-Nitrat?

Was bei der Festlegung der Nitratgrenzwerte nicht berücksichtigt wurde: die Quelle, aus der Nitrat aufgenommen wird. Während Nitrat z. B. aus Trinkwasser „pur" in den Körper kommt, ist es im Gemüse nie allein. Denn Gemüse enthält zahlreiche zusätzliche Stoffe, die sogar die Bildung von Nitrosaminen hemmen. Dazu gehören Vitamin C, Vitamin E und Polyphenole. Außerdem ist bekannt, dass eine gemüsereiche Ernährung das Risiko von Krebserkrankungen senkt.

Seit mehr als 15 Jahren wird intensiv an den positiven Wirkungen von Gemüse-Nitrat geforscht. Ausgangspunkt dafür ist eine Entdeckung, die 1998 sogar mit dem Medizin-Nobelpreis ausgezeichnet wurde. Dabei geht es um die wichtige Rolle von Stickstoffmonoxid (chemisch NO) für das Herz-Kreislauf-System. Eben dieses Stickstoffmonoxid produziert unser Körper im Magen aus Nitrat, das wir über die Nahrung aufgenommen haben, quasi selbst.

In vielen Studien wurden mehrere positive Wirkungen von Stickstoffmonoxid beobachtet:

Senkung des Blutdrucks: Besonders Nitrat aus Roter Bete senkt schon bei einmaliger Gabe den Blutdruck für einige Stunden und wirkt gefäßerweiternd, wahrscheinlich im Zusammenspiel mit anderen Inhaltsstoffen der Roten Bete (Vitamine, Polyphenole).

Antibakterielle Wirkung: Zusammen mit Magensäure hemmt Stickstoffmonoxid krankmachende Keime.

Schleimhautschutz: Die Magenschleimhaut wird stärker durchblutet, bildet mehr Magenschleim und schützt daher den Magen.

Verbesserung der Muskelkraft: Mit Hilfe von Stickstoffmonoxid wird die Muskulatur besser durchblutet und damit mit mehr Sauerstoff versorgt. Die Erhöhung der Muskelfunktion ist z. B. wichtig für die Vorbeugung von Verletzungen bei Stürzen. Hierbei spielt das Nitrat aus grünem Blattgemüse eine Rolle.

Was bedeutet das nun alles für den Salat aus deinem Hochbeet?

Zusammenfassend kann man sagen, dass noch nicht geklärt ist, ab welcher Nitrat-„Dosis" es positive oder negative Einflüsse auf die Gesundheit gibt. Es gibt aber immer mehr Hinweise, dass vor allem Nitrat aus Gemüse gemeinsam mit anderen Inhaltsstoffen (Vitamine, besonders Vitamin C, Polyphenole, Mineralstoffe) viele positive Wirkungen hat und die Bildung von krebserregenden Nitrosaminen gehemmt ist.

Mein Fazit:

Die Menge an Nitrat, die du über Blattgemüse aus deinem Hochbeet aufnimmst, ist mit hoher Wahrscheinlichkeit nicht gesundheitsgefährdend. Im Gegenteil, die Vorteile einer bunten Gemüseernährung überwiegen die Risiken bei Weitem. Ich persönlich baue Salat in Mischkultur auch in den ersten Hochbeet-Jahren an.

Um auf Nummer sicher zu gehen:

- Der Nitratgehalt in Salat, Spinat und Co. hängt auch von der Befüllung ab. Lasse daher Tiermist oder zusätzlichen nitratreichen Dünger beim Anbau von Blattgemüse weg. Du willst nährstoffreichen Tiermist in dein Hochbeet füllen? Dann entscheide dich in den ersten Jahren für sehr nährstoffbedürftiges Fruchtgemüse wie Paprika, Tomaten oder Zucchini.
- Ernte Salat an sonnigen Tagen und erst ab Mittag, dann ist der Nitratgehalt geringer. Entferne die äußeren Blätter, dicke Strünke und Blattrippen, denn sie enthalten am meisten Nitrat.
- Baue Salat in Mischkultur an, vor allem in Kombination mit Starkzehrern. Das sind Gemüsearten, die besonders viele Nährstoffe benötigen, z. B. Tomaten, Gurken, Zucchini oder Kohl. Dieses Gemüse verwendet große Mengen Nitrat für sich, für den Salat bleibt weniger übrig.
- Iss abwechslungsreich, also Blatt-, Wurzel- und Fruchtgemüse bunt gemischt. So gehst du auf Nummer sicher, sowohl in Hinblick auf den Nitratgehalt als auch auf viele andere, gesunde Vitamine, Mineralstoffe und andere pflanzliche Inhaltsstoffe.

2 WER TUMMELT SICH IN MEINEM HOCHBEET? VON NÜTZLICHEN UND UNGEFÄHRLICHEN TIERCHEN

In deinem Hochbeet ist jede Menge Leben und nicht immer ist klar, ob es sich um nützliche, lästige oder schädliche Tiere handelt.

Hier ein kleiner Überblick, welche Tierchen getrost in deinem Hochbeet bleiben dürfen. Mehr über Abhilfe für schädliche oder lästige Tiere liest du ab Seite 93.

Bakterien

Sie sind winzig klein und mit freiem Auge nicht erkennbar. In deinem Hochbeet übernehmen sie eine wichtige Rolle. Sie zersetzen das eingefüllte Material, bauen Humus auf und stellen den Pflanzen Nährstoffe zur Verfügung. Außerdem sorgen sie durch ihre Arbeit für wohlige Wärme, weshalb deine Pflanzen im Hochbeet besonders gut wachsen.

Milben

Die winzig kleinen Spinnentierchen zerkleinern das organische Material und ernähren sich auch von abgestorbenen Mikroorganismen. Dadurch versorgen sie die Pflanzen mit Nährstoffen.

Springschwänze

Die 1–2 mm großen, auch Collembolen genannten Tierchen spielen eine wichtige Rolle beim Aufbau von Humus. Sie ernähren sich von abgestorbenen Pflanzenteilen, Mikroorganismen, Pilzen, Algen und Aas.

Asseln

Asseln im Hochbeet rufen oft Besorgnis hervor. Entgegen ihrem schlechten Ruf sind sie jedoch sehr nützlich, denn sie fressen ausschließlich abgestorbene Pflanzenteile und durchmischen und lüften auf der Suche nach Nahrung die Hochbeet-Befüllung. Asseln sind Krebstiere, die zwar gerne in der Dunkelheit, aber nahe an der Oberfläche leben. Darum sind sie die Tierchen, die du am häufigsten zu sehen bekommst.

Nützliche kleine Tierchen: Asseln

Kompostwürmer

Diese Regenwurmart hält sich vorwiegend dort auf, wo sich viel un- oder halbverrottetes Material befindet, also auch im Hochbeet. Der Kompostwurm lockert und durchlüftet die Befüllung, darum können andere Tierchen und Mikroorganismen besser arbeiten. Zudem frisst und verdaut er das organische Material und formt daraus wertvollen Regenwurmhumus.

Wichtigstes Bodenpersonal: der Regenwurm

Rosenkäferlarven

Sie sind leicht mit Maikäferlarven zu verwechseln, im Gegensatz zu diesen jedoch sehr nützlich. Sie ernähren sich von abgestorbenen Pflanzenteilen und helfen beim Umbau von organischem Material zu Humus.

Rosenkäferlarven bewegen sich am Rücken liegend fort, Maikäferlarven hingegen auf ihren Beinen seitlich oder vorwärts. Die Beine der Rosenkäferlarven sind kurz und reduziert, die der Maikäferlarven hingegen länger. Die erwachsenen Rosenkäfer sind hübsch anzusehen und schimmern grün-glänzend. Rosenkäfer stehen unter Naturschutz.

Weitere nützliche Tierchen, denen du in deinem Hochbeet begegnest, sind Hundert- und Tausendfüßer, Spinnen, Weberknechte, verschiedene Käferarten und andere Insekten. Sie alle erfüllen wichtige Funktionen, damit dein Hochbeet fruchtbar bleibt.

3 IN MEINEM HOCHBEET WACHSEN PILZE – IST DAS BEDENKLICH?

Bei der Kombi Pilze und Pflanzen denkt man erst mal an Krankheiten, die unser Gemüse ungenießbar machen. Die meisten Pilze sind jedoch harmlos und im Hochbeet sehr nützlich. Manche Pilzarten zersetzen die holzige Befüllung (Äste, Zweige), andere gehen nützliche Verbindungen mit deinem Gemüse ein und versorgen es mit Wasser oder Nährstoffen. Wie sie das machen? Sie verbinden sich mit den Pflanzenwurzeln und „tauchen“ dann tiefer ins Hochbeet ein, als es die Wurzeln können. Von dort holen sie für die Pflanzen wichtige Stoffe, im Gegenzug erhalten sie von den Pflanzen Kohlenhydrate. Manchmal zeigen sich die Pilze an der Oberfläche, z. B. als weißlicher Belag oder in Hutform. Das ist also kein Grund zur Besorgnis. Im Gegenteil, du kannst dich über die nützlichen Helfer freuen.

Einfach mal sprießen lassen: Pilzköpfe im Hochbeet

MEIN HOCHBEET STEHT AUF DEM BALKON/DER TERRASSE. WAS IST HIER ANDERS?

Auf jeder befestigten Fläche, egal ob am Balkon, auf der Terrasse oder im Garten, fehlt der direkte Bodenanschluss. Während ausreichend Mikroorganismen und Pilze im eingefüllten Substrat vorhanden sind, können andere nützliche Tiere, wie z. B. Kompostwürmer, nicht ins Hochbeet einwandern. Das hat Auswirkungen auf die Befüllung in deinem Balkon-Hochbeet. Der klassische Schichtaufbau mit Zweigen, Ästen und Laub ist nicht sinnvoll, da die Verrottung zu langsam vor sich geht. Wie du dein Hochbeet stattdessen befüllst, liest du auf Seite 18.

Bei freischwebenden Balkonen und (Dach-)Terrassen oder befestigten Flächen, unter denen sich z. B. ein Keller befindet, musst du unbedingt das Gewicht deines Hochbeets beachten. Warum das so wichtig ist und wie du das Gesamtgewicht von Hochbeet und Befüllung berechnest, steht auf Seite 17.

Ein Boden in deinem Terrassen- bzw. Balkonhochbeet verhindert, dass Erde oder anderes Füllmaterial direkt auf dem Untergrund landet. Die Flecken, die durch die verschiedenen Substrate entstehen, würdest du nie mehr wegbekommen. Um Staunässe zu verhindern, braucht das Hochbeet Abflusslöcher. Überklebe die Löcher mit einem dünnen Vlies oder einem Fliesengitter. Dieses filtert das Wasser, der „Schmutz“ bleibt im Hochbeet.

Im niedrigeren bzw. weniger tiefen Balkonhochbeet sind die Nährstoffe rascher aufgebraucht. Zudem können sich die Wurzeln nicht so weit in die Tiefe strecken und dort an unerschlossene Nährstoffdepots gelangen. Damit dein Gemüse weiterhin gut gedeiht, braucht es Nahrung von außen, also Dünger. Womit und wie du biologisch düngst, steht auf Seite 108.

Du willst etwas mehr Leben auf deinen Balkon bringen? Wie wäre es, wenn du dein Hochbeet zusätzlich als Wurmfarm benutzt? Damit schlägst du drei Fliegen mit einer Klappe: Du kannst das Hochbeet bepflanzen, im Hochbeet kompostieren und deine Pflanzen werden mit Nährstoffen versorgt. Zusätzlich tummeln sich possierliche Regenwürmer in deinem Balkonbeet. Wie es mit der Wurmfarm klappt, liest du direkt auf Seite 34.

5 DIE BEFÜLLUNG IN MEINEM HOCHBEET IST ABGESUNKEN, WOMIT FÜLLE ICH ES WIEDER AUF?

Vor allem in den ersten 2–3 Jahren sinkt die Befüllung deines Hochbeets stark ab. Das lockere Befüllungsmaterial wird durch die darüber liegende Erdschicht zusammengepresst, manchmal bis auf die Hälfte. Die gute Nachricht: Den Pflanzen macht es nichts, wenn sie gemeinsam mit der Befüllung nach unten rutschen. Sie wachsen, geschützt von den Seitenwänden, sogar besser.

So füllst du nach der Ernte auf: Gras(schnitt), Laub, samenfreies Beikraut, organische Küchenreste oder anderes nicht holziges Material bringen wieder Schwung in dein Hochbeet. Wichtig ist, dass die Stoffe gut durchlüftet, also nicht zu dicht oder nass sind, sonst kommt es zu Fäulnis. Mit der Zugabe von Kompost, alter Erde (z. B. vom Umtopfen), Miscanthus oder Stroh erzielst du eine ausgewogene Mischung. Verwende für die oberste 10–15 cm starke Abschlussschicht gute, torffreie Bio-Erde.

Die frische Befüllung versorgt deine Pflanzen erneut mit Nährstoffen und trägt zu einem kräftigen Wachstum bei. Wende diese Methode zwischen zwei Ernten an, solange die Befüllung im Hochbeet absinkt.

6 MUSS ICH DAS HOCHBEET NACH MEHREREN JAHREN KOMPLETT NEU AUFSETZEN?

Mit den Jahren füllst du immer wieder neues Material ins Hochbeet. Nach 7–10 Jahren ist ein Großteil der Befüllung verrottet und zu Erde bzw. Humus abgebaut. Im Laufe der Zeit haben deine Pflanzen die Nährstoffe verbraucht, wodurch die Fruchtbarkeit im Hochbeet sinkt. Die Befüllung des Hochbeets sinkt kaum noch ab, manchmal kann sie durch Feuchtigkeit und Gewicht sogar verdichtet sein.

Für dein „altes" Hochbeet hast du nun mehrere Möglichkeiten:

- **Alles ausschaufeln und neu aufsetzen:** Das hört sich mühsam an und ist es auch. Auf der anderen Seite erreichst du nach getaner Arbeit den „Hochbeet-Effekt“ und freust dich erneut über eine Riesenernte. Wenn du dir die anstrengende Arbeit sparen willst, lies bei den nächsten Punkten weiter.

- **Die Hälfte ausschaufeln:** Ein 80 cm hohes Hochbeet nur bis zu Hälfte auszuschaufeln, gelingt schon wesentlich leichter. Denn gerade die unterste Schicht im Hochbeet ist stark verdichtet und das Entfernen entsprechend beschwerlich. Fülle die obere Hälfte mit frischem organischem Material wie Kompost, Laub, Grasschnitt und anderen Pflanzenrückständen auf. 1–2 Handvoll Urgesteinsmehl aktivieren das Bodenleben und versorgen deine Pflanzen mit wichtigen Spurenelementen. Ganz zum Abschluss kommt wieder gute Bio-Erde.

- **Dünge dein Gemüse:** Die in der Befüllung nicht mehr vorhandenen Nährstoffe kannst du auch durch Dünger ersetzen. Mische organischen Langzeitdünger unter die oberen 10–15 cm Erde. Versorge Gemüse mit hohem Nährstoffbedarf, also Starkzehrer (Seite 53), zusätzlich und regelmäßig mit biologischem Dünger, z. B. Brennnessel-Jauche, Bio-Flüssigdünger oder Wurmtee. Mehr übers Düngen im Hochbeet liest du auf Seite 108.

- **Mach aus deinem Hochbeet ein Kräuterbeet:** Die meisten Kräuter sind ausgesprochen genügsame Gesellen und müssen kaum bis gar nicht gedüngt werden. Lockere vor dem Pflanzen die obersten 20–30 cm Erde, denn die Kräuter-Wurzeln brauchen ausreichend Sauerstoff, um sich wohlzufühlen. Setze ausdauernde Kräuter wie Thymian, Oregano, Salbei, Rosmarin, Bergbohnenkraut oder Schnittlauch ins Hochbeet. Noch mehr Kräuter-Ideen fürs Hochbeet stehen auf Seite 89.

- **Dein Hochbeet wird zum Insektenparadies:** Mache aus deinem Hochbeet ein Blütenmeer und locke damit Bienen, Hummeln und andere nützliche Tierchen in deinen Garten. Ideen für dein Insektenbuffet findest du auf Seite 92.

7 ICH WILL DAS GEMÜSE IN MEINEM HOCHBEET BIOLOGISCH ANBAUEN, WIE PASST DAS MIT DER NOPPENFOLIE ZUSAMMEN?

Fakt ist: Ungeschütztes Holz verrottet. Es wird von Mikroorganismen und Pilzen angeknabbert und verdaut, je feuchter es ist, desto stärker. Gefährdet ist die Innenseite deines Holz-Hochbeets, da sie ständig mit feuchter Erde und ihren Bewohnern in Kontakt ist. Bei gut haltbarem Holz, wie z. B. Lärchenholz, musst du dir über die Haltbarkeit der Außenwände keine Sorgen machen.

Die Innenseite braucht hingegen eine Abschirmung zur Befüllung, damit dein Hochbeet lange haltbar bleibt. Die Trennschicht sollte vollkommen wasserdicht, wurzelfest, trinkwasserneutral und beständig gegen Pilz- und Bakterienbefall sein; zudem frei von Weichmachern oder UV-Stabilisatoren, da diese Stoffe enthalten, die ins Erdreich übergehen könnten (z. B. Phthalate, Benzophenone).

Naturstoffe wie Kokosmatten, Jute oder Hanftücher enthalten keine Chemikalien, können das Durchsickern von Wasser bis zum Holz jedoch nicht verhindern. Mit der Zeit dringen Wurzeln zu den Naturfasern, um an darin enthaltene Nährstoffe zu gelangen. Dicke Kokosmatten bieten für einige Zeit unter den Naturfasern vergleichsweise den besten Schutz fürs Holz.

Teichfolie wird gerne als Innenbekleidung fürs Hochbeet verwendet, da sie sehr biegsam ist. Allerdings enthält sie Weichmacher.

Noppenfolie besteht aus Polyethylen hoher Dichte (HDPE). Das ist ein Stoff, der auch für die Verpackung von Lebensmitteln verwendet wird, z. B. als Joghurtbecher oder Vorratsdose, und als lebensmittelecht klassifiziert ist. Da der ursprüngliche Einsatz von Noppenfolie zum Grundmauerschutz gedacht war, erfüllt sie alle für ein Hochbeet notwendigen Eigenschaften. Sie ist also reiß- und wurzelfest, trinkwasserneutral usw. Klassische Noppenfolie enthält weder Weichmacher noch UV-Stabilisatoren. Mittlerweile gibt es zahlreiche Noppenfolien im Handel. Achte daher beim Kauf unbedingt auf die Produkteigenschaften, denn so manches Billigprodukt erfüllt die notwendigen Kriterien nicht.

Noppenfolie ist zwar ein Kunststoff, ist jedoch – bisher – das beste zur Verfügung stehende Material, um dein Hochbeet vor Verrottung zu schützen.

Gut zu wissen:

Entsorge Noppenfolie ordnungsgemäß im Gelben Sack oder der Gelben Tonne, dann entstehen daraus neue Gegenstände.

8 AM OBEREN RAND IST DIE NOPPENFOLIE ABGERISSEN. WAS SOLL ICH TUN?

Die Befüllung des Hochbeets übt eine große Zugkraft auf die Noppenfolie aus. Manchmal hält die Fixierung mit Nägeln oder Heftklammern dem Zug nicht mehr stand, die Noppenfolie reißt ab und wird nach unten gezogen. Hebe darum schon bei der Hochbeet-Montage Reste der Noppenfolie auf, du kannst sie später zum Reparieren verwenden.

Und so geht's: Entferne den beschädigten Teil der Noppenfolie. Schneide einen Streifen neuer Noppenfolie zu, der etwa 10 cm breiter als die beschädigte Stelle ist. Befestige die neue Noppenfolie mit Nägeln mit sehr breitem Kopf (z. B. Dachpappennägel) am Hochbeet. Achte darauf, dass die neue Noppenfolie etwa 10 cm über den intakten Teil im Hochbeet hinausragt und sich damit überlappt. Verwende ausreichend Nägel, dann hält die Noppenfolie umso besser.

Tipp:

Um die Noppenfolie etwas weiter unten im Hochbeet brauchst du dir keine Sorgen zu machen. Sie wird von der Erde an die Wand gedrückt und schützt das Holz zuverlässig.

9 KOMPOSTIEREN IM HOCHBEET – GEHT DAS?

Das ins Hochbeet eingefüllte Material verrottet, ähnlich wie auf dem Kompost. Doch wohin mit den Küchenabfällen, wenn das Hochbeet bereits angefüllt ist? Wenn du für einen Komposter auf deinem Balkon oder im Garten keinen Platz findest, ist dein Hochbeet ein nützlicher Ort für die Verwertung deiner Obst- und Gemüsereste.

Das funktioniert ganz einfach mit Hilfe von Kompostwürmern und einer Wurmbox.

So geht's:

1 Du brauchst eine Wurmbox. Diese kannst du kaufen, aus Gemüse- oder Bäckerkisten upcyceln oder selbst basteln (z. B. aus Holz). Die Wurmbox benötigt einen Deckel, damit deine Würmer z. B. vor Vögeln geschützt sind. Wichtig ist, dass deine Wurmbox am Boden und seitlich zahlreiche Schlitze oder Löcher mit mindestens 1–2 cm Durchmesser hat.

2 Passe die Größe deiner Wurmbox an dein Hochbeet an. Für ein größeres Hochbeet (z. B. 100 × 200 cm) sind 30 × 40 cm ein gutes Maß, für ein kleineres Hoch- oder Terrassenbeet genügen schon 20 × 30 cm. Praktisch sind auch konisch geformte Wurmboxen. Da sie schmäler sind, passen auch zwei oder mehr Stück ins Hochbeet. So verteilen sich die Würmer besser und die Pflanzen haben mehr Platz.

3 Grabe deine Wurmbox so ins Hochbeet ein, dass die Oberkante bodeneben abschließt.

4 Nun kommen die Kompostwürmer an die Reihe. Du kannst Kompostwürmer bestellen oder – wenn du einen eigenen Kompost(haufen) im Garten hast – einige Würmer samt halbfertigem Kompost von dort direkt in die Wurmbox versetzen. Gekaufte Kompostwürmer werden mit Startfutter geliefert, damit sie zum einen die Reise gut überstehen und zum anderen in den ersten 2 Wochen ausreichend mit Nahrung versorgt sind. Fülle gelieferte Kompostwürmer so rasch wie möglich in die Wurmbox.

5 Füttere deine Kompostwürmer nach einigen Tagen mit Küchenabfällen. Geeignet sind ungesalzene Obst- und Gemüsereste (z. B. Schalen, Blätter, Wurzeln, Reste), Eierschalen, Teebeutel, Kaffeesatz und in geringem Ausmaß Reste von Küchenrolle. Ungeeignet sind hingegen alle gesalzenen Speisen, Fischreste, Knochen, Fette, Milchprodukte und Zitrusfrüchte. Zerkleinere die Küchenreste und füttere mäßig, um deine Würmer nicht zu überfordern. Zu viele organische Abfälle in der Wurmbox führen außerdem zu Sauerstoffmangel und Schimmel.

Tipp:

Füttere deine Kompostwürmer 2–3-mal pro Woche.

6 Decke die Wurmbox nach jeder Fütterung wieder zu. Die seitlichen Schlitze sorgen für eine ausreichende Belüftung.

7 Die Kompostwürmer wandeln deine Küchenreste in nährstoffreichen Kompost um.

8 Setze rund um die Wurmbox wie gewohnt dein Gemüse. Die Wurzeln der Pflanzen finden mit der Zeit ihren Weg durch die Ritzen der Box und bedienen sich am Kompost-Buffet. Gleichzeitig wandern die Würmer durch die Schlitze und verteilen den wertvollen Wurmhumus.

Im Winter ziehen sich die Würmer in tiefere Bodenschichten zurück, wo sie vor Kälte geschützt sind. Gib ihnen nun sehr wenig Futter und kontrolliere regelmäßig, dass kein Schimmel entsteht. Eine dicke Mulchschicht, z. B. aus Laub oder Miscanthus, schirmt die Würmer zusätzlich vor frostigen Temperaturen ab.

Tipp für Balkon-Gärtner*innen:

Ein Schafwollvlies rund ums Terrassenbeet verhindert das Durchfrieren der Erde.

10 GIBT ES PFLANZEN, DIE NICHT INS HOCHBEET DÜRFEN?

Dein Hochbeet ist natürlich keine Verbotszone und im Grunde darfst du es nach Lust und Laune bepflanzen. Manches macht dir jedoch nachhaltig Ärger oder nimmt einfach zu viel Platz weg.

Hier eine Liste pflanzlicher Problemkinder:

Einmal Minze, immer Minze: Minzen vermehren sich durch bis zu 2 m lange, stark verzweigte Ausläufer. Entlang des Wurzelnetzes entstehen zahlreiche neue Pflänzchen, dein Hochbeet ist im Nu von Minze überwuchert. Das Problem: Du wirst die Minze nicht mehr los. Denn schon aus einem kleinen Wurzelstückchen, das du übersiehst, wächst eine neue Minze.

Tipp:

Du willst nicht auf die Minze verzichten? Dann stelle die Minze in einen geschlossenen Topf ohne Löcher ins Hochbeet oder einfach daneben.

Minze wirst du nicht mehr los. Sie überwuchert sogar die stark wachsende Kürbispflanze.

Einzelgänger Maggikraut: Das auch Liebstöckel genannte Würzkraut steht am liebsten allein. Der markante Geruch und Wurzelausscheidungen sorgen dafür, dass Nachbarpflanzen kaum gedeihen. Zudem wird Maggikraut bis zu 2 m hoch, die Ernte im Hochbeet also mühsam. Auch hier gilt: Pflanze Maggikraut besser an einen separaten Platz im Garten oder in einen Blumentopf.

Liebstöckel mag am liebsten allein wachsen.

Wermut – noch ein Solist: Ein weiterer Einzelgänger ist Wermut. Auch er verströmt einen strengen Duft, der andere Pflanzen verschreckt. Zudem wird er bis zu 150 cm hoch, verzweigt sich stark und verbraucht viel Platz.

Alle Jahre wieder: Manche Kräuter, Stauden oder Gemüsearten sind ausdauernd und erfreuen dich über viele Jahre mit ihren Erträgen. Ob du diese Pflanzen ins Hochbeet setzt, hängt vor allem davon ab, ob du es jährlich mit neuem Gemüse bepflanzen willst oder lieber als „Dauer-Ernte-Station“ verwendest.

Von ausdauernden Pflanzen gibt es zwei Arten:

- Stauden: Das sind Gewächse, die sich im Spätherbst zurückziehen und im Frühling wieder neu austreiben. Sie verlagern ihre Inhaltsstoffe in die Wurzeln und wachsen Jahr für Jahr kräftiger. Um sie nicht zu schwächen, solltest du in den ersten 1–2 Jahren auf eine Ernte verzichten. Zu den Stauden gehören Rhabarber, Topinambur, Meerrettich und Kräuter wie Estragon, Ysop, Bärlauch, Schnittlauch und das bereits erwähnte Maggikraut. Eine Ausnahme bilden Erdbeeren, von ihren Früchten darfst du natürlich schon im 1. Jahr naschen.

- Winterharte Gewächse: Ihnen kann auch Eis und Schnee nichts anhaben und sie eignen sich zum Teil sogar für die Winterernte. Das sind z. B. Thymian, Salbei, winterharter Rosmarin, Bergbohnenkraut, Oregano und Winterheckenzwiebel.

Gartenriesen: Manches Gemüse braucht ganz schön viel Platz, ein Kürbis z. B. 4–5 m^2 Fläche. Dein Hochbeet ist also schon mit einer Kürbispflanze mehr als gefüllt. Andererseits ist die Kombi Hochbeet und Kürbis eigentlich ideal, denn dein frisch aufgesetztes Hochbeet ist voll mit Nährstoffen und der Kürbis wächst prächtig. Abhilfe: Lasse den Kürbis über den Hochbeetrand wachsen oder ein Rankgerüst emporklettern.

Auch Melonen breiten sich gerne aus und ranken – mit oder ohne Gerüst – am besten aus dem Hochbeet hinaus. Mehr dazu findest du auf Seite 121.

Kugelrunde Kürbisernte: Mehr als eine Pflanze brauchst du nicht.

Rasch voll wird dein Hochbeet auch mit ausladenden Stauden wie Rhabarber und Meerrettich.

11 MUSS ICH IM HOCHBEET MEHR GIESSEN?

Hast du den Eindruck, dass dein Hochbeet schneller austrocknet? Damit bist du nicht allein. Die lockere Befüllung wirkt wie eine Drainage, Regen oder Gießwasser rinnt schneller nach unten durch. Dazu kommt als Abschlussschicht gekaufte Erde, die Wasser schlechter speichert als z. B. ein durchschnittlicher, lehmiger Gartenboden.

Dennoch braucht dein Gemüse auch im Hochbeet ausreichend Feuchtigkeit, um gut zu gedeihen. Regelmäßiges Gießen ist also wichtig, ideal ist eine Tröpfchenbewässerung. Diese gibt Wasser nur langsam ab, die Gemüsewurzeln nehmen es nach und nach auf und die Erde kann es besser speichern.

So hältst du Feuchtigkeit im Hochbeet:

- Mische Perlit unter die Erde. Perlit ist ein expandiertes Vulkangestein und hat ein großes Porenvolumen. Die kleinen, weißen Kügelchen speichern Wasser mit bis zu 50 % ihres Volumens und geben es nach Pflanzenbedarf wieder ab (mehr dazu auf Seite 18).

- Mulche das Hochbeet. Mulch reduziert die Verdunstung und hält die Feuchtigkeit im Hochbeet. Mehr übers Mulchen liest du auf Seite 111.

Kurzum: Etwas mehr gießen musst du im Hochbeet. Mit geschickten Maßnahmen wie langsamer Bewässerung und Materialien zur besseren Wasserspeicherung hält sich das Mehr an Wasser aber in Grenzen. Du willst darüber noch mehr erfahren? Dann schau auf Seite 113.

DEN KASTEN AM LAUFEN HALTEN: HOCHBEET-GÄRTNERN ÜBER DAS 1. JAHR HINAUS

Dein Hochbeet soll dir weit übers 1. Jahr hinaus Freude und eine üppige Ernte bescheren. Ab Seite 128 findest du 12 Themenbeete zum direkten Nachbauen. Du willst dein Hochbeet lieber selbst gestalten und mit deinem Lieblingsgemüse bepflanzen? Dann bist du hier genau richtig! Alles Wissen, das du für die Planung und Bepflanzung über mehrere Jahre brauchst, steckt in diesem Kapitel.

GUT GEPLANT IST FAST GEERNTET

Wegweiser durch den Planungs-Dschungel: Der kleine Leitfaden hier gibt dir einen ersten Überblick, worauf es ankommt, und wie du dich auf den nächsten Seiten zurechtfindest.

Klar kannst du nach der Methode Guerilla Gardening vorgehen und einfach mal mit der Bepflanzung loslegen. Samen dürfen bunt gemischt mit Jungpflanzen von der Tauschbörse ins Hochbeet. Mit etwas Glück gedeiht alles prächtig. In den meisten Fällen gelingt die ungestüme Bepflanzung jedoch weniger gut. Der Salat bleibt klein und schmächtig, Basilikum erfriert und anderes Gemüse ist sich einfach nicht grün und steht sich gegenseitig im Weg.

Auch wenn es immer mal Probleme geben kann, wie kleine Plagegeister, die sich über dein Gemüse hermachen, oder Hagel, der die ersten Tomaten ramponiert: Eine durchdachte Anbauplanung garantiert die halbe Ernte, denn so wie wir Menschen haben auch Pflanzen bestimmte Bedürfnisse, um gut durchs Leben zu kommen. Sie brauchen ausreichend Platz, angemessene Ernährung und gute (Pflanz-)Partner, mit denen sie sich verstehen. Sie müssen zum richtigen Zeitpunkt ins Freie kommen: nicht zu früh, damit sie nicht erfrieren, aber auch nicht zu spät, damit sie sich noch gut entwickeln können. Manche Gemüsearten haben gegen kalte Tage nichts einzuwenden und versorgen dich sogar mitten im Schnee mit ihren Vitaminen.

SO FÄNGST DU MIT DER HOCHBEET-PLANUNG AN: MIT FRUCHTFOLGE ZUR RIESENERNTE

Gemüse im Hochbeet anzubauen, unterscheidet sich zwar nicht viel, aber doch ein wenig vom Anbau im Gemüsebeet am Boden. In den ersten Jahren ist das Hochbeet besonders fruchtbar und ertragreich. Es lohnt sich also, wenn du den Überfluss an Nährstoffen nutzt und das Hochbeet mit besonders hungrigem Gemüse und mehrmals im Jahr bepflanzt. In den weiteren Jahren nimmt der Nährstoffgehalt ab, dann kommen anspruchslosere Pflanzen ins Hochbeet.

Anhand eines Musterhochbeetes zeige ich dir, wie du bei der Planung mehrere Jahre und Saisonen hindurch vorgehst und worauf es bei der Fruchtfolge ankommt.

Das Musterhochbeet in unserem Beispiel ist 200 × 100 cm groß.

1. Jahr

Zucchini brauchen besonders viele Nährstoffe und sind daher die Idealbesetzung fürs 1. Hochbeet-Jahr.

Zucchini werden Mitte Mai angebaut und tragen bis September Früchte. Sie „besetzen" dein Hochbeet während der Hauptvegetationszeit – das ist die Zeit vom späten Frühling bis zum Herbst – am längsten. Darum nennt man sie auch **Hauptkultur oder Leitkultur**.

Rund um die Hauptkultur erfolgt die Planung aller anderen Gemüsearten.

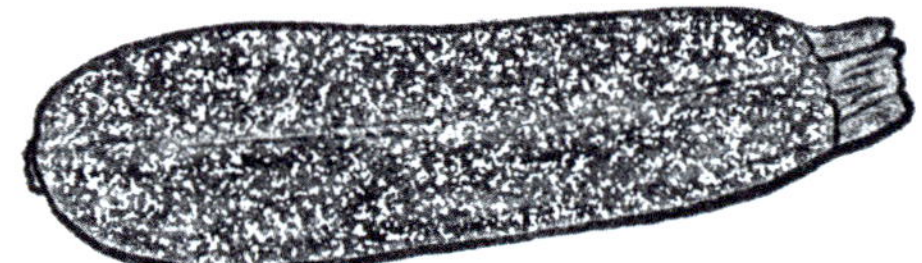

Hauptkultur: Zucchini

Da eine Zucchinipflanze bis zu einen Quadratmeter groß wird, setzt du nur ein Stück in die Mitte des Hochbeets ein (mehr dazu auf Seite 68).

Damit du nicht ausschließlich Zucchini erntest, pflanzt du noch weiteres Gemüse und Kräuter. Basilikum lockt mit seinen zahlreichen Blüten Bienen an, diese bestäuben auch die Zucchini und erhöhen den Ertrag. Gute Mischkulturpartner für Zucchini (schau auch in die Tabelle auf Seite 75) sind zudem Stangensellerie und Mangold. Da die beiden Gemüsearten und das Basilikum die Zucchinipflanze begleiten, also im Hochbeet neben ihr stehen, nennt man sie auch **Begleitkultur.**

Von Basilikum passen 4 Stück ins Hochbeet, von Stangensellerie 3 Pflanzen. Mangold kannst du entweder als Jungpflanzen setzen oder aussäen. Die Aussaat ist etwas einfacher und Mangold wächst ab Mitte Mai ohnedies sehr rasch.

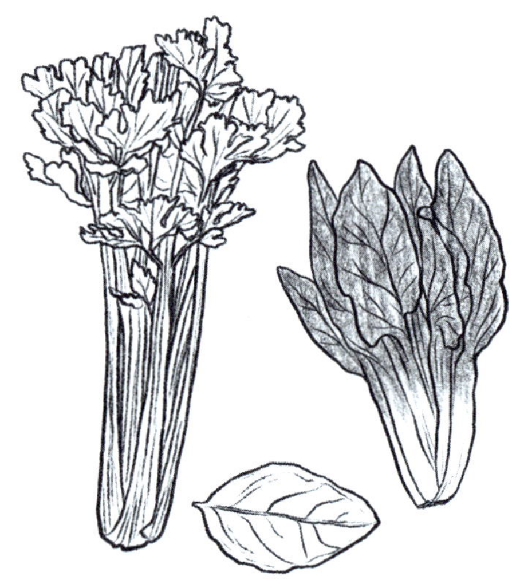

Begleitkulturen: Stangensellerie, Basilikum und Mangold

Die Bepflanzung im Hochbeet sieht ab Mitte Mai also so aus:

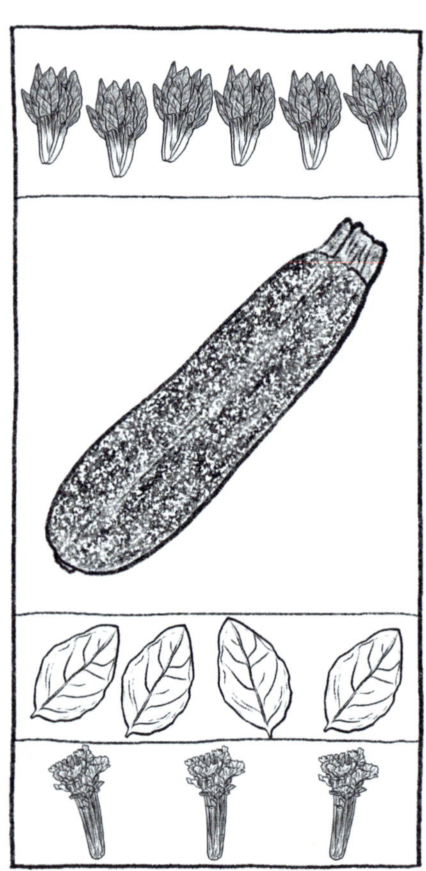

Nicht nur das Kalenderjahr, auch das Gartenjahr beginnt vor Mai. Unter einem Frühbeet-Aufsatz (Seite 83) oder bei mildem Wetter geht es manchmal schon Ende Februar/Mitte März los. Es bleiben also gut 2 Monate, um unser Musterhochbeet schon in der Zeit vor der Haupt- und Begleitkultur zu nutzen.

Zahlreiche Gemüsearten haben eine kurze **Kulturdauer**, das ist jener Zeitraum von der Aussaat bzw. dem Anbau der Pflanze bis zur Ernte. Anders ausgedrückt ist die Kulturdauer jene Zeitspanne, in der eine Pflanze das Hochbeet „besetzt". Zu den Gemüsearten mit kurzer Kulturdauer zählen z. B. Spinat, Kopf-, Pflück- und Romanasalat, Feldsalat, Radieschen, Kresse, Rucola, Hirschhornwegerich und Asia-Gemüse wie z. B. ‚Pak Choi', ‚Mizuna' oder ‚Tatsoi'.

Da dieses Gemüse vor dem Zucchino – also unserer Hauptkultur – ins Hochbeet kommt, nennt man es **Vorkultur** oder auch **Vorfrucht.**

Für unser Hochbeet kommen fast alle erwähnten Vorkulturen in Frage – außer Spinat. Spinat ist eng mit Mangold verwandt, beide Gemüsearten sollten daher nicht direkt aufeinander folgen. Warum das so ist, liest du auf Seite 51.

Frische Frühlingsvitamine liefert dir die Bepflanzung mit einer Mischung aus Kopfsalat, Pflücksalat und Radieschen.

Vorkulturen: Kopfsalat, Pflücksalat, Radieschen

Säe sie je nach Witterung zwischen Ende Februar und Mitte März direkt ins Hochbeet. Alternativ kannst du Kopfsalat auch als bereits vorgezogene Jungpflanze einsetzen.

Das Hochbeet sieht mit der Vorkultur so aus:

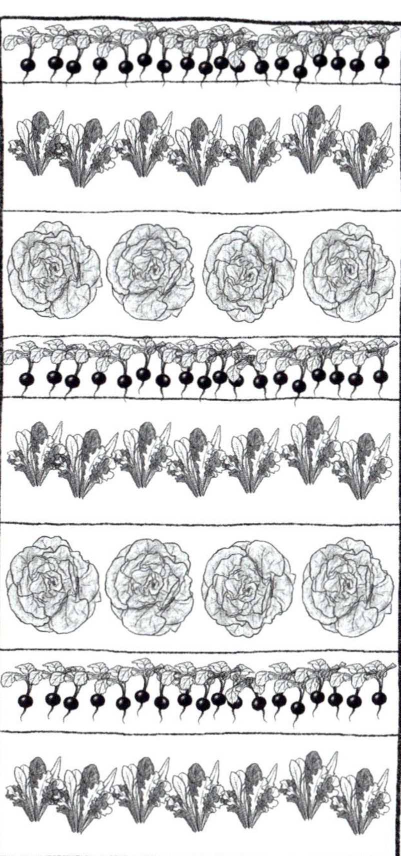

Wenn du dir unsicher bist, ob du Salat und Co. wegen des möglicherweise höheren Nitratgehaltes (Seite 27) im frisch aufgesetzten Hochbeet anbauen möchtest, dann lasse in den ersten 1–2 Jahren die Vorkultur einfach weg.

Die Ernte von Zucchini und Basilikum beginnt im Juni/Juli und ist bis etwa September möglich. Ab Mitte August startet die Ernte von Stangensellerie, die bis Mitte November andauert. Ab etwa Mitte Juli ist die Mangoldpflanze kräftig genug und du kannst die äußeren Blätter abschneiden. Mangold treibt immer wieder nach, manche Sorten (Seite 77) sind sogar für die Winterernte geeignet.

Während Stangensellerie und Mangold also bis in den Späterbst im Hochbeet bleiben, räumen Zucchini und Basilikum ab Ende September den Platz. Es ist noch Zeit, um Gemüse für die Winterernte anzubauen.

Nachkultur: Asia-Gemüse

Asia-Gemüse ist anspruchslos, frostresistent und daher bestens für die Aussaat nach Zucchini geeignet. Das Gemüse nach der Hauptkultur nennt man **Nachkultur** oder **Nachfrucht.**

Ende September sieht unser Hochbeet nun so aus:

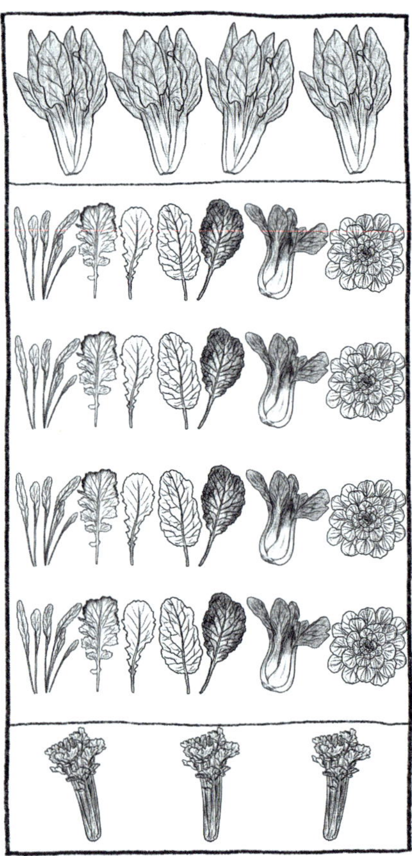

Stangensellerie räumt das Hochbeet bis Dezember, Mangold bleibt je nach Witterung und Sorte sogar bis zum Frühling stehen. Asia-Gemüse kann den ganzen Winter hindurch bis zum März des Folgejahres geerntet werden. Bedecke die abgeernteten Flächen im Hochbeet mit Laub oder Miscanthus (lies mehr darüber auf Seite 18). Wenn du das letzte Gemüse geerntet hast, befinden wir uns schon im 2. Hochbeet-Jahr.

2. Jahr

Triff schon im Herbst erste Vorbereitungen und sammle Laub, Grasschnitt und Kompost. Fülle dieses Material in dein Hochbeet, sobald du das letzte Gemüse vom 1. Jahr geerntet hast. Den Abschluss bildet etwa 15 cm torffreie Bio-Erde. Im 1. Jahr ist die Befüllung ziemlich zusammengesackt. Mit dem neuen Material schaffst du nicht nur Volumen, sondern bringst auch neuen Schwung ins Hochbeet. Es stehen wieder ausreichend Nährstoffe für starkzehrendes Gemüse zur Verfügung (eine Auflistung über den Nährstoffbedarf je Gemüseart findest du auf Seite 53).

Bei der Planung für das 2. Hochbeet-Jahr beginnst du wieder mit der Hauptkultur.

Dieses Jahr bilden Paprika und Chili die Hauptkultur, die restliche Bepflanzung planst du rund um diese beiden Gemüse.

Hauptkulturen: Paprika und Chili

Eine passende Begleitkultur ist Brokkoli, ein ebenso starkzehrendes Gemüse.

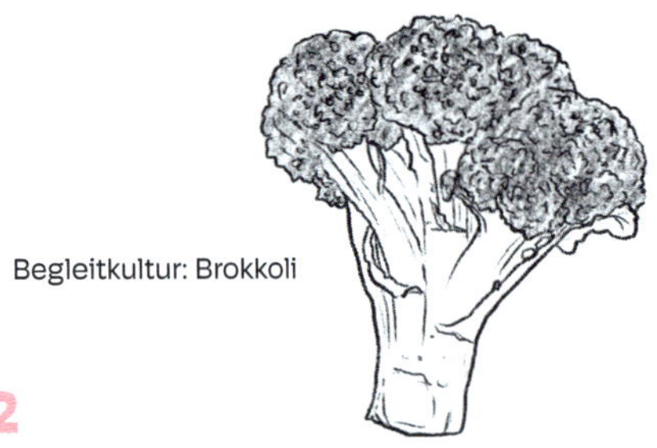

Begleitkultur: Brokkoli

Beide Gemüsearten setzt du ab Mitte Mai, also nach den Eisheiligen, ins Hochbeet. **Das sieht nun so aus:**

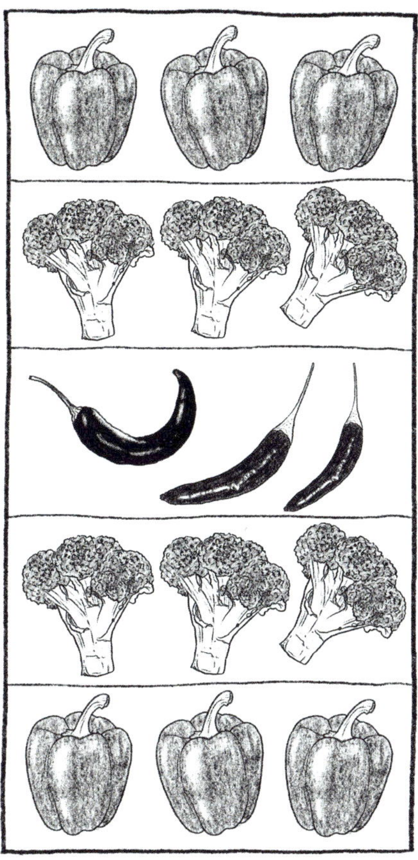

Von März bis Mitte Mai ist wieder Zeit für eine rasch wachsende Vorkultur. Das letzte Asia-Gemüse hast du bis Ende Februar abgeerntet, darauf passt eine Mischung aus verschiedenen Salaten, z. B. Feldsalat und Pflücksalate.

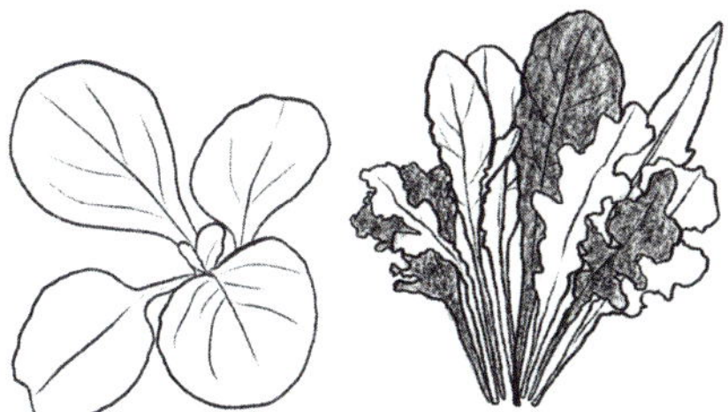

Vorkultur: Feldsalat und Pflücksalate

Die Vorkultur im 2. Hochbeet-Jahr:

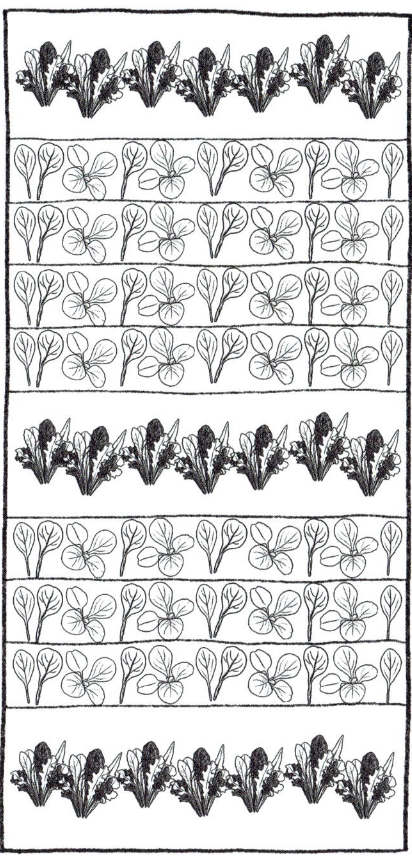

Die Paprika- und Chiliernte beginnt im Juli und dauert bis September. Von Brokkoli erntest du das erste Mal im Sommer eine große Rose. Anschließend bildet Brokkoli viele kleine Seitenröschen, bis in den späten Herbst und Winter hinein. Da Brokkoli frostfest ist, bleibt er im Hochbeet stehen.

Nachdem die letzten Paprika und Chilis geerntet sind, ist Ende September wieder Platz für eine Nachkultur. Diesmal fällt die Wahl auf Spinat. Bei mildem Wetter liefert er noch vor Weihnachten Ertrag, sonst erst im ausklingenden Winter des Folgejahres – also Ende Februar/Anfang März.

Nachkultur: Spinat

Das Hochbeet im Herbst/Winter im 2. Jahr:

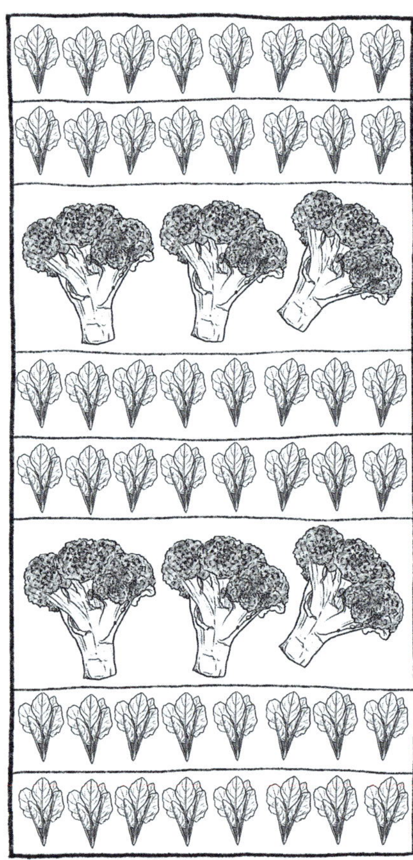

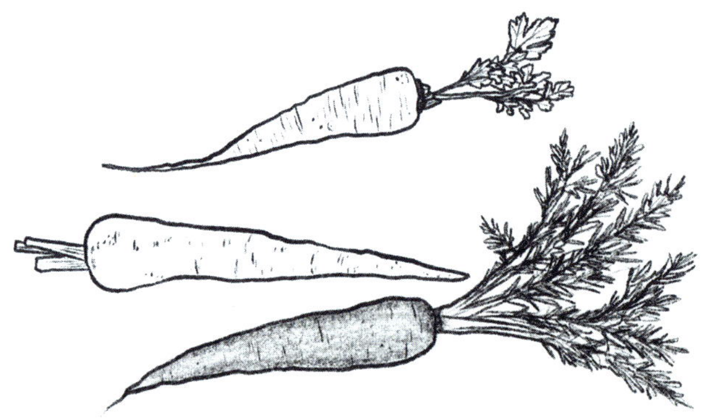

Hauptkulturen: Karotten, Gelbe Rüben, Pastinaken und Wurzelpetersilie

Da noch etwas Platz bleibt, kann als Begleitkultur Kohlrabi ins Beet. Alternativ wäre natürlich auch eine zusätzliche Reihe Wurzelgemüse möglich.

Begleitkultur: Kohlrabi

3. Jahr

Fülle nach der Ernte vom Vorjahr das Hochbeet wieder mit pflanzlichen Resten aus deinem Garten und frischer Erde auf. Die Befüllung ist nicht mehr so stark abgesunken und es passt weniger neues Material ins Hochbeet. Weniger Material bedeutet weniger Verrottung und damit einen kleineren Düngeeffekt. Jetzt passen mittelzehrende Pflanzen, also Gemüse mit mittlerem Nährstoffbedarf, ins Hochbeet.

Im 3. Jahr kommt als Hauptkultur Wurzelgemüse ins Hochbeet, und zwar Karotten, Gelbe Rüben (Möhren), Pastinaken und Wurzelpetersilie.

Samen von Wurzelgemüse und Kohlrabi-Jungpflanzen kommen bereits ab Mitte/Ende März in die Erde, sobald es die Witterung zulässt. Die Vorkultur entfällt.

Das 3. Hochbeet-Jahr beginnt so:

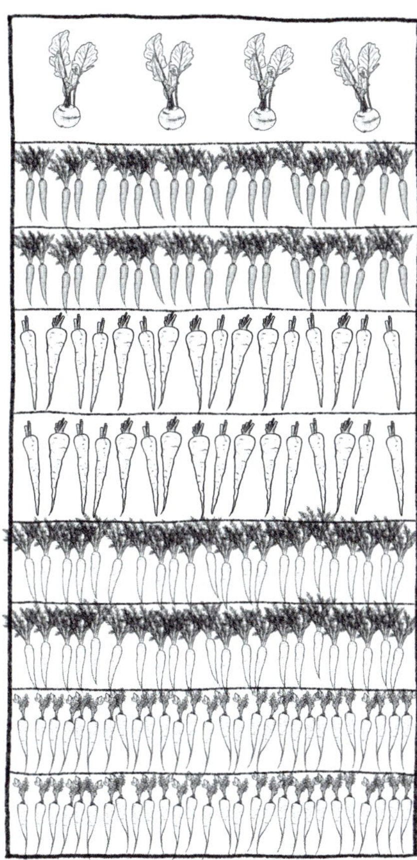

Der Fruchtwechsel im Sommer:

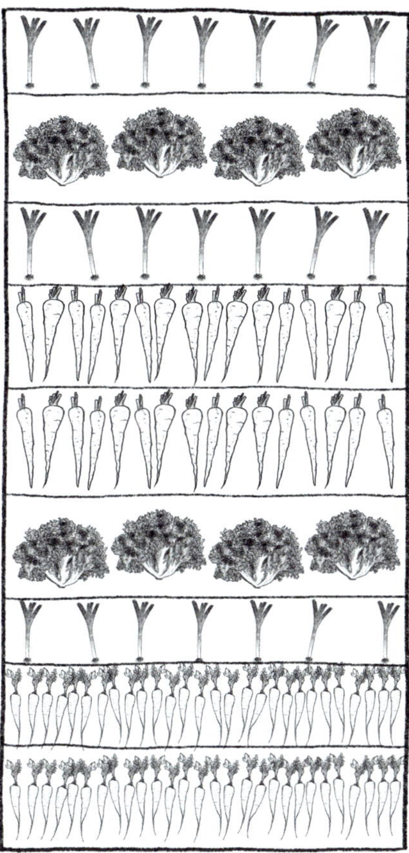

Kohlrabi erntest du im Juni/Juli, Karotten und Gelbe Rüben im Juli/August. Pastinaken und Wurzelpetersilie dürfen im Hochbeet bleiben, ihre Ernte findet von September/Oktober bis spät in den Winter statt. Eine gute Nachkultur für Kohlrabi ist Lauch, für Karotten und Gelbe Rüben Endiviensalat oder ein weiterer Satz Lauch als bereits vorgezogene Jungpflanzen.

Nachkulturen: Lauch und Endiviensalat

Endiviensalat verträgt abgedeckt leichten Frost, die Ernte erfolgt bis zum späten Herbst. Lauch ist winterhart – ihn erntest du je nach Bedarf bis Februar/März.

4. Jahr

Im 4. Jahr sind mit etwas frischem Befüllungsmaterial und Erde noch immer genug Nährstoffe für Mittelzehrer (Seite 53) vorhanden. Genauso klappt aber der Anbau von Schwachzehrern, also Gemüsearten, die sich auch mit wenig „Nahrung“ gut entwickeln. In unserem Muster-Hochbeet könnte das so aussehen:

Buschbohnen bilden die Hauptkultur. Setze sie Mitte Mai als Samen ein. Dazu passen Rote Beten als Begleitkultur, auch sie kommen als Samen ins Beet. Buschbohnen sind Schwachzehrer, Rote Bete Mittelzehrer.

Begleitkultur: Rote Bete; Hauptkultur: Buschbohnen

Als Vorkultur setzt du im März Eissalat als Jungpflanzen ins Hochbeet, dazu säst du Rucola als Samen.

Vorkulturen: Eissalat und Rucola

So sieht das Hochbeet Mitte Mai aus:

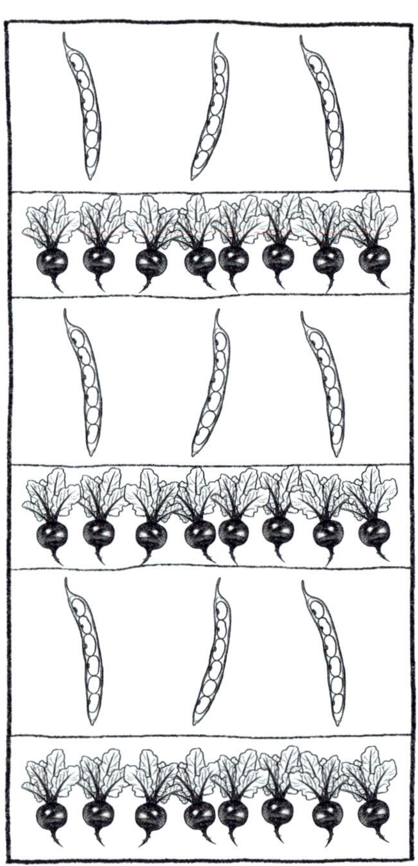

Die Vorkulturen im 4. Hochbeet-Jahr:

Die Buschbohnenernte beginnt im Juli und dauert bis Anfang/Mitte September. Auch die Rote Bete wird über den Sommer reif, kann aber je nach Bedarf auch etwas länger im Hochbeet bleiben. Mitte September ist ausreichend Zeit, um noch Nachkulturen ins Hochbeet zu setzen. Dafür bietet sich eine Mischung aus Blutampfer, Hirschhornwegerich und Winterportulak an.

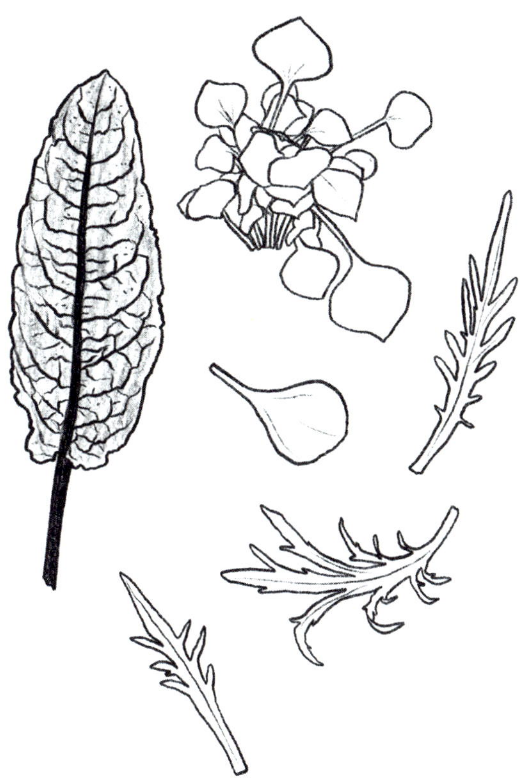

Nachkulturen: Blutampfer, Hirschhornwegerich und Winterportulak

Diese eher unbekannten Gemüsearten sind extrem winterhart und überstehen Temperaturen bis -20 °C. Blutampfer und Hirschhornwegerich werden blattweise geerntet, Winterportulak kann ganz abgeschnitten werden. Er treibt bis zu 5-mal nach und versorgt dich den Winter hindurch mit frischen Vitaminen.

So sieht der Winteranbau im 4. Jahr aus:

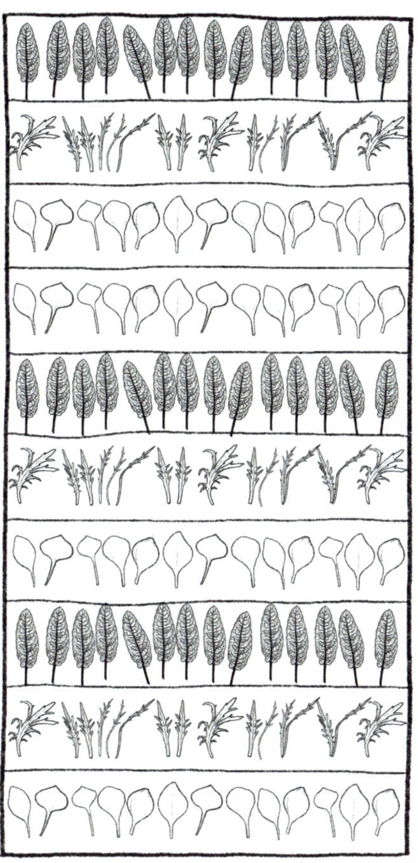

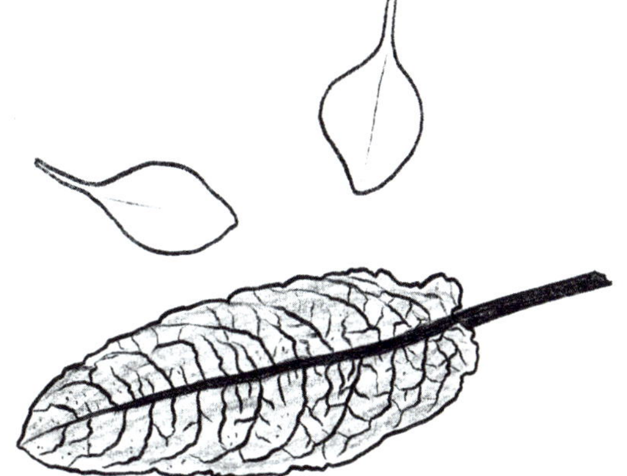

DIE FRUCHTFOLGE HÄLT HOCHBEET UND GEMÜSE GESUND

In unserem Musterhochbeet wechseln Saison für Saison und Jahr für Jahr die Gemüsearten. Warum eigentlich? Wäre es nicht einfacher, wenn du dein Lieblingsgemüse einfach jedes Jahr wieder anbaust? Also Zucchini? Oder Tomaten und dazwischen etwas Salat?

Das geht wohl 2–3 Jahre ganz gut, mit der Zeit werden dir Ertrag und Pflanzen jedoch immer weniger Freude bereiten, denn statt Eintönigkeit braucht dein Hochbeet Abwechslung. Und das aus mehreren Gründen:

Schädlings-Buffet

Zahlreiche Tierchen und Krankheiten sind auf bestimmte Pflanzen spezialisiert. Der Kohlweißling befällt ausschließlich Gemüsearten aus der Familie der Kohlgewächse, z. B. Kohl, Kohlrabi, Brokkoli oder Rosenkohl. Auch Erdflöhe und Rapsglanzkäfer stehen auf Kohl. Mit den Jahren merken sich die Schädlinge bzw. ihr Nachwuchs die besten Futterplätze und kommen immer wieder.

Zu viele Kohlgewächse am selben Fleck lassen bei Kohlweißlingen und Co. Partystimmung aufkommen.

Gleiche Lieblingsspeise

Alle Pflanzen benötigen Nährstoffe, doch nicht jedes Gemüse bevorzugt dieselben Mineralstoffe und Spurenelemente. Erbsen verwerten z. B. viel Kalium, brauchen aber wenig Stickstoff in der Erde, da sie diesen aus der Luft mit Hilfe von Bakterien selbst produzieren können. Tomaten haben einen hohen Bedarf an den Spurenelementen Bor, Kupfer und Eisen, kommen aber mit einem mittleren Gehalt an Stickstoff aus. Hört sich kompliziert an? Keine Sorge, in deinem Hochbeet sind die Nährstoffe sehr ausgewogen enthalten. Wenn du das Gemüse im Hochbeet immer wieder wechselst, kommen alle Pflanzen auf ihre Rechnung.

Von hungrigen und genügsamen Gesellen

Das Gemüse braucht zum Wachsen nicht nur verschiedene Nährstoffe, sondern davon auch unterschiedliche Mengen. Gurken verschlingen z. B. viel Nahrung, Karotten deutlich weniger und Kräuter sind äußerst genügsam. Man unterscheidet daher zwischen Starkzehrern, Mittelzehrern und Schwachzehrern. Im Hochbeet sind in den ersten Jahren die meisten Nährstoffe vorhanden, das ist also die beste Zeit für hungriges Gemüse. In den weiteren Jahren passen bescheidenere Gemüsearten ins Hochbeet. Welches Gemüse wie viele Nährstoffe braucht, entnimmst du der Tabelle auf Seite 53.

Paprika wächst nur gut, wenn er ausreichend Futter bekommt.

Buschbohnen sind genügsam und liefern immer ab.

Mal tief, mal flach

Mangold und Tomaten strecken ihre Wurzeln weit nach unten, Lauch und Mais wachsen hingegen nur einige Zentimeter in die Erde. Je nach Tiefe entnehmen die Wurzeln daher in verschiedenen Ebenen deines Hochbeets die fürs Wachsen benötigten Stoffe.

Gehen nicht sehr tief, sind dafür aber umso buschiger: die Wurzeln von Lauch

Diese Pflanzen geben auch etwas zurück

Das meiste Gemüse entzieht dem Hochbeet Nährstoffe, manche geben sogar etwas zurück. Gemüse aus der Familie der Schmetterlingsblütler, also Puffbohnen, Grüne Bohnen, Stangenbohnen und Erbsen können mit Hilfe von bestimmten Bakterien, den Rhizobien, Stickstoff aus der Luft binden. Die Rhizobien sind von Natur aus in deinem Hochbeet vorhanden. Sobald du z. B. Buschbohnen anbaust, werden sie aktiv. Sie scheiden einen Stoff aus, der die kleinen Wurzelhaare der Buschbohnen anregt, sich zu krümmen. Danach docken sie mit einer Art Schlauch an das feine Wurzelhaar an, um an von den Bohnen produzierten Zucker zu gelangen. Die Buschbohne reagiert erst mal verärgert und versucht, den Eindringling mit der Bildung von Knöllchen, die an den Wurzeln hängen, abzukapseln. Den Bakterien scheint das nichts auszumachen, im Gegenteil, sie vermehren sich sogar in den Knöllchen. Aufgrund der Knöllchenbildung werden sie auch Knöllchenbakterien genannt. Um weiter an Zucker aus den Pflanzenwurzeln zu gelangen, müssen sie jetzt eine Gegenleistung liefern – nämlich Stickstoff. Diesen binden sie aus der Luft und geben ihn direkt an die Pflanzenwurzeln weiter. Überschüsse bleiben im Hochbeet oder kommen Nachbarpflanzen (mehr zu Mischkulturen ab Seite 71) zugute. Lasse nach der Bohnenernte ausgerissene Wurzeln, Stängel und Blätter einfach im Hochbeet liegen. Sie sind reich an Stickstoff und stellen diesen den nachfolgenden Pflanzen zur Verfügung.

Geben mehr, als sie nehmen: Buschbohnen im Hochbeet liefern Stickstoff und füttern damit die Zucchini – die perfekte Begleitkultur.

Auch Gründüngungspflanzen bringen wieder Schwung und Energie ins Hochbeet. Manche gehören zu den Schmetterlingsblütlern und bringen ebenso wie Bohnen und Co. mit Hilfe der Knöllchenbakterien Stickstoff ins Hochbeet. Andere Pflanzen lockern mit ihren tiefen Wurzeln die Befüllung im Hochbeet, fördern das Bodenleben oder sind auf andere Weise nützlich. Mehr Infos zu Gründüngung im Hochbeet gibt's auf Seite 109.

Fruchtfolge verhindert kranke, unzufriedene Pflanzen. Nutze die Vorteile der Abwechslung – im Hochbeet und am Teller.

Fruchtfolge – so klappt's

Fruchtfolge ist der zeitlich aufeinanderfolgende Anbau von Gemüse. Die Fruchtfolge bezieht sich auf mehrere Jahre oder findet innerhalb eines Jahres statt.

Eine Fruchtfolge über mehrere Jahre sieht zum Beispiel so aus:

1. Jahr	Gurke
2. Jahr	Aubergine
3. Jahr	Mangold
4. Jahr	Buschbohne

Die Fruchtfolge innerhalb eines Jahres könnte so aussehen:

März	Rucola
Mai	Gurke
September	Spinat

In unserem Musterhochbeet (ab Seite 39) hast du gesehen, dass du beide Fruchtfolge-Formen miteinander kombinieren kannst. Das sieht dann so aus:

JAHR	MÄRZ	MAI	SEPTEMBER
1. Jahr	Rucola	Gurke	Spinat
2. Jahr	Kopfsalat	Aubergine	Winter-portulak
3. Jahr	Radieschen	Mangold	Mangold (bleibt stehen)
4. Jahr	Asia-Gemüse	Busch-bohne	Pflücksalat

Für den Gemüseanbau im Hochbeet gibt es ein paar **Fruchtfolge-Regeln.**

Fruchtfolge-Regel Nr. 1: Halte Familienmitglieder voneinander fern

Viele Gemüsearten sind nahe miteinander verwandt, sie gehören zu denselben Pflanzenfamilien. In ihren Vorlieben sind sie sich sehr ähnlich. Sie mögen dieselben Nährstoffe, gehen vergleichbare Verbindungen mit Mikroorganismen im Boden ein und strecken ihre Wurzeln ähnlich tief in den Boden. Kurzum: Sie konkurrieren um dieselben Sachen.

Auf der anderen Seite stehen sie auf dem Speiseplan derselben oder ähnlicher Schädlinge und Krankheiten. Besonders gefragt sind alle Mitglieder aus der Kohlfamilie – sie werden von zahlreichen Tierchen überfallen.

Lasse daher zwischen Gemüse aus derselben Familie zeitlichen (und auch räumlichen – mehr auf Seite 68) Abstand. Da du ins Hochbeet organisches Material nachfüllst, genügen hier schon 1–2 Saisonen Abstand. Im Vergleich: In einem Gartenbeet sollten je nach Gemüseart 3–4 Jahre Pause sein. Doch auch fürs Hochbeet gilt: Je weiter die Fruchtfolge, also je länger der Zeitraum zwischen den Gemüsearten aus derselben Familie, desto besser.

Die Familienverhältnisse von Gemüse:

PFLANZENFAMILIE (in Klammern findest du manchmal alternative Bezeichnungen)	**GEMÜSEARTEN**
Baldriangewächse	Feldsalat
Doldenblütler	Karotte, Gelbe Rübe, (Wurzel-) Petersilie, Pastinake, Stangen-, Schnitt- und Knollensellerie, Fenchel
Gänsefuß-gewächse	Spinat, Mangold, Rote Bete, Rote Melde
Hülsenfrüchtler (Schmetterlings-blütler)	Erbse, Busch- und Stangen-bohne, Puffbohne, Sojabohne, Erdnuss, Kichererbse
Knöterich-gewächse	Blutampfer
Kohlgewächse (Kreuzblütler)	Radieschen, Rettich, Kresse, Rucola, Mairübe, Kohlrübe, Kohlrabi, Chinakohl, Asia-Gemüse, Stielmus, Brokkoli, Wirsingkohl, Rosenkohl, Grünkohl, Blumenkohl, Weißkohl, Rotkohl, Winterkresse
Korbblütler	Kopfsalat, Eisbergsalat, Romanasalat (auch Binde- oder Kochsalat), Pflücksalat, Endiviensalat, Radicchio, Zuckerhut, Schwarzwurzel
Kürbisgewächse	Zucchino, Gurke, Kürbis, Melone
Lauchgewächse (Zwiebel-gewächse)	Zwiebel, Schalotte, Winterheckenzwiebel, Schnittlauch, Schnittknoblauch, Knoblauch, Lauch, Lauchzwiebel
Nachtschatten-gewächse	Tomate, Aubergine, Paprika, Chili und Pfefferoni, Andenbeere, Tomatillo, Kartoffel
Portulakgewächse	Sommerportulak
Quellkraut-gewächse	Winterportulak
Rosengewächse	Erdbeere
Sauergras-gewächse	Erdmandel
Süßgräser	Mais
Wegerich-gewächse	Hirschhornwegerich

Familienbande: Brokkoli, Rosenkohl und Kohlrabi

Fruchtfolge-Regel Nr. 2: Starte mit hungrigen Pflanzen

Zu Beginn steckt dein Hochbeet voller Power, ist also vollgefüllt für Gemüse, das besonders viel Nahrung braucht. Mit den Jahren nimmt der große Schwung an nahrhaften Inhaltsstoffen ab.

Um den Nährstoffbedarf von Gemüse besser einschätzen zu können, wird es in Stark-, Mittel- und Schwachzehrer eingeteilt.

Starkzehrer benötigen während ihrer gesamten Entwicklungszeit sehr viele Nährstoffe. Sie sind die ideale Besetzung für die ersten 1–2 Hochbeet-Jahre.

Mittelzehrer fühlen sich im 3. und 4. Hochbeet-Jahr wohl und sind mit den verfügbaren Nährstoffen ausreichend versorgt.

Schwachzehrer schließlich sind ausnehmend genügsam und gedeihen in den weiteren Hochbeet-Jahren.

In der folgenden Tabelle findest du einen Überblick, welches Gemüse zu den Stark-, Mittel- und Schwachzehrern gehört.

STARKZEHRER	MITTELZEHRER	SCHWACHZEHRER
Kürbis, Zucchino, Gurke, Melone	Mangold, Rote Bete, Spinat, Rote Melde, Blutampfer	mediterrane Kräuter wie Thymian, Salbei, Rosmarin, Oregano
Tomate, Aubergine, Paprika, Chili, Kartoffel, Andenbeere, Tomatillo	Karotte, Gelbe Rübe, Pastinake, Schwarzwurzel, Wurzelpetersilie	Buschbohne, Stangenbohne, Erbse, Puffbohne, Erdnuss, Sojabohne, Kichererbse
Knollensellerie, Stangensellerie	Fenchel	Schnittsellerie, Petersilie
Brokkoli, Rosenkohl, Weiß- und Rotkohl, Grünkohl, Blumenkohl, Wirsingkohl, Kohlrübe	Asia-Gemüse, Stielmus, Rettich, Kohlrabi, Mairübe	Radieschen, Kresse, Rucola, Winterkresse
Mais	Zwiebel, Lauch, Lauchzwiebel, Knoblauch, Winterheckenzwiebel, Schalotte	Schnittlauch, Schnittknoblauch
Erdbeere	alle Salate, Erdmandel	Hirschhornwegerich, Feldsalat, Winterportulak, Sommerportulak

Kürbisse sind kleine Vielfresser, ...

... ganz im Gegensatz zu Erbsen, die kaum Nährstoffe brauchen.

Du willst nicht für den Rest des Hochbeet-Lebens auf dein starkzehrendes Lieblingsgemüse verzichten? Auf Seite 109 findest du Maßnahmen, wie du deinem alten Hochbeet wieder den nötigen Nährstoff-Boost verleihst.

Fruchtfolge-Regel Nr. 3: Nutze die gesamte Hochbeet-Höhe

Manche Gemüsearten strecken ihre Wurzeln ganz schön in die Tiefe, z. B. Mangold mit seinen extrem langen, fleischigen Pfahlwurzeln. Oder Pastinaken, die im Hochbeet durch die lockere Füllung besonders gut wachsen. Wechsle in der Fruchtfolge Gemüse mit langen und kurzen Wurzeln ab, damit alle Nährstoff-Depots gut erschlossen werden.

Tipp:

Mische zur Pflanzung von Wintergemüse einige Gemüsearten mit langen Wurzeln ins Hochbeet. Sie fangen Nährstoffe in tieferen Bodenschichten auf und verhindern, dass diese über den Winter ausgewaschen werden.

So tief wachsen deine Pflanzen im Hochbeet:

FLACHWURZLER: 0–30 cm	MITTELTIEFWURZLER: 30–50 cm	TIEFWURZLER: 50–90 cm
Erdbeere	Asia-Gemüse	Andenbeere
Feldsalat	Blumenkohl	Aubergine
Fenchel	Brokkoli	Blutampfer
Hirschhornwegerich	Buschbohne	Erdnuss
	Chili	Gurke
Knoblauch	Chinakohl	Kichererbse
Knollensellerie	Erbse	Kürbis
Kresse	Erdmandel	Melone
Lauch	Grünkohl	Pastinake
Lauchzwiebel	Karotte	Schwarzwurzel
Mais	Kartoffel	Sojabohne
Radieschen	Kohlrabi	Tomate
Rote Melde	Kohlrübe	Tomatillo
Rucola	Mairübe	Wurzelpetersilie
alle Salate	Mangold	
Schalotten	Paprika/Chili	
Sommerportulak	Puffbohne	
	Rettich	
Spinat	Rosenkohl	
Stangensellerie	Rote Bete	
Winterheckenzwiebel	Rotkohl	
	Stangenbohne	
Winterkresse	Stielmus	
Winterportulak	Weißkohl	
Zwiebel	Wirsingkohl	
	Zucchino	

Karotten wachsen in der lockeren Hochbeet-Befüllung in die Tiefe.

Fruchtfolge-Regel Nr. 4: Sorge für Abwechslung im Jahreslauf

Im Hochbeet kannst du in einem Jahr ohne Bedenken 2- bis 3-mal, manchmal sogar 4-mal anbauen. Doch nicht jedes Gemüse wächst zu jeder Jahreszeit, da es unterschiedliche Ansprüche an Licht und Temperatur hat. Wann die richtigen Anbauzeiträume für welche Gemüseart sind, findest du auf Seite 86.

Achte auch innerhalb des Anbaujahres darauf, Gemüse aus verschiedenen Pflanzenfamilien zu setzen. Spinat sollte also nicht vor Mangold stehen, Rucola nicht vor Weißkohl oder Radieschen nicht nach Brokkoli.

Einen Vorteil hast du im Hochbeet: Setze das Gemüse einfach an verschiedene Plätze im Hochbeet, dann geht es auch in Ordnung, wenn zwei verwandte Arten aufeinander folgen. Das sieht z. B. so aus:

SOMMER	HERBST
Mangold	Radieschen
Salat	Hirschhornwegerich
Brokkoli	Spinat

Mangold wächst auf der einen Hochbeet-Seite, ihm folgen im Herbst Radieschen.

Salat und Hirschhornwegerich dienen in der Mitte als „Puffer", damit die verwandten Arten nicht zu nahe beisammenstehen. Nach Brokkoli kommt Spinat, er ist weit genug entfernt vom verwandten Mangold.

Fruchtfolge-Regel Nr. 5: Gönne dem Hochbeet mal etwas Erholung

Zwischen mehreren Anbaujahren tut es auch dem Hochbeet gut, wenn es mal eine Pause bekommt. Wobei Pause nicht bedeutet, dass darauf nichts wächst. Im Gegenteil, nackte Erde lockt lediglich Beikrautsamen an und Nährstoffe werden ausgewaschen.

Eine Frischzellenkur bekommt dein Hochbeet mit Gründüngung.

Gründüngungspflanzen und ihre positive Wirkung aufs Hochbeet:

GRÜNDÜNGUNG	WIRKUNG	ANBAU	NOCH MEHR INFOS
Ackerbohne	durchwurzelt das Hochbeet intensiv und lockert damit die Befüllung; reichert die Erde mit Stickstoff an	April bis August	friert im Herbst ab; die Pflanzenreste zerkleinert im Hochbeet liegen lassen
Busch- und Stangenbohne	sammeln Luftstickstoff und reichern das Hochbeet mit Humus an	Mitte Mai	Hülsen oder Kerne für die Küche verwenden; das ausgerissene Kraut samt Wurzeln kleingeschnitten am Hochbeet liegen lassen
Erbse	lockert die oberen Hochbeet-Schichten und versorgt sie mit gebundenem Luftstickstoff	März bis April	Erbsen in der Küche verwenden; Erbsengrün ausgerissen im Hochbeet liegen lassen; zerkleinert als Mulchmaterial zwischen anderem Gemüse verwenden
Lupine	hat bis zu 2 m lange Pfahlwurzeln und lockert das Hochbeet bis nach unten; sammelt Luftstickstoff	April bis August	in den Wurzelröhren kommen die Wurzeln nachwachsender Pflanzen weit nach unten; vielfärbige, bezaubernde Blüten
Phacelia	stark verzweigte Wurzeln lockern die Erde im Hochbeet und reichern Nährstoffe an	April bis September	lockt vor allem bei früher Aussaat Bienen an; friert im Winter ab; zerkleinerte Pflanzenreste im Hochbeet liegen lassen
Ringelblume	mit ihren Wurzelausscheidungen wehrt sie Nematoden ab; baut Humus auf	April bis Juli	leuchtend gelb-orange Blüten locken Bienen an; wunderschön in Kombination mit Gemüse wie Tomaten oder Paprika; verleihen deinem Hochbeet ein Bauerngarten-Flair
Tagetes	wehrt Nematoden ab; die Wurzeln lockern und verbessern die Erde	März bis Juni	gelb-orange Blüten locken Insekten an; sind ein Blickfang im Hochbeet
Winterwicke	durchwurzelt das Hochbeet tiefreichend und durchdringend; reichert sehr viel Nährstoffe an	August bis September	Wurzeln bleiben im Hochbeet und verrotten rasch; Nährstoffe ermöglichen wieder den Anbau von Starkzehrern

Gründüngung wird im Garten und in der Landwirtschaft schon lange eingesetzt. Dort dient sie zur Bodenverbesserung und Bodenlockerung, zur Vertreibung von nicht erwünschten Tierchen und zur Anreicherung von Humus. All diese positiven Wirkungen kannst du auch im Hochbeet nutzen. Da sich vor allem die tiefer liegenden Schichten durch den Druck des eingefüllten Materials ordentlich verdichten können, spart dir eine tiefwurzelnde Gründüngung das mühsame Ausgraben oder Auflockern mit der Grabgabel. Zudem reichert Gründüngung ein in die Jahre gekommenes Hochbeet mit frischen Nährstoffen an und du kannst wieder Gemüse mit höherem Nährstoffbedarf anbauen.

Die Gründüngungspflanzen sind nützlich und schön anzusehen.

Tagetes

Mischung verschiedener Gründüngungspflanzen

Erbse

Ringelblume

Lupine

GEMÜSE IM HOCHBEET ANBAUEN: 5 PFLANZEN-BASICS, DIE DU WISSEN SOLLTEST

Nicht jedes Gemüse wächst zu jeder Jahreszeit, da es unterschiedliche Ansprüche an Licht und Temperatur hat. Viele unserer beliebten Gemüsearten kommen aus dem Mittelmeerraum, aus Asien oder aus Mittel- und Südamerika. Das bei uns vorherrschende Klima ist also nicht immer ideal für den Lebenszyklus der Pflanzen. Mit etwas Know-how über die Bedürfnisse der verschiedenen Gemüsearten gelingen Anbau und Ernte im Hochbeet dennoch ganz leicht.

Pflanzen-Basic Nr. 1: Vom Samen zum Keimling

In einem winzigen Samenkorn sind alle Anlagen, damit daraus eine erwachsene Pflanze wird. Grob gesagt besteht es aus einem Embryo und einer Samenschale. Geschützt von der Samenschale kann der Embryo lange Zeit – manchmal sogar viele Jahre – überdauern, bis ideale Bedingungen zum Keimen vorherrschen. Die Keimfähigkeit gibt darüber Auskunft, ob beziehungsweise wie lange der Samen in der Lage ist, zu keimen. Je nach Gemüseart ist das sehr unterschiedlich. Karotten und Petersilie haben z. B. eine relativ kurze Keimfähigkeit von 2–3 Jahren, bei Mais kannst du mit 5–6 und bei Gurken sogar mit 8 Jahren rechnen.

Aus dem Samenkorn wächst zunächst ein kleiner Keimling.

Tipp:

Diese Angaben sind durchschnittliche Erfahrungswerte. Auch ältere Samen können noch keimen.

Damit aus dem Samen ein Keimling, also ein frisch geschlüpftes Pflänzchen, entsteht, sind zwei Dinge erforderlich:

Passende Keimtemperatur:
Jeder Samen braucht zum Keimen eine Mindesttemperatur, die Keimtemperatur. Während für Pflücksalat schon 5–8 °C genügen, benötigen die wärmeliebenden Melonen mindestens Temperaturen von 18–20 °C. Die Natur hat hier gut vorgesorgt, denn frostgefährdete Pflanzen keimen erst, wenn die Gefahr der späten Fröste vorbei ist. So sind sie vor dem Erfrierungstod abgesichert. Die Keimtemperaturen je Gemüseart entnimmst du der Tabelle auf Seite 59.

Radieschen keimen schon ab 3 °C, Bohnen sind hingegen wärmeliebend und brauchen mindestens 14 °C zum Keimen.

Allerdings: Für manches Gemüse ist die Zeit für den Anbau im Freien zu kurz. Wenn du Tomatensamen im Mai direkt ins Hochbeet säst, dauert die Entwicklung der Tomatenpflanze vom Keimling bis zum Früchte-Tragen einfach zu lange und du wirst nur mit etwas Glück einige wenige Tomaten ernten. Setze Tomaten deshalb als Jungpflanzen – selbstgezogen oder gekauft – ins Hochbeet. Welche Gemüsearten vorgezogen werden müssen und welche du direkt ins Hochbeet säst, steht auf Seite 63.

Wasser:
Der Kontakt mit Wasser (und Erde) löst bei passenden Temperaturen die Keimung aus. Durch die Wasseraufnahme quillt der Samen, die Samenschale platzt auf. Das ermöglicht dem Embryo, aus dem Samen zu wachsen. Er treibt die erste kleine Wurzel in die Erde, die weiteres Wasser und Nährstoffe aufnimmt. Nach oben wachsen die Keimblätter. Bei den meisten Gemüsearten sind es zwei Keimblätter, bei wenigen, wie z. B. Mais oder Zwiebeln, gibt es nur ein Keimblatt. Die Keimblätter enthalten wichtige Stoffe, die den kleinen Keimling die ersten Tage am Leben erhalten, bis er sich selbst ernähren kann. Sie sind quasi der Dottersack der Pflanze.

Die Bohne öffnet sich, die ersten Keimblätter strecken sich heraus.

Sobald die Keimblätter die Erdoberfläche durchstoßen haben, beginnen sie mit Hilfe der Sonne Photosynthese zu betreiben, also Nahrung für die Pflanze zu gewinnen. Auf die Keimblätter folgen die echten Blätter, die sich optisch oft stark voneinander unterscheiden.

Die echten Blätter der Gurke sehen ganz anders aus als die Keimblätter.

Sobald die Pflanze kräftig genug ist, fallen die Keimblätter ab.

Tipp:

Während der gesamten Keimung braucht die Pflanze viel Wasser. Trocknet der Keimling aus, stirbt er. Gieße Samen und Keime daher regelmäßig und durchdringend.

Sonderfall Lichtkeimer:
Die meisten Samen säst du ins Hochbeet oder zum Vorziehen in einen Topf, bedeckst sie mit Erde, gießt – und fertig. Manche Gemüsesamen brauchen neben Wasser und den passenden Temperaturen einen dritten Anreiz für die Keimung, nämlich Licht. Man nennt sie daher Lichtkeimer. Dazu gehören:

Basilikum
Bohnenkraut
Eisbergsalat
Estragon
Gartenkresse
Knollen-, Stangen- und Blattsellerie
Kopfsalat
Kümmel
Majoran
Oregano
Pflücksalat
Romanasalat
Thymian

So säst du Lichtkeimer:

- Säe die Samen dünn in einer Reihe direkt auf die Erde.
- Drücke sie vorsichtig mit dem Handrücken fest, damit der Wind sie nicht davonträgt.
- Gieße mit einem sehr schwachen Brausestrahl, sonst werden die Samen verschlämmt.

Die Samen von Dunkelkeimern werden hingegen mit Erde bedeckt.

So warm brauchen es deine Gemüsesamen zum Keimen:

GEMÜSEART	OPTIMALE KEIM-TEMPERATUR IN °C	MINIMALE KEIM-TEMPERATUR IN °C
Andenbeere	20–25	16
Asia-Gemüse	15–20	6
Aubergine	22–28	18
Blumenkohl	16–23	10
Blutampfer	10–18	5
Brokkoli	16–23	10
(Busch-)Bohne	18–25	14
Chili	20–25	16
Chinakohl	18–23	16
Eissalat	15–18	10
Endiviensalat	16–22	10
Erbse	15–20	10
Erdmandel	18–22	15
Erdnuss	22–25	15
Feldsalat	15–20	3
Fenchel	20–25	16
Grünkohl	16–23	5
Gurke	20–25	14
Hirschhorn-wegerich	12–18	10
Karotte	15–20	8
Kartoffel	18–22	8
Kichererbse	20–25	8
Knoblauch (Steckgut)	15–20	5
Knollensellerie	20–25	16
Kohlrabi	16–22	10
Kohlrübe	15–20	5
Kopfsalat	15–18	8
Kresse	15–20	6

GEMÜSEART	OPTIMALE KEIM-TEMPERATUR IN °C	MINIMALE KEIM-TEMPERATUR IN °C
Kürbis	20–25	14
Lauch	15–25	8
Lauchzwiebel	15–20	8
Mairübe	15–20	5
Mais	20–25	16
Mangold	15–20	5
Melone	20–28	18
Paprika, Pfefferoni	20–25	16
Pastinake	12–20	5
Petersilie (Blatt)	18–23	5
Pflücksalat	15–18	5
Puffbohne	15–20	5
Radicchio	18–23	10
Radieschen	15–20	3
Rettich	16–23	6
Romanasalat	15–18	6
Rosenkohl	16–23	10
Rote Bete	15–20	8
Rote Melde	10–20	3
Rotkohl	16–20	10
Rucola	15–20	6
Schalotte (Steckgut)	15–25	5
Schwarzwurzel	15–25	3
Schnitt-knoblauch	15–25	8
Schnittlauch	15–25	5
Schnittsellerie	20–25	12
Sojabohne	16–22	12
Sommer-portulak	18–22	5
Spinat	10–18	3
Stangenbohne	18–25	15
Stangensellerie	20–25	16
Steckzwiebel	15–25	5
Stielmus	15–20	6
Tomate, Tomatillo	22–28	18
Weißkohl	16–20	10
Winterhecken-zwiebel	12–20	8
Winterkresse	12–20	3
Winterportulak	8–12	4
Wirsingkohl	16–20	10
Wurzel-petersilie	18–20	8
Zucchino	20–25	15
Zuckerhut	20–25	12
Zwiebel (Samen)	15–25	5

Pflanzen-Basic Nr. 2: Kältetolerant oder lieber kuschelig warm

Auch wenn es in unseren Breiten aufgrund des Klimawandels immer wärmer wird, ganz bleiben wir von Spätfrösten im April und Mai nicht verschont. Eine Frostnacht reicht leider schon, um viele wärmeliebende Gemüsearten erfrieren zu lassen.

Für sie gibt es einen Stichtag, nach dem sie ins Freie dürfen, nämlich den 15. Mai. Das ist der letzte Tag der Eisheiligen im Kalender, die mit Pankratius am 12. Mai beginnen und mit der Kalten Sophie am 15. Mai enden. Rund um diese Tage ereignen sich die letzten Nachtfröste, danach bleibt es basierend auf langjährigen meteorologischen Beobachtungen frostfrei.

> ***Tipp:***
>
> Bevor du dein wärmebedürftiges Gemüse ins Hochbeet setzt: Geh auf Nummer sicher und halte Nachschau im Wetterbericht. Der Frost hält sich nicht an den Kalender, und in den letzten Jahren gab es auch schon mal am 18. und 20. Mai eine Frostnacht.

Diese Pflanzen haben es lieber kuschelig warm und bleiben besser bis nach den Eisheiligen im Haus:

GEMÜSE		
Andenbeere	Aubergine	Buschbohne
Chili	Erdmandel	Erdnuss
Gurke	Kichererbse	Knollensellerie
Kürbis	Melone	Paprika, Pfefferoni
Stangenbohne	Stangensellerie	
Tomatillo	Tomate	Zucchino

KRÄUTER		
Ananassalbei	Basilikum	Bohnenkraut
Currykraut	Estragon	Jiaogulan
Majoran	Oregano	Rosmarin
Salbei	Stevia	Thai-Basilikum
Thymian		

Aubergine, Kürbis und Erdnüsse: Alle drei haben's lieber warm und übersiedeln deshalb nach den Eisheiligen ins Hochbeet.

Hochbeet-Bonus:

Im Hochbeet sind deine Pflanzen durch die isolierende Wand und einen Frühbeet-Aufsatz vor Kälteeinbrüchen geschützt. Mit einem Blick auf den Wetterbericht kannst du es riskieren, Bohnen, Gurken oder Zucchini bereits 1–2 Wochen vor den Eisheiligen ins Freie zu setzen.

Pflanzen-Basic Nr. 3: Direkt säen oder vorziehen

Manches Gemüse säst du direkt ins Hochbeet, anderes setzt du als Jungpflanze ein. Und dann gibt es Gemüsearten, die sowohl als Samen als auch als Jungpflanze ins Hochbeet dürfen.

Als Samen: werden alle Gemüsearten gesät, bei denen das Vorziehen von Jungpflanzen nicht möglich, unnötig oder zu mühsam ist. In manchen Gärtnereien werden mittlerweile sogar vorgezogene Karotten oder Erbsen angeboten, das Einsetzen ist aber mit mehr Mühe verbunden, als die Samen direkt in die Erde zu streuen.

Radieschensamen ins Hochbeet streuen, gießen und fertig!

Als Samen oder Jungpflanzen: Bereits vorgezogene Jungpflanzen haben einen Entwicklungsvorsprung von 2–3 Wochen. Sie sind ideal, wenn Lücken im Hochbeet entstehen, die du rasch wieder füllen willst, z. B. Salat für ein freigewordenes Plätzchen nach der Karottenernte oder Rote Bete, die auf Kohlrabi folgt. Auch direkt säen hat seine Vorteile: Es ist weniger Arbeit und den jungen Pflänzchen bleibt der Umzugsschock erspart.

Salat säst du direkt oder setzt ihn als Jungpflanze.

Als Jungpflanzen: ziehen alle Pflanzen ins Hochbeet, die eine lange Entwicklungszeit haben und/oder frostempfindlich sind. Gemüse wie Brokkoli, Rosenkohl oder Kopfkohl kommen zwar mit kalten Temperaturen zurecht, brauchen aber sehr lange, bis sich Blumen, Kopf oder Röschen entwickeln. Auberginen oder Paprika dürfen vor den Eisheiligen nicht ins Freie, für reichlich Ernte müssen sie als Jungpflanzen ins Hochbeet.

Paprika und Tomaten kommen immer als Jungpflanzen ins Hochbeet.

Als Zwiebeln: Dann gibt es noch eine Sondergruppe, nämlich Gemüse, das du als Zwiebeln oder Zehen direkt in die Erde steckst. Dazu gehören Zwiebeln, Knoblauch und Schalotten. Für Zwiebeln gibt es auch Samen, die du aufgrund der langen Entwicklungszeit vorziehen solltest.

So kommt dein Gemüse ins Hochbeet:

ALS SAMEN	ALS SAMEN ODER JUNGPFLANZE	ALS JUNGPFLANZE
Blutampfer	Asia-Gemüse	Andenbeere
Buschbohne	Chinakohl	Aubergine
Dill	Eissalat	Blumenkohl
Erbse	Endiviensalat	Brokkoli
Feldsalat	Fenchel	Chili
Kresse	Gurke	Erdmandel
Karotte	Hirschhorn-wegerich	Erdnuss
Lauchzwiebel		Grünkohl
Mangold	Kichererbse	Knollensellerie
Pastinake	Kohlrabi	Melone
Puffbohne	Kohlrübe	Paprika, Pfefferoni
Radieschen	Kopfsalat	
Rettich	Kürbis	Rosenkohl
Rote Melde	Lauch	Rotkohl
Rucola	Mairübe	Stangensellerie
Schwarzwurzel	Mais	Tomate, Tomatillo
Sommer-portulak	Petersilie (Blatt)	
	Pflücksalat	Weißkohl
Spinat	Radicchio	Wirsingkohl
Stangenbohne	Romanasalat	
Stielmus	Rote Bete	
Winterkresse	Sojabohne	
Winterportulak	Schnittknob-lauch	
Wurzelpetersilie		
Zwiebel	Schnittlauch	**ALS ZWIEBEL/ ZEHE**
	Schnittsellerie	
	Winterhecken-zwiebel	Knoblauch
	Zucchino	Schalotte
	Zuckerhut	Steckzwiebel

> ***Achtung:***
>
> Beim Säen fallen dir meist etwas mehr Samenkörner ins Hochbeet als notwendig. Vereinzle die jungen Pflänzchen nach dem Auflaufen, damit jedes Gemüse ausreichend Platz hat. Die idealen Abstände für dein Gemüse findest du in der Tabelle auf Seite 90.

Zu viele Rüben auf einem Fleck? Da hilft nur mehr: kleine Mini-Rüben ernten und wegsnacken.

> ***Tipp:***
>
> Ab wann du mit dem Vorziehen der Jungpflanzen beginnst, steht auf den Samenpackungen.

Pflanzen-Basic Nr. 4: Lange Tage bringen dein Gemüse zum Blühen

Die Tageslänge hat direkten Einfluss auf das Wachstum der Pflanzen. Genauer gesagt jene Zeit des Tages, an der es hell ist. Viele Pflanzen im Gemüsegarten sind sogenannte Langtagpflanzen. Sie benötigen mindestens 12 Stunden Licht am Tag, um zu blühen. Sind die Tage kürzer, konzentrieren sie ihre Energie auf die Bildung von Blättern.

Im Hochbeet spielt die Tageslänge vor allem bei jenen einjährigen Pflanzen eine Rolle, von denen du Blätter ernten willst, also alle Salate, Feldsalat, Asia-Gemüse, Spinat, Rote Melde, Hirschhornwegerich und Winterportulak. Auch Radieschen und Rettich gehören zu den Langtagpflanzen. Die beste Anbauzeit für dieses Gemüse ist entweder im zeitigen Frühjahr, also März und April, oder im Herbst ab August/September. Baust du zu spät an, z. B. im Mai oder Juni, animiert die lange Helligkeit die Pflanzen dazu, sofort zu blühen. Beim Salat sagt man dann, er schosst. Er streckt sich, wächst zu kleinen Bäumchen heran und blüht. Seine Blätter sind nun hart, bitter und ungenießbar.

Auch zu spät gesäte Radieschen blühen, bevor sie ordentliche Knollen bilden.

Aus geschosstem Salat werden kleine Salatbäumchen.

Schossfeste Sorten: Für die Sommerernte von Salat und Radieschen wurden spezielle Sorten gezüchtet, bei denen die Blütenbildung unter Lichteinfluss gehemmt wird. Baue diese Sorten von Mai bis Juni für deine Sommersalat-Ernte aus dem Hochbeet an.

Eine Auswahl schossfester Salate und Radieschen:

Kopfsalat	‚Ovation', ‚Merveille des quatre saisons', ‚Brauner Trotzkopf', ‚Kagraner Sommer', ‚Pirat'
Eissalat	viele Sorten, z. B. ‚Saladin', ‚Great Lakes', ‚Grazer Krauthäuptel', ‚Maravilla de Verano', ‚Grüner aus Maria Lankowitz'
Pflücksalat	‚Red Salad Bowl', ‚Salad Bowl', ‚Till', ‚Lollo Rossa', ‚Lollo Bionda', ‚Catalogna'
Romanasalat	‚Little Gem', ‚Valmaine'
Radieschen	‚Sora', ‚Rudi', ‚French Breakfast 3'

Tipp:

Es gibt laufend neue Gemüsezüchtungen. Wirf einfach einen Blick auf die Rückseite der Samenpackungen. Hier steht, zu welcher Jahreszeit eine Sorte angebaut wird.

Mit schossfesten Sorten wie ‚Lollo Rossa' wird dein Hochbeet nicht zum Salatwald.

Pflanzen-Basic Nr. 5: So lange besetzt das Gemüse dein Hochbeet

Jede Pflanze „bewohnt" dein Hochbeet für eine bestimmte Zeit. Viele der bei uns gängigen Gemüsearten sind einjährig. Sie blühen im selben Jahr, in dem du sie anbaust, und verlassen das Hochbeet innerhalb einer Saison. Bei der Pflanzung im Herbst können manche eigentlich einjährige, frostfeste Gemüsearten bzw. -sorten den Winter überdauern und blühen erst im folgenden Frühling. Unter den einjährigen Pflanzen gibt es große Unterschiede in der Verweildauer. So brauchen Radieschen 6–8 Wochen von der Aussaat bis zur Ernte, Tomaten sind hingegen 5–6 Monate im Hochbeet. Wenn du sie als Jungpflanzen vorziehst, startest du sogar schon im März, denn die gesamte Entwicklungszeit einer Tomate beträgt 8 Monate. Die Zeit, die das jeweilige Gemüse im Hochbeet bleibt, nennt man Kulturdauer.

Manche Gemüse und Kräuter sind zweijährig. Das bedeutet, im 1. Jahr wachsen Blätter, Wurzeln oder Knollen, die Pflanze blüht jedoch erst im darauffolgenden Frühling – unabhängig vom Anbauzeitpunkt. Dazu gehören Kräuter wie Petersilie und Schnittsellerie, aber auch Gemüse wie Rote Bete, Karotten, Kohl oder Lauch. Dieses Gemüse erntest du entweder im selben Jahr oder nutzt es als Wintergemüse. Mehr dazu liest du auf Seite 76.

Schließlich gibt es ausdauernde, also mehrjährige Pflanzen, die dir – einmal gesetzt – über viele Jahre Ertrag liefern. Dazu gehören Hirschhornwegerich, wilde Rauke, Erdbeeren und viele Kräuter wie z. B. Schnittlauch, Winterheckenzwiebel, Thymian, Salbei und Rosmarin.

Paprika werden im Garten einjährig gezogen. In ihrer Heimat werden sie mehrere Jahre alt.

Rote Bete ist zweijährig, wird aber meist einjährig geerntet.

Blutampfer ist ausdauernd und liefert Jahr für Jahr frische Blätter.

Die Tabelle zeigt dir, welches Gemüse ein-, zwei- oder mehrjährig ist und wie lange es dein Hochbeet besetzt:

GEMÜSEART	LEBENSDAUER	KULTURDAUER IM HOCHBEET
Andenbeere	1-jährig	4–5 Monate
Asia-Gemüse	1-jährig	8–12 Wochen
Aubergine	1-jährig	4–5 Monate
Blumenkohl	1-jährig	14–16 Wochen
Blutampfer	mehrjährig	mehrjährig
Brokkoli	je nach Sorte 1–2-jährig	5–10 Monate
(Busch-)Bohne	1-jährig	4–5 Monate
Chili	1-jährig (im Haus mehrjährig möglich)	4–5 Monate
Chinakohl	1-jährig	10–12 Wochen
Eissalat	1-jährig	8–12 Wochen
Endiviensalat	1-jährig	8–12 Wochen
Erbse	1-jährig	4 Monate
Erdbeere	mehrjährig	mehrjährig
Erdmandel	1-jährig	6–7 Monate
Erdnuss	1-jährig	5–6 Monate
Feldsalat	1-jährig	6–8 Wochen
Fenchel	2-jährig	12–16 Wochen
Grünkohl	2-jährig	6–10 Monate
Gurke	1-jährig	4–5 Monate
Hirschhornwegerich	mehrjährig	mehrjährig
Karotte	2-jährig	12–16 Wochen
Kartoffel	1-jährig	4–5 Monate
Kichererbse	1-jährig	4–5 Monate
Knoblauch (Steckgut)	2-jährig	6–9 Monate
Knollensellerie	2-jährig	5–7 Monate
Kohlrabi	2-jährig	10–12 Wochen

GEMÜSEART	LEBENSDAUER	KULTURDAUER IM HOCHBEET
Kohlrübe	2-jährig	5–6 Monate
Kopfsalat	1-jährig	8–10 Wochen
Kresse	1-jährig	3–4 Wochen
Kürbis	1-jährig	5–6 Monate
Lauch	2-jährig	5–10 Monate
Lauchzwiebel	2-jährig	5–10 Monate
Mairübe	2-jährig	12–14 Wochen
Mais	1-jährig	5 Monate
Mangold	2-jährig	3–7 Monate
Melone	1-jährig	4–5 Monate
Paprika, Pfefferoni	1-jährig (im Haus mehrjährig möglich)	4–5 Monate
Pastinake	2-jährig	6–8 Monate
Petersilie (Blatt)	2-jährig	6–12 Monate
Pflücksalat	1-jährig	8–10 Monate
Puffbohne	1-jährig	14–16 Wochen
Radicchio	2-jährig	14–16 Wochen
Radieschen	1-jährig	6–8 Wochen
Rettich	1-jährig	8–12 Wochen
Romanasalat	1-jährig	8–10 Wochen
Rosenkohl	2-jährig	6–10 Monate
Rote Bete	2-jährig	14–18 Wochen
Rote Melde	1-jährig	8–12 Wochen
Rotkohl	2-jährig	5 Monate
Rucola/Wilde Rauke	1-jährig/ mehrjährig	6–8 Wochen/ mehrjährig
Schalotte (Steckgut)	mehrjährig	4–5 Monate

GEMÜSEART	LEBENSDAUER	KULTURDAUER IM HOCHBEET
Schnittknoblauch	mehrjährig	mehrjährig
Schnittlauch	mehrjährig	mehrjährig
Schnittsellerie	2-jährig	6–12 Monate
Schwarzwurzel	mehrjährig	7–8 Monate
Sojabohne	1-jährig	3–4 Monate
Sommerportulak	1-jährig	5–6 Monate
Spinat	1-jährig	10–14 Wochen
Stangenbohne	1-jährig	4–5 Monate
Stangensellerie	2-jährig	5–8 Monate
Steckzwiebel	2-jährig	12–14 Wochen
Stielmus	1-jährig	6–10 Wochen
Tomate, Tomatillo	1-jährig (im Haus mehrjährig möglich)	4–5 Monate
Weißkohl	2-jährig	4–5 Monate
Winterheckenzwiebel	mehrjährig	mehrjährig
Winterkresse	2-jährig	12–16 Wochen
Winterportulak	1-jährig	12–20 Wochen
Wirsingkohl	2-jährig	4–5 Monate
Wurzelpetersilie	2-jährig	5–6 Monate
Zucchino	1-jährig	4–5 Monate
Zuckerhut	2-jährig	12–14 Wochen
Zwiebel (Samen)	2-jährig	14–18 Wochen

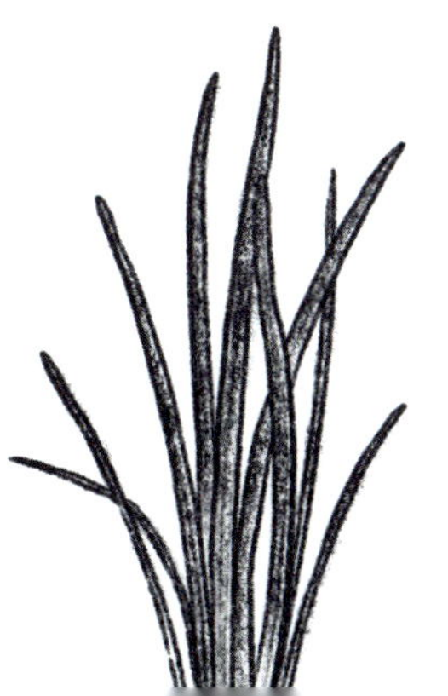

Mit dem Wissen über Ansprüche an Temperatur, Tageslänge und Kulturdauer gelingt die Planung im Hochbeet ganz leicht.

Die folgenden beiden Beispiele zeigen dir, wie du an die Bepflanzung deines Hochbeets herangehst:

Beispiel 1: Planung rund um die Tomate

Im ersten Beispiel pflanzt du als Hauptkultur Tomaten. Du weißt, dass diese nicht vor den Eisheiligen ins Hochbeet dürfen, also setzt du sie Mitte Mai ein. Im Juli werden die ersten Tomaten rot und du erntest bis Ende September. Den Zeitraum vor den Tomaten nutzt du für Kopfsalat, da er mit einer Kulturdauer von 8 Wochen rechtzeitig fertig ist. Nach den Tomaten baust du Winterportulak an, damit dein Hochbeet auch nach der Tomatenernte nicht leer steht.

Anbauzeitpunkt	Mitte März	Mitte Mai	Ende September
Gemüse	Kopfsalat	Tomate	Winterportulak
Kulturdauer	8 Wochen	4–5 Monate	5 Monate
Erntezeit (raum)	Mitte Mai	Juli–Ende September	Ende Oktober–Februar

Beispiel 2: Planung rund um den Kohlrabi

Im zweiten Hochbeet-Beispiel setzt du Mitte Mai Kohlrabi ein. Da du schon Mitte März das erste Gemüse ins Hochbeet setzen willst, pflanzt du wieder Kopfsalat. Kopfsalat erntest du nach 8 Wochen, den darauf folgenden Kohlrabi nach 10 Wochen, also Ende Juli. Diesmal bleibt etwas mehr Zeit und es geht sich noch ein Satz Sommerradieschen aus. Die Kulturzeit der Radieschen ist mit 6 Wochen sehr kurz und du erntest sie bereits Mitte September. Zum Abschluss kommt noch Pflücksalat ins Hochbeet. Dieser entwickelt sich rasch und du erntest ihn ab Mitte Oktober bis in den November/Dezember hinein. Von Kohlrabi, Kopfsalat und Pflücksalat setzt du Jungpflanzen ein, die Radieschen säst du. Die Jungpflanzen haben einen Wachstumsvorsprung, weshalb sich vier Ernten im Jahr ausgehen.

Eine Übersicht, zu welchen Zeitpunkten oder in welchem Zeitraum jedes Gemüse ins Hochbeet darf, findest du auf Seite 86.

Anbauzeitpunkt	Mitte März	Mitte Mai	Ende Juli	Mitte September
Gemüse	Kopfsalat	Kohlrabi	Radieschen Sommersorte	Pflücksalat
Kulturdauer	8 Wochen	10 Wochen	6 Wochen	10 Wochen
Erntezeit(raum)	Mitte Mai	Ende Juli	Mitte September	Mitte Oktober–November

FREIRAUM FÜR DEIN GEMÜSE: AUF DEN RICHTIGEN ABSTAND KOMMT ES AN

Der Frühling ist da, dein Hochbeet mit frischer Erde aufgefüllt und es kribbelt schon in deinen Händen? Im Überschwang kommen dann erst mal eine Menge Samen und Pflänzchen ins Hochbeet – sie sind ja ohnedies alle so klein.

Doch aus Pflänzchen werden Pflanzen und diese brauchen Platz. Stehen die Pflanzen zu eng beisammen, nehmen sie sich gegenseitig Licht, Nährstoffe und Wasser weg. Und es fehlt ihnen wortwörtlich der Platz, um zu ordentlichen Blättern, Köpfen, Knollen oder Wurzeln zu werden. Das Ergebnis: Du bekommst verhungertes, in die Höhe geschossenes Gemüse.

Setze daher Jungpflanzen gleich in den richtigen Entfernungen ein und vereinzle gesätes Gemüse auf die passenden Abstände.

Jedes Pflänzchen bekommt seinen Platz, ...

... der später voll ausgefüllt wird.

Zu dicht, zu eng, daraus wird kein Lauch.

So können sich alle bestens entfalten – und gemeinsam Knolle um Knolle bilden.

So viel Platz braucht dein Gemüse im Hochbeet:

GEMÜSEART	PFLANZABSTAND in cm	
	in der Reihe	zwischen den Reihen
Andenbeere	50	60
Asia-Gemüse	reihig dünn säen oder 20–25 als Kopf	25–30, bei Ernte als Baby-Leaf 15–20
Aubergine	40	40
Blumenkohl	40	40
Blutampfer	reihig dünn säen, vereinzeln auf 5–8	20
Brokkoli	40	40
(Busch-)Bohne	Horstsaat: alle 30 cm 6–8 Samenkörner	40
Chili	40	40
Chinakohl	30	30
Eissalat	25–30	25–30
Endiviensalat	25–30	25–30
Erbse	alle 5 cm 1 Korn	25 oder Doppelreihen 40
Erdbeere	30–35	40
Erdmandel	6–8	30
Erdnüsse	20	30
Feldsalat	reihig säen	10–15
Fenchel	25	25
Grünkohl	40	40
Gurke	40	40
Hirschhorn-wegerich	reihig dünn säen	15
Karotte	reihig dünn säen, vereinzeln auf 5–6	20
Kartoffel	25	35
Kichererbse	10–15	30

GEMÜSEART	PFLANZABSTAND in cm	
	in der Reihe	zwischen den Reihen
Knoblauch	alle 10–15 cm 1 Zehe stecken	30
Knollensellerie	30	40
Kohlrabi	25–30	25–30
Kohlrübe	alle 5 cm 1 Korn, vereinzeln auf 15	30
Kopfsalat	25–30	25–30
Kresse	reihig säen	15
Kürbis	braucht 3–4 m² Fläche, lasse ihn von einer Hochbeet-Ecke in den Garten ranken	
Lauch	15	20–25
Lauchzwiebel	3–4	15
Mairübe	alle 5 cm 1–2 Körner, vereinzeln auf 10	20–30
Mais	alle 15 cm 1–2 Körner, vereinzeln auf 40	40
Mangold	in der Reihe alle 4–5 cm 1–2 Körner, vereinzeln auf 10–15	30
Melone	wie Kürbis: Lasse sie von einer Ecke ranken oder stelle ihr ein Rankgerüst zur Verfügung	
Paprika, Pfefferoni	40	40

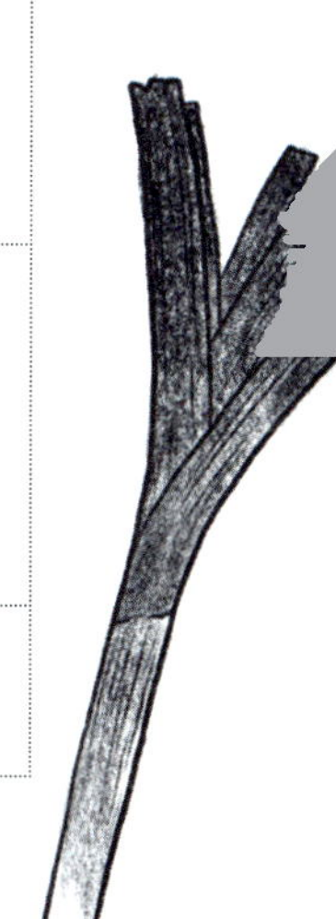

GEMÜSEART	PFLANZABSTAND in cm	
	in der Reihe	zwischen den Reihen
Pastinake	reihig dünn säen, vereinzeln auf 10–15	25–35
Petersilie (Blatt)	reihig dünn säen	20
Pflücksalat	reihig dünn säen oder bei Aufzucht als Kopf 25	25–30
Puffbohne	5–10	30
Radicchio	25	25
Radieschen	5	15
Rettich	alle 10 cm 1–2 Körner, auf 15–20 vereinzeln	25
Romanasalat	25	30
Rosenkohl	40	50
Rote Bete	5–8, auf 10–12 vereinzeln	25
Rote Melde	3–5	20
Rotkohl	40	40
Rucola	reihig säen	15
Schalotte (Steckgut)	12–15	20
Schnitt-knoblauch	reihig dünn säen	30
Schnittlauch	reihig säen	20
Schnittsellerie	reihig dünn säen	20
Schwarzwurzel	alle 3–4 cm 1–2 Körner, später auf 8–10 vereinzeln	30
Sojabohne	5–7	30
Sommer-portulak	reihig dünn säen	30

GEMÜSEART	PFLANZABSTAND in cm	
	in der Reihe	zwischen den Reihen
Spinat	3–5	20
Stangenbohne	Abstand der Bohnenstangen 40–50. Rund um eine Stange 6–8 Bohnen legen	50–60, setze eine Reihe Stangen entlang der Hochbeetwand, dann bleibt davor Platz für weitere Gemüse
Stangen-sellerie	30	30
Steckzwiebel	10–15	20
Stielmus	dicht säen für Blatternte, 4–5 für Stielernte	30
Tomate, Tomatillo	50	60
Weißkohl	40	40
Winter-heckenzwiebel	reihig dünn säen, auf 10–15 vereinzeln	25–30
Winterkresse	reihig dünn säen, auf 10 vereinzeln	20
Winterportulak	reihig säen	15
Wirsingkohl	40	40
Wurzel-petersilie	reihig dünn säen, auf 5–8 vereinzeln	20
Zuckerhut	30	30
Zucchino	100	100
Zwiebel (Samen)	reihig dünn säen, auf 10–15 vereinzeln	20

GUTE STIMMUNG IM HOCHBEET: DIE RICHTIGEN PFLANZPARTNER FINDEN

Für eine Gemüseart allein ist dir dein Hochbeet sicher zu schade. Außerdem möchtest du wahrscheinlich eine bunt gemischte Ernte aus dem Beet ziehen. Die Pflanzen in deinem Hochbeet müssen sich dafür miteinander vertragen und sich im Idealfall sogar gegenseitig fördern.

Wenn du verschiedenes Gemüse zusammensetzt, spricht man von Mischkultur. Die Vorteile der Mischkultur sind ähnlich wie bei der Fruchtfolge, nur dass du die Pflanzen zur gleichen Zeit einsetzt und nicht nacheinander:

Tief hinunter, hoch hinauf

Karotten wachsen in die Erde, Lauch gerade nach oben. Karotten nutzen das Hochbeet sozusagen „unterirdisch" und holen Nährstoffe von tieferen Bodenschichten. Lauch hat ein flaches Wurzelsystem und nutzt das Nahrungsangebot, das er in den oberen 10–15 cm Erde findet.

Roomies: Karotten und Lauch

Einmal hungrig, einmal genügsam

Von Stark-, Mittel- und Schwachzehrern hast du bereits auf Seite 52 gelesen. Miteinander kombiniert, sind sie geniale Beetpartner. Starkzehrer greifen auf das üppige Nahrungsangebot zurück, daneben gepflanzte Schwachzehrer begnügen sich mit dem, was übrig bleibt. So kannst du auch in den ersten Hochbeet-Jahren bedenkenlos Mittel- und Schwachzehrer anbauen, z. B. Salat mit Tomaten oder Bohnen neben Gurken.

Buschbohnen sind Schwachzehrer, Sellerie ist ein Starkzehrer – da futtert niemand dem anderen was weg.

Unter dem Schirm

Tomaten verströmen einen Duft, der viele Insekten in die Flucht schlägt. Das kannst du nutzen, um dir Mücken vom Leib zu halten. Stelle dazu einfach 1–2 Tomatenpflanzen auf die Fensterbank. Im Hochbeet profitieren allen voran die Kohlgewächse, also z. B. Kohlrabi, Rosenkohl, Brokkoli, vom Tomaten-Duft, denn Kohlweißlinge und andere Kohlliebhaber werden vom Geruch abgelenkt und finden schwerer zu ihrer Futterquelle.

Tipp:

Für das Fensterbrett solltest du kleinwüchsige Buschtomatensorten, z. B. ‚Paulinchen' oder ‚Boka', auswählen.

Kohlrabi wird von den Tomaten geschützt. Ihr Geruch verscheucht Kohlweißling, Erdflöhe und Co.

Ähnlich klappt das mit einer Kombi von Zwiebeln und Karotten. Der Karottengeruch schlägt die Zwiebelfliege in die Flucht, die Ausströmungen von Zwiebeln verwirren die Möhrenfliege.

Auch viele Kräuter haben eine abschreckende Wirkung auf Schädlinge oder können Krankheiten abwehren. Mehr dazu findest du im Kapitel Pflanzenkrankheiten auf Seite 93.

Einmal Bienenfutter, bitte

Blühendes Basilikum, Ringelblumen oder Borretsch locken Bienen an. Wenn sie schon mal da sind, bestäuben sie neben den bunten Blumen auch dein Gemüse, z. B. Zucchini, Gurken oder Bohnen.

Mischkultur-Regeln im Hochbeet

- Kombiniere Gemüse, das sich gut miteinander versteht. Welche Gemüsearten zusammenpassen, steht in der Tabelle auf der nächsten Seite.
- Im kleinen Hochbeet genügt es, wenn du zwischen Pflanzen, die sich nicht so gut miteinander vertragen, einen Abstand von 2–3 Reihen lässt. Setze also z. B. Kohlrabi auf die eine Hochbeet-Seite, Zwiebeln kommen in die andere Ecke. Einige Salate oder Paprika dazwischen genügen, damit keine negativen Effekte eintreten.
- Ein No-Go: Petersilie direkt neben Salat, denn Petersilie bringt Salat vorzeitig zum Schossen, statt kompakter Köpfe erntest du kleine Bäumchen. Auch hier gilt: Mit etwas Abstand im Beet klappt's mit der Salaternte.

Blüten-Nektar für die Brummer, die nebenbei deine Gemüsepflanzen bestäuben

Die besten Pflanzpartner im Hochbeet:

GEMÜSEART	GUTE PARTNER	SCHLECHTE PARTNER
Andenbeere und Aubergine	Bohnen, alle Kohlgewächse, Karotte, Petersilie, Salate, Sellerie, Lauch, Zwiebel, Ringelblume, Basilikum, Mais	Fenchel, Rote Bete, Aubergine, Kartoffel
Asia-Gemüse und Stielmus	Spinat, alle Salate, Rote Bete, Mangold, Karotte	Brokkoli, Kohl, Rosenkohl
Blutampfer	alle Salate, Kohlrabi, Radieschen, Spinat, Knoblauch, Schnittlauch, Petersilie, Dill, Karotte und Gelbe Rübe, Sellerie, Lauch, Schalotte, Zwiebel	
Busch- und Stangenbohne, Puffbohne, Sojabohne, Erdnuss, Kichererbse	Gurke, Zucchino, Melone, alle Kohlgewächse, alle Salate, Rote Bete, Mangold, Sellerie, Karotte, Tomate, Paprika, Aubergine, Bohnenkraut, Erdbeere	Lauch, Zwiebel, Fenchel, Erbse, andere Bohnen
Chinakohl	Spinat, Rote Bete, Mangold, alle Salate, Karotte, Sellerie, Pastinake, Erbse, Gurke, Bohne	Lauch, Schalotte
Erbse	Kohlgewächse, Karotte, Radieschen, Salat, Dill, Fenchel, Sellerie, Gurke, Mais, Ringelblume	Zwiebel und Lauch, Bohne, Paprika, Tomate
Erdbeere	Knoblauch, Lauch, Zwiebel, Kohlgewächse, Rucola, Radieschen, Melone, Erdnuss, Erdmandel, Feldsalat	
Erdmandel	keine Einschränkungen, da keine Verwandtschaft mit anderen Nutzpflanzen	
Feldsalat	Asia-Salate, Erdbeere, Kohlrabi, Radieschen, Salat, Zwiebel	
Fenchel	Salat, Erbse, Gurke, Basilikum	Bohne, Tomate, Paprika
Gurke	Karotte, Sellerie, Bohne, Erbse, Basilikum, Borretsch, Kapuzinerkresse, Dill, Lauch, Zwiebel	Zucchino, Kürbis, Melone
Hirschhornwegerich	Salat, Feldsalat, Lauch, Schalotte, Winterheckenzwiebel, alle Kohlgewächse, Karotte	
Karotte	Dill, Bohne, Erbse, Zwiebel und Lauch, Salat, Tomate, Paprika, Gurke, Melone, Zucchino, Kresse, Mangold, Spinat	Pastinake
Kartoffel	Buschbohne, Puffbohne, Mais, Mairübe, alle Kohlgewächse, Dill, Kümmel, Petersilie, Knoblauch	Tomate, Paprika, Aubergine, alle Kürbisgewächse

GEMÜSEART	GUTE PARTNER	SCHLECHTE PARTNER
Kohlgewächse: Blumenkohl, Brokkoli, Grünkohl, Kohlrübe, Mairübe, Rosenkohl, Rotkohl, Weißkohl, Wirsingkohl	Bohne, Erbse, Tomate, Paprika, Salat, Karotte, Sellerie, Mangold, Rote Bete, Lauch	andere Kohlgewächse, Zwiebel, Schalotte
Kohlrabi	Bohne, Erbse, Lauch, Tomate, Paprika, Salat, Sellerie, Karotte, Erdbeere, Spinat, Ringelblume	Fenchel, Zwiebel
Kresse, Winterkresse	Radieschen, Rettich, Erdbeere, Karotte, Spinat, Mangold, Tomate	Salat
Kürbisgewächse: Kürbis, Melone, Zucchino	Bohne, Erbse, Mais, Basilikum, Salat, Borretsch, Kapuzinerkresse, Karotte, Sellerie	andere Kürbisgewächse
Lauch und Lauchzwiebel	Gurke, Karotte, Petersilie, Salat, Tomate, Paprika, Spinat	Bohne, Rote Bete
Mais	Bohne, Erbse, alle Salate, Tomate, Paprika, Gurke, Melone, Zucchino, Rucola	Rote Bete, Sellerie
Mangold	Bohne, Erbse, alle Kohlgewächse, Gurke, Zucchino, Karotte, Sellerie, Dill, Salat	Rote Bete, Spinat, Tomate, Paprika
Melone	siehe Kürbisgewächse	
Paprika, Chili, Pfefferoni	Kohlgewächse, Bohne, Petersilie, Ringelblume, Salat, Karotte, Zwiebel, Lauch	Erbse, Sellerie, Fenchel, Aubergine
Pastinake	Bohne, Erbse, Lauch, Schalotte, Winterheckenzwiebel, alle Salate, Mangold, Spinat, Kohlgewächse, Nachtschattengewächse, Gurke	Rote Bete, Karotte, Petersilie
Petersilie, Wurzelpetersilie	Karotte, Radieschen, Kohlgewächse, Tomate, Paprika, Schnittlauch	Salat
Radieschen, Rettich	Bohne, Erbse, Karotte, Salat, Tomate, Paprika	Zucchino
Rote Bete	Bohne, Erbse, Kohlgewächse, Gurke, Melone, Zucchino, Karotte, Dill, Salat	Mangold, Spinat, Tomate, Paprika
Rote Melde	siehe Spinat	siehe Spinat
Rucola	Salat, Sellerie, Tomate, Paprika, Aubergine	andere Kohlgewächse

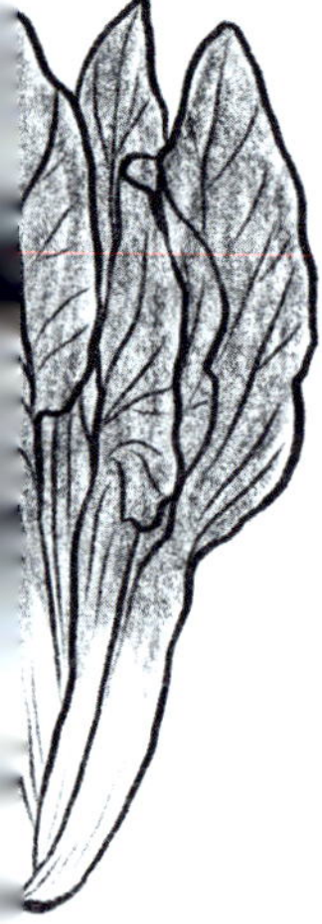

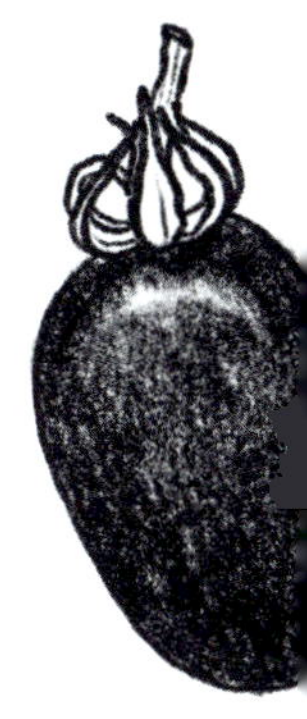

GEMÜSEART	GUTE PARTNER	SCHLECHTE PARTNER
Korbblütler: Eissalat, Endiviensalat, Kopfsalat, Pflücksalat, Radicchio, Romanasalat, Zuckerhut	Kohlgewächse, Bohne, Erbse, Erdbeere, Karotte, Radieschen, Zwiebel und Lauch, Spinat, Mangold, Paprika, Tomate, Mais	Petersilie, Kresse
Schnittlauch, Schnittknoblauch	Dill, Petersilie, Gurke, Karotte, Sellerie, Salat, Erdbeere, Tomate, Paprika, Feldsalat, Spinat, Mangold, Ringelblume	Bohne, Erbse, Rote Bete
Knollensellerie, Schnittsellerie, Stangensellerie	Bohne, Erbse, Gurke, Melone, Zucchino, Kohlgewächse, Lauch, Tomate, Spinat, Mangold, Rote Bete	Salat, Mais
Schwarzwurzel	alle Kohlgewächse, Kohlrabi, Lauch, alle Salate, Spinat	Petersilie, Pastinake
Spinat	Erbse, Bohne, alle Kohlgewächse, Radieschen, Erdbeere, Tomate, Paprika, Salat, Karotte, Sellerie, Lauch, Zwiebel	Mangold, Rote Bete
Tomate, Tomatillo	Bohne, alle Kohlgewächse, Karotte, Petersilie, Salat, Sellerie, Lauch, Zwiebel, Ringelblume, Basilikum, Mais	Fenchel, Rote Bete, Aubergine, Kartoffel
Sommer- und Winterportulak	Erdbeere, Salat, Asia-Salat, Radieschen, alle Kohlgewächse	
Zucchino	siehe Kürbisgewächse	
Zwiebelgewächse: Knoblauch, Schalotte, Winterheckenzwiebel, Zwiebel	Dill, Gurke, Melone, Zucchino, Petersilie, Salat, Tomate, Paprika, Feldsalat, Erdbeere, Spinat, Mangold	Bohne, Rote Bete

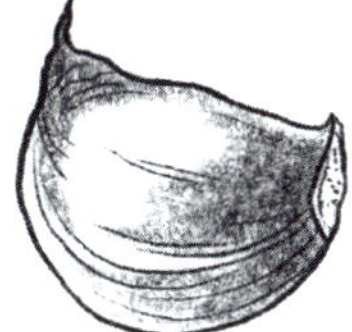

WINTER IM HOCHBEET? AB INS ERNTEVERGNÜGEN!

In deinem Hochbeet ist im Herbst noch lange nicht Schluss. Wie du schon im Musterbeet gesehen hast, gibt es zahlreiche Gemüsearten und -sorten, die den Winter überdauern und bis zum folgenden Frühling im Hochbeet bleiben – Ernte inklusive.

Wintergemüse ist also Gemüse, das du in den Wintermonaten – von November bis März – erntest. Aber: Wintergemüse wird NICHT im Winter angebaut, sondern bereits davor. Jedes Gemüse hat eine minimale Keimtemperatur, der Boden und die Luft müssen je nach Art zumindest einige Grad Celsius im Plus-Bereich sein. Wie warm es sein soll, kann du in der Tabelle auf Seite 59 sehen. Zudem müssen sich die Pflanzen vor der Winterernte ausreichend entwickeln, denn um Blätter, Köpfe, Wurzeln oder Knollen zu bilden, brauchen sie Sonne, Wasser und ausreichend warme Temperaturen.

Stillstand im Winter? Keineswegs!

Im Winter ist das Wachstum von Wintergemüse zwar reduziert, aber die Pflanzen stehen nicht still. So manches Gemüse nutzt jeden frostfreien Tag und Sonnenstrahl, um sich weiter zu entwickeln. Am wenigsten aktiv sind die Pflanzen von Dezember bis Mitte/Ende Januar. Wenn die Tage länger werden und es nicht zu kalt ist, geht es Ende Januar schon wieder weiter mit dem Wachsen.

Wintergemüse gelingt im Hochbeet besonders gut

Ein Hochbeet ist eine kleine Wärmeinsel und fördert dein Wintergemüse – im Vergleich zu einem Bodenbeet – besonders. Die Befüllung im Hochbeet „arbeitet" auch in der kalten Jahreszeit, im Hochbeet ist es daher etwas wärmer als in der Umgebung. Zusätzlich ist das Gemüse durch die Hochbeet-Wände vor eisigen Winden geschützt. Eine etwas abgesunkene Befüllung ist im Winter also von Vorteil, die Pflanzen sitzen tiefer und entgehen so den Winterwinden. Ein Hochbeet aus Holz oder Klinkersteinen gleicht die Temperaturen besser aus, da diese Materialien Wärme tagsüber speichern und in der Nacht langsam abgeben.

Riesige Auswahl für dein Winterhochbeet

Spinat, Feldsalat, dazu noch Lauch und Rosenkohl – diese Wintergemüse kennst du vielleicht. Doch im Winter-Hochbeet wächst noch so viel mehr. Von manchem Gemüse hättest du vielleicht nicht gedacht, dass du es im Winter aus dem Beet ziehen kannst, und anderes kommt dir möglicherweise das erste Mal unter. Wintergemüse versorgt dich also nicht nur mit frischen Vitaminen, sondern ist oft auch für Überraschungen auf dem Teller gut.

Es gibt Gemüsearten, die den Winter nahezu problemlos überstehen. Bei manchen musst du aber spezielle Sorten auswählen. Gemüseart und Gemüsesorte? Das ist der Unterschied:

Gemüseart: bezeichnet ein bestimmtes Gemüse, also z. B. Lauch, Brokkoli, Pastinake.

Gemüsesorte: ist die Varietät innerhalb einer Gemüseart mit sortentypischen Eigenschaften. Die Gemüseart ist z. B. Radieschen und Sorten sind ‚Eiszapfen', ‚Sora' oder ‚Cherry Belle'.

Über eine wichtige Eigenschaft verfügt jedes Wintergemüse: Es ist frostfest. Manche Arten bzw. Sorten kommen nur mit wenigen Minusgraden zurecht, andere halten bis -20 °C und weniger aus.

Die folgende Aufstellung zeigt dir die Vielfalt an Wintergemüsearten und -sorten sowie ihre Frostfestigkeit:

GEMÜSEART	SORTE	FROST-FESTIGKEIT
Asia-Gemüse	‚Pak Choi' ‚Garnet Giant' ‚Mizuna' ‚Mibuna' ‚Tatsoi' ‚Red Giant' ‚Grün im Schnee' ‚Rouge metis' ‚Golden Frills' ‚Namenia' ‚Purple Wave' ‚Golden Streaks' ‚Wasabino' ‚Oriental Mix'	hoch
Blutampfer		hoch
Brokkoli		hoch
Chinakohl	‚Bilko' ‚Granaat' ‚Scarvit' (rot)	schwach bis mittel
Eissalat	‚Grazer Krauthäuptel' ‚Saladin'	schwach bis mittel
Endiviensalat	‚Escariol grüner' ‚Bubikopf' ‚Nuance' ‚Wallone'	schwach bis mittel
Feldsalat		hoch
Fenchel	‚Perfektion' ‚Montebianco' ‚Selma'	schwach
Grünkohl	z. B. ‚Westlandse Winter', ‚Roter Grünkohl'	hoch
Hirschhorn-wegerich		hoch
Karotte	‚Ochsenherz' ‚Robila' ‚Nantaise 2/ Milan' ‚Purple haze' (violett) ‚Gniff' (violett) ‚Maruschka' (weiß) ‚Jaune du Doubs'	mittel bis hoch
Kohlrabi	z. B. ‚Super-schmelz' ‚Blaro' (rot)	schwach bis mittel
Kohlrübe	z. B. ‚Wil-helmsburger'	hoch
Kopfsalat	‚Larissa' ‚Ovation' ‚Merveille des quatre saisons' ‚Kosalec' ‚Winterkönig'	schwach bis mittel
Kresse		mittel
Lauch	z. B. ‚Atlanta' und andere Sorten	hoch
Lauchzwiebel	‚Ischikrona', ‚Ishikura long white'	hoch
Mairübe	‚Snow Ball' ‚Petrowski' ‚Teltower Rübchen'	hoch
Mangold	‚Jessica'	mittel
Pastinake		hoch

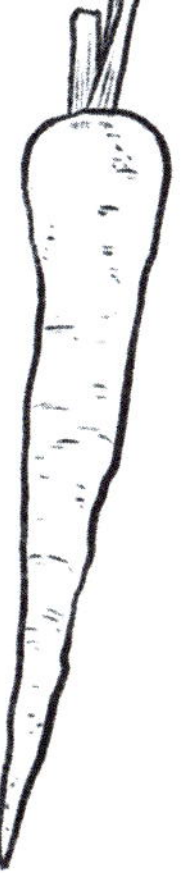

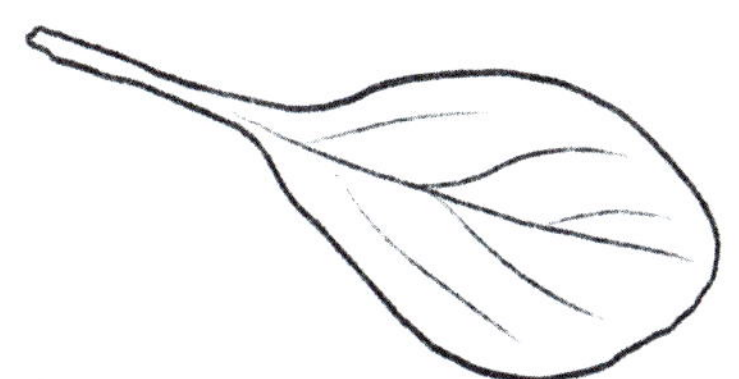

Rosenkohl

Mairüben

Endiviensalat

Chinakohl

Roter Chinakohl

‚Pak Choi'

Asia-Gemüse

‚Red Giant'

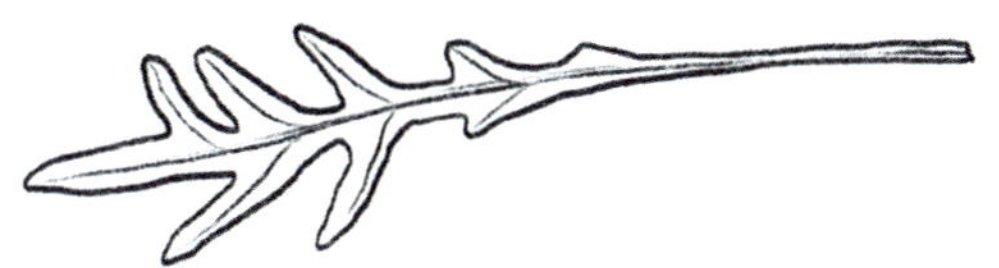

GEMÜSEART	SORTE	FROST-FESTIGKEIT
Pflücksalat	Salatmischung ‚Misticanza‘	mittel
	‚Catalogna‘	
	‚Venezianer‘	
	‚Spricana Kupana‘	
	Salatmischung ‚Mesclun‘	
	‚Piro‘	
	‚Lollo Bionda‘	
	‚Lollo Rossa‘	
	‚Lattughino‘	
Radieschen	‚Eiszapfen‘	mittel
	‚Cherry Belle‘	schwach
	‚French Breakfast‘	schwach
Rettich	‚Wiener runder Kohlschwarzer‘	schwach bis mittel
	‚Ovale Blanc de Munich‘ (Typ ‚Münchner Bier‘)	
Romanasalat	‚Valmaine‘	mittel
	‚Little Gem‘	
	‚Forellenschluss‘	
Rosenkohl		hoch
Rote Bete	‚Rote Kugel‘ (rund)	schwach
	‚Forono‘ (länglich)	
Rotkohl	‚Granat‘	schwach bis mittel
	‚Tête Noir‘	
Rucola	Wilde Rauke	schwach bis mittel
Schalotte		hoch
Schwarzwurzel		hoch
Spinat	‚Winterriesen Stamm Verdil‘ und alle anderen Sorten	hoch
Weißkohl	‚Dowinda‘	schwach bis mittel
	‚Premstättner Schnitt‘	

GEMÜSEART	SORTE	FROST-FESTIGKEIT
Winterhecken-zwiebel		hoch
Winterkresse		hoch
Winterportulak		hoch
Wirsingkohl	z. B. ‚Langedijska‘	hoch
Wurzelpetersilie	z. B. ‚Halblange‘	mittel bis hoch
Zuckerhut		mittel bis hoch

Frostfestigkeit:
Schwach: frostfest bis -5 °C
Mittel: frostfest -5 bis -10 °C
Hoch: frostfest bis -10 °C und darunter

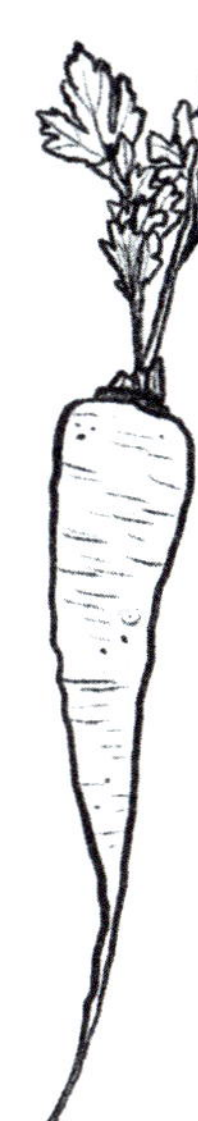

Ganz schön schlau, ganz schön süß

Bäume verlieren ihr Laub, Stauden ziehen sich in die Erde zurück und Sommergemüse erfriert. Wintergemüse hingegen bleibt froh und munter, trägt grüne Blätter und wächst an frostfreien Tagen stetig weiter. Wie macht es das bloß?

Um gut durch die frostige Zeit zu kommen, haben frostfeste Pflanzen einige Tricks auf Lager.

Gefrierpunkterniedrigung

Hört sich kompliziert an, funktioniert im Prinzip aber ein wenig wie der Winterspeck vom Murmeltier. Die Pflanzen futtern sich in der warmen Zeit mit Sonne, CO_2 und Wasser voll und erzeugen daraus mit Hilfe verschiedener Nährstoffe aus dem Boden Zucker, Stärke und Proteine. Diese lagern sie in den Zellen von Blättern und Co. ein. Kommt der Frost, fungieren die Stoffe wie ein warmer Wintermantel und schützen die Pflanze vor dem Erfrieren.

Zellen und ihr Dazwischen

Eine Pflanze ist aus Zellen aufgebaut. Diese Zellen stoßen nicht überall direkt aneinander, dazwischen gibt es auch Zellzwischenräume, die für den Gasaustausch und das feste Gewebe der Pflanzen zuständig sind. Wird es frostig kalt, schützen sich die Zellen vor dem Erfrierungstod, indem sie die Zellzwischenräume als Eisbarriere benutzen. Das gefrorene Wasser bleibt in den Zwischenräumen und kann von dort nicht in die Zellen eindringen. Da die Zwischenräume auch für die Standhaftigkeit der Pflanze zuständig sind, sieht das Gemüse während der Kältephasen lasch und erfroren aus. Sobald es taut, erheben sich Blätter und Stängel wie Phönix aus der Asche und stehen wieder gerade und aufrecht da.

Unter der Schneehaube ist es ganz schön frostig,

... da lass ich lieber meine Blätter hängen.

Aahh, die Sonne scheint, Zeit zum Aufstehen.

Alles für den Nachwuchs

Viele Wintergemüsearten sind zweijährig. Sie blühen und fruchten erst nach dem Winter. Manche sind sogar auf Frost angewiesen, der Kältereiz ist ein Signal für die Weiterentwicklung. Im Sommer davor sammelt dieses Gemüse ausreichend Zucker und Stärke, denn Blüten- und Samenproduktion brauchen viel Energie. Das Gemüse speichert Zucker und Co. in Wurzeln, Knollen und Köpfen. Im Frühling greift die Pflanze dann auf diese Speicher zurück, sie werden ausgesaugt und beginnen zu schrumpeln.

Bevor es so weit ist, erntest du das Gemüse – und bekommst damit die ganze eingelagerte Fülle des Sommers auf den Teller. Und das macht das Gemüse viel süßer und aromatischer als zu jeder anderen Jahreszeit.

Rote Beten (wie auch Karotten) sind zweijährig und schmecken im Winter super-süß. Außerdem bringen sie ein Kaleidoskop an Farben in dein Hochbeet.

Je frostiger, desto besser: Einmal durchgefroren schmecken Grünkohl und Rosenkohl noch aromatischer.

Salat und Co. sind geduldig

Einjähriges, frostfestes Gemüse übt sich in Geduld, wenn du es im Herbst anbaust. Als Langtagpflanze (Seite 64) wartet es darauf, dass die Tage länger werden, denn nur dann kann es blühen. Da die Tage im Herbst immer kürzer werden, konzentrieren sich Salat, Spinat und andere einjährige Arten darauf, möglichst viele Blätter anzulegen. Wie beim zweijährigen Gemüse gilt: Versäume nicht den Erntezeitpunkt, denn im zeitigen Frühling geht es auch bei Salat und Co. recht schnell zur Sache.

Setze Wintergemüse zur richtigen Zeit ins Hochbeet

Damit das Gemüse für die Winterernte gut entwickelt ist, musst du es rechtzeitig anbauen. Wann der richtige Zeitpunkt ist, hängt von der Gemüseart ab.

Im Frühling

Manches Gemüse hat eine lange Kulturdauer (siehe Tabelle Seite 66) und braucht sogar ein ganzes Gartenjahr, bis es groß genug für die Ernte ist. Frühstarter sind Pastinaken und Wurzelpetersilie im April, gefolgt von Knollensellerie und einigen Kräutern Mitte Mai.

Quasi Spätzünder: Sellerie pflanzt du schon im Mai für die Winterernte.

Im Frühsommer

Für die Winterernte pflanzt du viele Gemüsearten im Juni und Juli, für die Sommerernte müssen sie früher ins Hochbeet. Dazu gehören z. B. Rosenkohl, Karotten oder Lauch.

Setze Lauch spätestens im Juli ins Hochbeet.

Im Spätsommer

August und September sind die Hauptanbauzeiten für Wintergemüse. Hier säst und setzt du Gemüse mit kurzer Kulturdauer, wie z. B. Chinakohl, Kohlrabi, Salate und Asia-Gemüse.

Ein robuster winterlicher Pflücksalat, den du noch im September aussäen kannst: die Sorte ‚Venezianer'.

Im Herbst

Dein Hochbeet war bis Ende September voll und du möchtest es noch für Wintergemüse nutzen? Bis Mitte Oktober klappt die Winterernte noch mit Feldsalat, Asia-Gemüse oder Winterportulak. Und sogar danach kannst du – solange es nicht friert – Samen ins Hochbeet streuen. Das Gemüse keimt im Spätherbst und wächst im zeitigen Frühjahr weiter. So erntest du direkt nach dem Winter z. B. frischen Spinat oder Salat.

In der Tabelle auf Seite 86 findest du heraus, wann du Wintergemüse anbaust oder als Jungpflanze ins Hochbeet setzt.

Winterliebling Asia-Gemüse: Solange der Boden nicht gefroren ist, kannst du Samen ins Hochbeet streuen – und wirst ganz bestimmt ernten.

So erntest du dein Wintergemüse

Wintergemüse zu ernten ist keine Raketenwissenschaft, aber ein paar Dinge solltest du doch beachten.

Ernte an frostfreien Tagen

Gefrorene Blätter hängen lasch herum und sind ein Trauerspiel in der Salatschüssel. Wurzelgemüse wie Karotten oder Pastinaken brechen beim Versuch, sie aus dem gefrorenen Boden zu ziehen. Sei also geduldig und ernte, wenn die Temperaturen über dem Gefrierpunkt liegen. Unter einem Frühbeet-Aufsatz sind die Pflanzen gut vor Frost geschützt und es genügen schon wenige Sonnenstrahlen, damit es ausreichend warm für die Ernte ist. Wie du Frost von deinem Gemüse möglichst fernhältst und es am besten erntest, wenn rundherum Eis und Schnee liegt, liest du gleich in den Tipps und Tricks ab der nächsten Seite.

Wenn das Gemüse so aussieht, muss deine Salatschüssel noch ein wenig warten.

Das Pflanzenherz als Wachstumsmotor

Du möchtest von Salat und Asia-Gemüse möglichst lange etwas haben? Dann ernte immer nur die äußeren Blätter und lasse das Pflanzenherz stehen. Das Herz ist der Vegetationskegel der Pflanze, von ihm aus werden immer wieder neue Blätter gebildet. Das gilt ebenso für Gemüse wie Wilde Rauke, Mangold und Spinat.

Lasse das Pflanzenherz stehen und ernte Blätter über Blätter über Blätter.

Kleines Wunder Winterportulak

Ein wahrer Dauerträger ist Winterportulak. Ihn kannst du bis zu 5-mal schneiden. Setze das Messer nicht zu tief an und ernte nur die Blätter von einem Teil der Pflanze (bis maximal zur Hälfte). Die weiteren Ernten erfolgen zeitversetzt dann, wenn sich der abgeerntete Pflanzenteil vom Schnitt erholt hat.

Sprießt bis zu 5 Runden: Winterportulak

Viel Sonnenschein, wenig Nitrat

Wintergemüse enthält mehr Nitrat als im Sommer geerntetes Gemüse. Auf der einen Seite, weil die Pflanzen Nitrat an kürzeren Tagen langsamer in seine Endprodukte, nämlich Aminosäuren und Proteine, umbauen. Auf der anderen Seite, weil typische Wintergemüse wie Kohlarten, Salate und Asia-Gemüse von Haus aus mehr Nitrat enthalten. Ob und in welchen Mengen Nitrat überhaupt gesundheitsschädlich oder gesundheitsfördernd ist, wird mittlerweile von vielen Wissenschaftler*innen diskutiert (viel dazu auf Seite 27). Mit dem passenden Erntezeitpunkt kannst du den Nitratgehalt in deinem Wintergemüse ein Stück weit kontrollieren: Ernte an sonnigen Tagen am Nachmittag, hier wurde bereits viel Nitrat abgebaut.

Bestes Erntewetter? Wenn die Sonne scheint!

Tipps und Tricks für noch mehr Winterernte

Wintergemüse ist – verglichen mit Sommergemüse – ausgesprochen genügsam. Du hast weniger Probleme mit Schnecken und Co., musst kaum oder gar nicht gießen, und auch das Düngen entfällt in der kalten Jahreszeit.

Einmal warmer Deckel, bitte …

Du kannst dein Gemüse im Winter dennoch aktiv beim Wachsen unterstützen. Mit einem Frühbeet-Aufsatz sperrst du nicht nur die Kälte aus, sondern schaffst darüber hinaus ein günstiges Mikroklima im Hochbeet. Wie in einem Mini-Gewächshaus gelangen die Sonnenstrahlen durch die transparente Abdeckung ins Hochbeet und erwärmen dort Erde und Pflanzen. Die Wärme entweicht durch die Abdeckung nur geringfügig – je nach Material von Frühbeet-Wand und „Fenster“. Gute Dienste leisten Stegplatten und Seitwände aus Holz. Im Winter ist der Wasserbedarf der Pflanzen zwar geringer, aber trotzdem vorhanden. Unter der Abdeckung bleibt von Erde und Pflanzen abgegebener Wasserdampf im Kreislauf. Er kondensiert und bewässert die Pflanzen erneut. Vergiss nicht zu lüften, wenn es wärmer wird, sonst entsteht Schimmel. Mehr über Qualität und Beschaffenheit von Frühbeet-Aufsätzen steht auf Seite 24.

Außen Frost – innen warm: Der Frühbeet-Aufsatz lässt deinen Salat nicht im Schnee stehen.

... oder eine kuschelige Decke

Kostengünstiger und platzsparender sind Vliese. Diese sind vor allem für die Übergangszeit gedacht, also für Spätherbst und zeitiges Frühjahr. Vliese gibt es mit unterschiedlichen Stärken, z. B. 17 g/m², 30 g/m² oder 50 g/m². Je schwerer, desto dichter ist das Vlies und umso mehr Frost hält es von deinem Gemüse ab. Allerdings: Je stärker das Vlies ist, desto weniger Licht lässt es zu den Pflanzen. Und gerade im Winter ist das Gemüse auf jeden Sonnenstrahl angewiesen.

Spanne Vliese über Stangen oder Bögen – aus Metall, Kunststoff oder selbstgebaut aus biegsamen Zweigen. Das Vlies soll nicht direkt auf den Pflanzen liegen, denn bei Frost friert es an den Blättern fest und macht sie kaputt.

Tolle Kombi: Der stabile Aufsatz aus Stahl ist mit einem Vlies bespannt.

Achtung bei Regen:

Ist es zu feucht, machen sich unter dem Vlies Schimmel und andere Pilze breit. Abhilfe: Lüften.

Noch mehr kuschelige Wärme

Eine Gefahrenzone für Wintergemüse ist die oberste Erdschicht im Hochbeet – also der Übergang vom Spross zur Wurzel. Friert die Erde, können die Pflanzen kein Wasser aufnehmen und vertrocknen – auch im Winter. Die durch den Klimawandel bedingten langen Trockenphasen und geringen Schneefälle im Winter machen den Pflanzen zu schaffen. Um deine Wintergemüse vor Austrocknung zu schützen und das Gefrieren der Erde zu verhindern, gibt es eine einfache Abhilfe: Mulch!

Mulch ist eine Abdeckung mit organischem Material, z. B. Laub, Miscanthus, Grasschnitt oder Schafwolle. Packe eine dicke Schicht ins Hochbeet rund um deine Pflanzen. Mehr Infos zum Mulchen und zu geeignetem Mulch-Material im Hochbeet findest du auch auf Seite 111.

Extra Bonus: Wurzelgemüse wie Karotten oder Wurzelpetersilie kannst du unter der Mulchschicht einfacher ernten. Denn auch wenn rundherum der Boden gefroren ist, bleibt die Erde in deinem Hochbeet dank Mulch und Frühbeet-Abdeckung frostfrei und weich.

Eine dicke Mulchschicht aus Laub hält den Boden warm und erleichtert die Karottenernte.

Doppelt hält besser

Ein Trick, den du dir vom Hausbau abschauen kannst: Dort dämmen Hohlkammerziegel das Haus, weil die Lufträume in den Ziegeln eine sehr geringe Wärmeleitfähigkeit haben. Im Hochbeet geht das so: Stülpe transparente Obsttassen, Gurkengläser, Glasglocken (Cloches) oder anderes über die einzelnen Gemüsepflanzen. Darüber kommt noch mal der Frühbeet-Aufsatz. Die Lufträume speichern die Wärme, die durch die doppelte Abdeckung weniger entweichen kann. Eine effektive Maßnahme für klirrend kalte Tage.

Extra Wärmeschutz unter Obsttassen und Co.

Gießen im Winterhochbeet

Im Winter braucht das Gemüse zwar weniger Wasser, aber wenn es lange Zeit nicht regnet, können die Pflanzen trotzdem verdursten. Unter dem Frühbeet-Aufsatz sind sie von der natürlichen Wasserzufuhr, also Regen oder Schnee, ausgesperrt. Am besten gießt du im Winter also so:

- Gieße an frostfreien Tagen.
- Verwende nicht zu kaltes Wasser und gieße direkt zu den Pflanzen. Nicht die Blätter übergießen, denn das Wasser kann in der Nacht anfrieren und die Blätter beschädigen.
- Wenn du mulchst: Schiebe den Mulch vor dem Gießen auf die Seite, gieße und decke danach die Erde wieder mit Mulch zu. Der Mulch sorgt dafür, dass die Feuchtigkeit im Hochbeet bleibt und nicht verdunstet.
- Ideale Gießzeit ist Vormittag/um die Mittagszeit, da können die Pflanzen das Wasser am besten aufnehmen.
- Gieße alle 2–3 Wochen, je nach Temperatur und Feuchtigkeit.

Achtung:

Gieße im Winter nicht mit Schläuchen oder einer installierten Bewässerung. Leere vor dem Winter das Wasser aus den Schläuchen und drehe alle Leitungen ab. Gefrorenes Wasser dehnt sich aus und ruiniert dein Bewässerungssystem. Mehr Informationen zu Bewässerung im Hochbeet gibt es auf Seite 113.

JETZT ABER RAUS INS HOCHBEET: ANBAUEN ZUR BESTEN ZEIT

Bei so vielen Möglichkeiten stellt sich noch eine Frage: Wann dürfen die Pflanzen ins Hochbeet ziehen?

Gemüse mit kurzer Kulturdauer, das also schon nach 6, 8 oder 10 Wochen erntereif ist, kannst du über eine längere Zeitspanne ins Hochbeet setzen. Gemüse mit langer Kulturdauer kommt hingegen zu recht fixen Terminen in die Erde. Und dann gibt es noch Gemüse, das du sowohl für die „klassische“ Gartensaison von Frühling bis Herbst als auch als Wintergemüse anbauen kannst. Wann du Gemüse erntest, steuerst du also (auch) mit dem Anbauzeitpunkt. Gib acht, dass du die zur Jahreszeit passende Sorte verwendest, also z. B. Frühlingssalat im zeitigen Frühjahr anbaust und Wintersalat im Herbst.

Gemüse in Sätzen anbauen

Die große Salatschwemme vermeiden? Geht ganz einfach! Baue den Salat in Sätzen an – also gestaffelt. Das geht so: Pflanze oder säe einige Salate in eine Reihe. Die Reihe daneben bleibt frei oder ist von einer anderen Pflanze mit kurzer Kulturdauer besetzt (z. B. Radieschen). Setze 2–3 Wochen später den nächsten Satz Salat. Die 3. Runde kommt wiederum in 2–3 Wochen dran. Wenn die erste Reihe abgeerntet ist, darf darauf der nächste Satz. So verteilst du die Ernte gleichmäßig über das ganze Jahr. Das gilt auch für anderes, schnell wachsendes Gemüse wie Radieschen, Kohlrabi, Rucola, Mairüben oder Rote Bete.

Die folgende Aufstellung gibt dir einen Überblick, wann dein Gemüse ins Hochbeet darf, ob als Samen, Jungpflanze oder beides, und wann die Zeiträume für den Anbau von Wintergemüse beginnen. Im Plan wechselt seine Farbe dann auf eisblau.

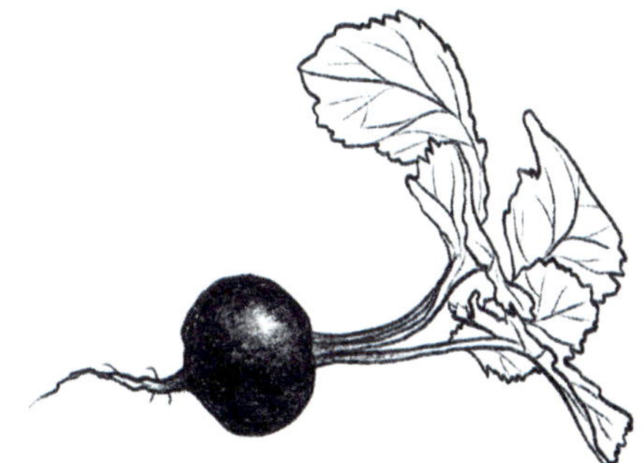

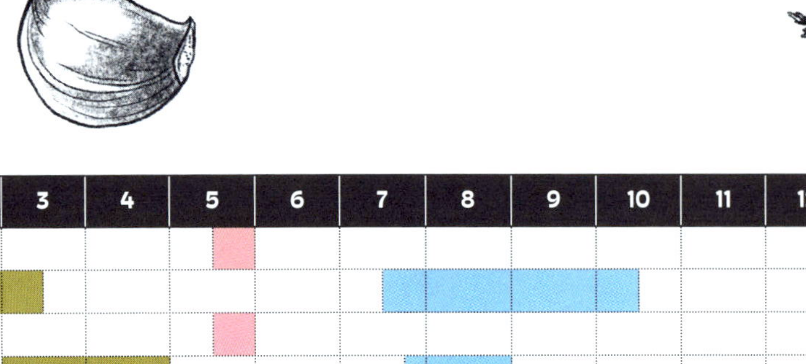
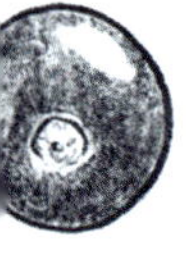

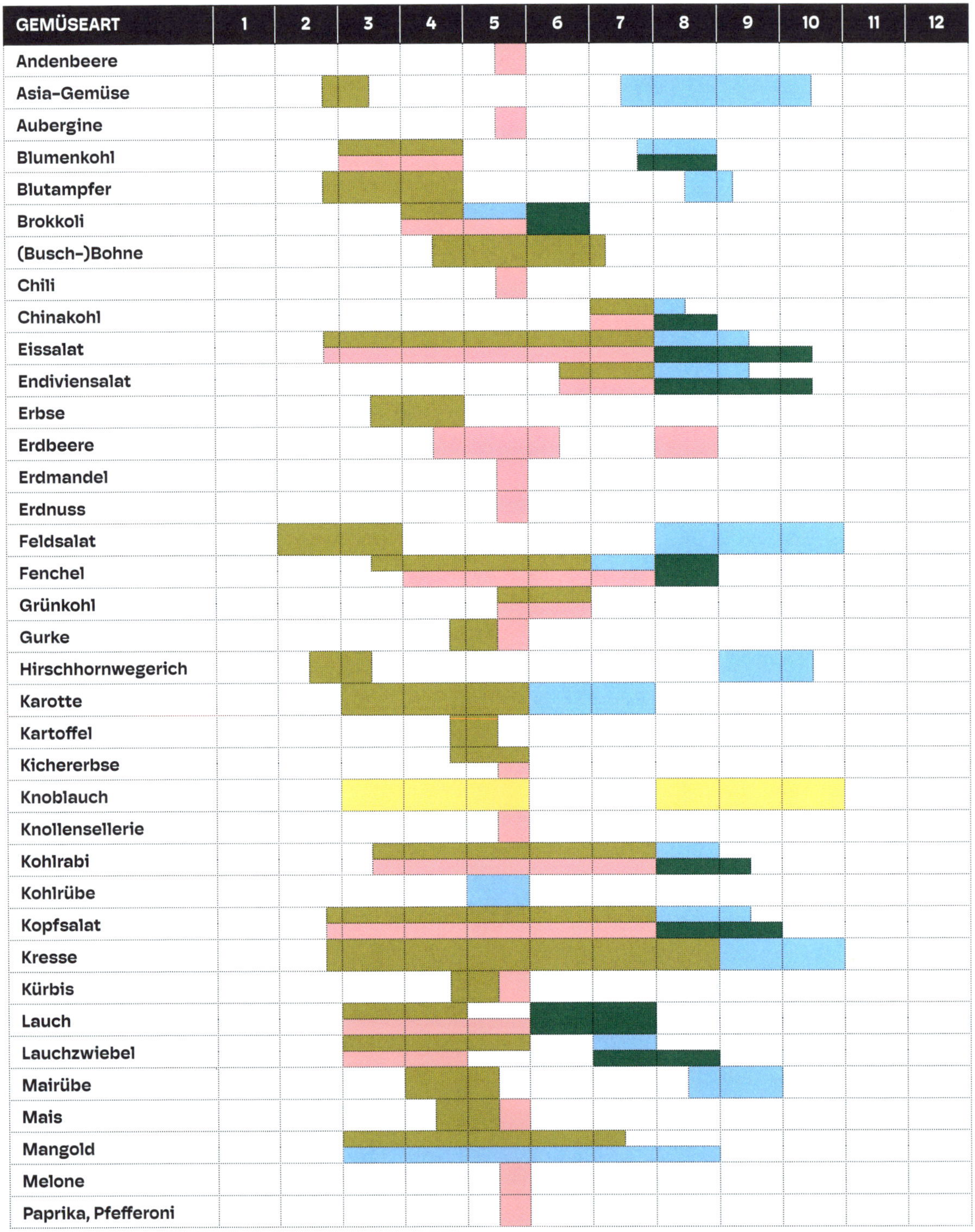

GEMÜSEART	1	2	3	4	5	6	7	8	9	10	11	12
Andenbeere												
Asia-Gemüse												
Aubergine												
Blumenkohl												
Blutampfer												
Brokkoli												
(Busch-)Bohne												
Chili												
Chinakohl												
Eissalat												
Endiviensalat												
Erbse												
Erdbeere												
Erdmandel												
Erdnuss												
Feldsalat												
Fenchel												
Grünkohl												
Gurke												
Hirschhornwegerich												
Karotte												
Kartoffel												
Kichererbse												
Knoblauch												
Knollensellerie												
Kohlrabi												
Kohlrübe												
Kopfsalat												
Kresse												
Kürbis												
Lauch												
Lauchzwiebel												
Mairübe												
Mais												
Mangold												
Melone												
Paprika, Pfefferoni												

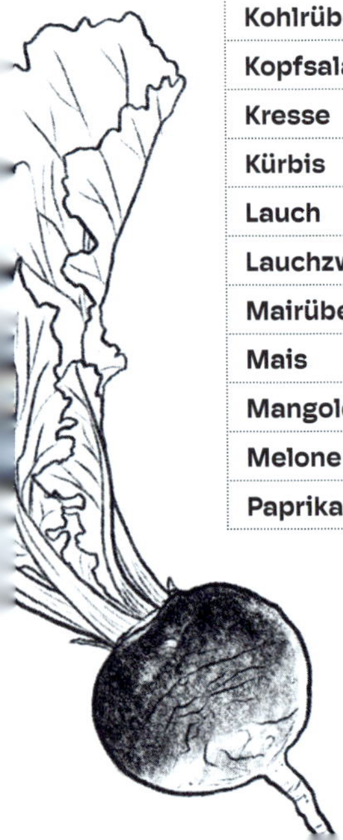

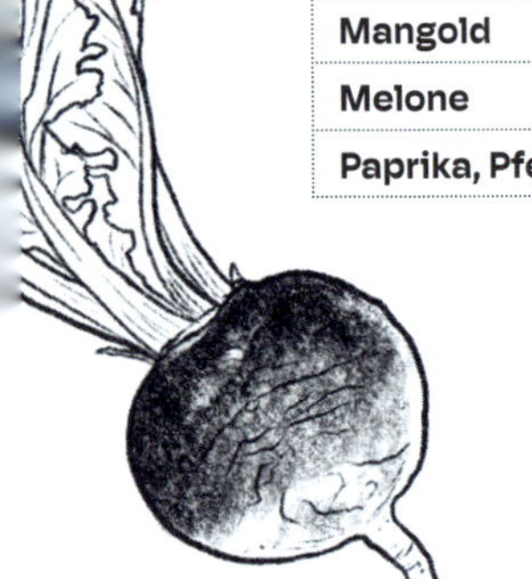
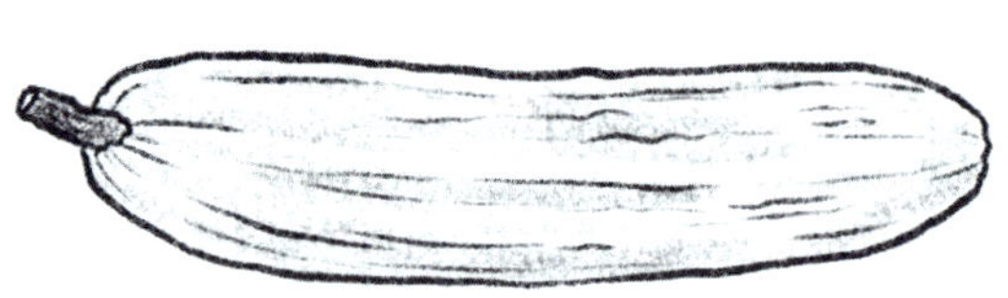

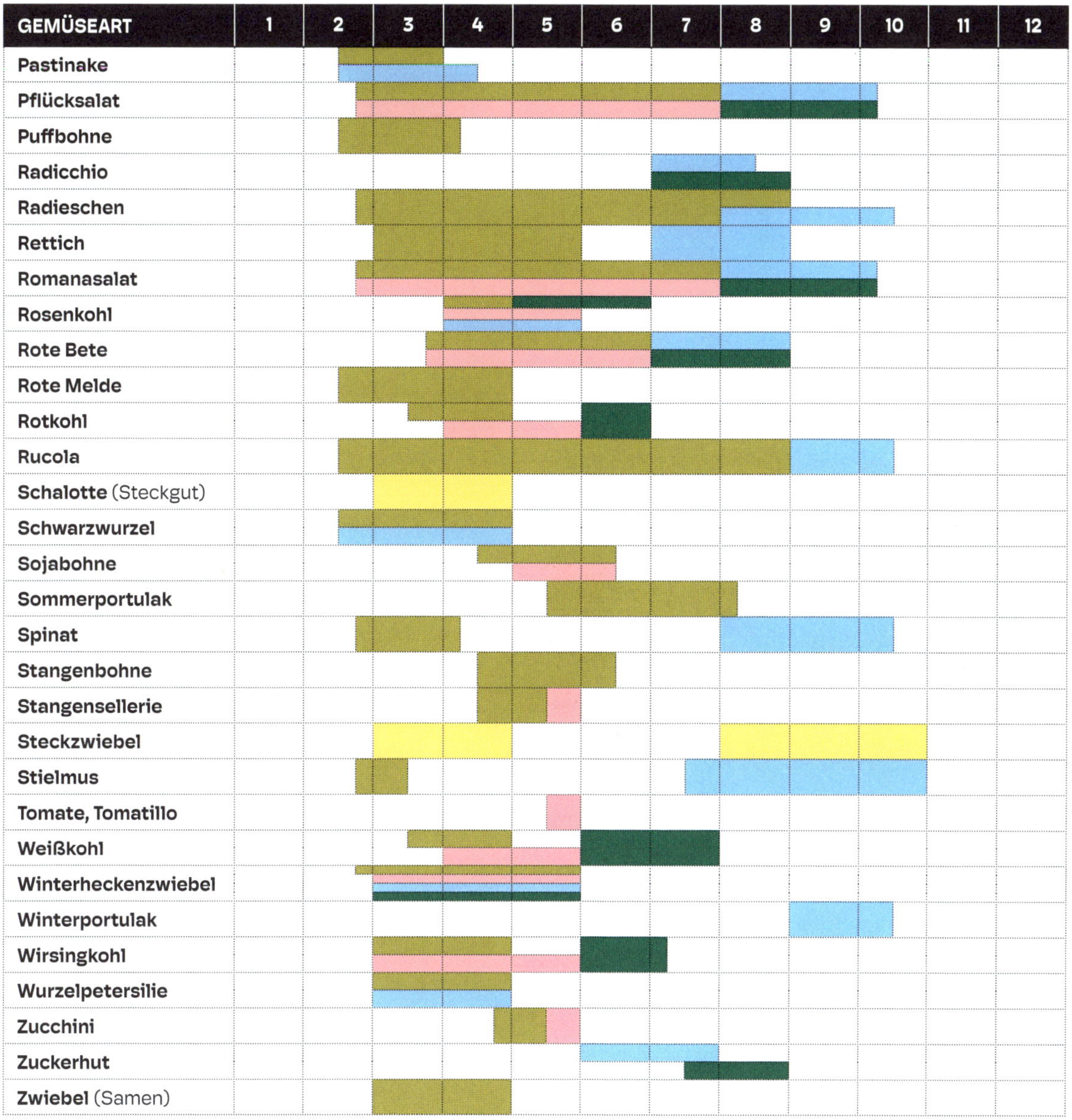

GEMÜSEART	1	2	3	4	5	6	7	8	9	10	11	12
Pastinake												
Pflücksalat												
Puffbohne												
Radicchio												
Radieschen												
Rettich												
Romanasalat												
Rosenkohl												
Rote Bete												
Rote Melde												
Rotkohl												
Rucola												
Schalotte (Steckgut)												
Schwarzwurzel												
Sojabohne												
Sommerportulak												
Spinat												
Stangenbohne												
Stangensellerie												
Steckzwiebel												
Stielmus												
Tomate, Tomatillo												
Weißkohl												
Winterheckenzwiebel												
Winterportulak												
Wirsingkohl												
Wurzelpetersilie												
Zucchini												
Zuckerhut												
Zwiebel (Samen)												

Legende:
- Stecken
- Pflanzung
- Aussaat
- Wintergemüse-Aussaat
- Wintergemüse-Pflanzung

Die Saat- und Pflanzzeiten von Kräutern findest du auf Seite 89.

HURRA, JETZT WIRD GEERNTET!

Es ist so weit – deine Belohnung wartet im Hochbeet in Form von erntereifen Früchten, Knollen, Wurzeln und Blättern. Du erntest dein Gemüse auf zweierlei Arten: entweder zu einem bestimmten Zeitpunkt als ganzes Stück oder über einen längeren Zeitraum und nur Teile der Pflanze.

Einmalig erntest du: Kopf-, Eisberg-, Endivien- und Zichoriensalate, Feldsalat, Chinakohl, Rot- und Weißkohl, Wirsingkohl, Blumenkohl, Kohlrabi, Mairüben, Radieschen und Rettich, Fenchel, Zwiebeln, Lauch, Rote Bete, Knollensellerie, Mais und Wurzelgemüse wie Karotte, Pastinake und Wurzelpetersilie.

Einmaliger Erntespaß: der Salatkopf

Über einen längeren Zeitraum erntest du: Pflück- und Romanasalate, Asia-Gemüse, Brokkoli, Rosenkohl, Grünkohl, Bohnen und Erbsen, Tomaten, Tomatillos, Andenbeeren, Auberginen, Paprika, Chili, Gurken, Zucchini, Kürbisse, Melonen, Mangold, Spinat, Rote Melde, Stangensellerie, Winterheckenzwiebel, Hirschhornwegerich, Winterportulak und Kräuter.

Immer-wieder-Erntefreude: Hirschhornwegerich

Der Erntezeitpunkt oder Erntezeitraum hängt von Gemüseart bzw. -sorte, Anbauzeit und Kulturdauer ab. Salat hat eine Kulturdauer von 8–10 Wochen. Pflanzt du ihn im März, erntest du im Mai, kommt er im Juni ins Hochbeet, erntest du im August.

Tomaten mit einer langen Kulturdauer von 5 Monaten setzt du im Mai und pflückst dann regelmäßig von Juli bis September reife Früchte. Knollensellerie hat eine ähnlich lange Kulturdauer, auch ihn setzt du im Mai. Die Ernte erfolgt jedoch nur einmal und in einem Stück.

Tipp:

Du hast einen kleinen Garten oder Balkon mit 1–2 Hochbeeten und keinen zusätzlichen Platz für Gemüse? Dann bevorzuge Gemüse, das du öfter erntest. Also Grünkohl vor Wirsingkohl, Stangensellerie vor Knollensellerie, Pflücksalat vor Kopfsalat, Asia-Gemüse vor Chinakohl und alle anderen länger tragenden Gemüsearten, besonders Fruchtgemüse (Tomaten, Paprika, Gurken ...).

SPICE IT UP: KRÄUTER UND GEWÜRZE IM HOCHBEET

Duftende Kräuter und aromatische Gewürze – auch dafür kannst du dein Hochbeet nutzen.

Kräuter sind einjährig, zweijährig oder mehrjährig. Einjährige Kräuter passen in Mischkultur zu vielen Gemüsearten und bleiben eine Saison lange im Hochbeet. Zweijährige Kräuter überwintern im Hochbeet, im drauffolgenden Jahr blühen sie und werden ungenießbar. Mehrjährige Kräuter schließlich bleiben im Hochbeet. Bevor du sie einsetzt, überlege dir, ob aus deinem Hochbeet ein Dauerkräuterbeet werden soll. Oder du reservierest eine Ecke oder Reihe für ein Kraut, das du häufig verwendest, z. B. Schnittlauch.

Hier die wichtigsten Küchenkräuter und ihre Lebensdauer im Hochbeet:

1-JÄHRIG	2-JÄHRIG	MEHRJÄHRIG
Anis	Kümmel	Bergbohnenkraut
Basilikum	Petersilie	Currykraut (mit Kälteschutz)
Bohnenkraut	Pimpinelle	Estragon, französischer
Dill	Schnittsellerie	Gewürzoregano
Fruchtsalbei-Arten, z. B. Ananassalbei, Pfirsichsalbei, Mandarinensalbei (im Haus mehrjährig)	Winterkresse	Griechischer Bergtee
Kamille		Jiaogulan
Kapuzinerkresse		Oregano
Kerbel		Oswegokraut (Monarda)
Koriander		Rosmarin
Kresse		Salbei
Majoran		Schnittknoblauch
Stevia (im Haus mehrjährig)		Schnittlauch
Thai-Basilikum (im Haus mehrjährig)		Thymian
		Zitronenmelisse

Säen, vorziehen oder kaufen?

Wie Gemüse kannst du auch Kräuter direkt ins Hochbeet säen oder vor dem Einsetzen als Jungpflanze vorziehen. Bei manchen Kräutern lohnt sich die Mühe des Vorziehens nicht, denn oft genügt schon eine Pflanze, um damit Geschmack, Würze und Farbe in deine Küche zu bringen.

Diese Kräuter säst du am besten direkt

ab März/April
Anis, Dill, Kamille, Kerbel, Kresse, Kümmel, Winterkresse

ab Mitte Mai
Kapuzinerkresse

ab September
Winterkresse

Diese Kräuter säst du direkt oder setzt sie als Jungpflanzen

ab März/April
Koriander, Petersilie, Pimpinelle, Schnittknoblauch, Schnittlauch

ab Mitte Mai
Bohnenkraut, Schnittsellerie, Bergbohnenkraut

Diese Kräuter setzt du als Jungpflanzen ein (selbst gezogen oder gekauft)

ab April
Thymian, Zitronenmelisse

ab Mitte Mai
Basilikum, Currykraut, Fruchtsalbei (z. B. Ananassalbei), Jiaogulan, Majoran, Estragon, Gewürzoregano, Griechischer Bergtee, Oregano, Oswegokraut, Rosmarin, Salbei, Stevia, Thai-Basilikum

Du willst deine Kräuter selbst vorziehen? Dann starte bereits 2–3 Monate vor dem Umzug ins Freie, denn Kräuter haben eine längere Entwicklungszeit als Gemüse-Jungpflanzen.

> ***Achtung:***
>
> Viele Kräuter sind Lichtkeimer. Dazu gehören: Bergbohnenkraut, Bohnenkraut, Fruchtsalbei, Gewürzoregano, Kümmel, Majoran, Oregano, Salbei, Stevia, Zitronenmelisse.

Kräuter wirken am Anfang klein und niedlich, besonders mehrjährige nehmen jedoch mit den Jahren im Hochbeet ganz schön viel Platz in Anspruch. Halte daher schon beim Säen oder Setzen der Jungpflanzen den passenden Pflanzabstand ein.

Pflanzabstände von Kräutern im Hochbeet:

KRAUT	PFLANZABSTAND in cm	
	in der Reihe	zwischen den Reihen
Anis	reihig dünn säen, vereinzeln auf 10	25
Basilikum	25	25
Bergbohnen-kraut	30	30
Bohnenkraut	25	25
Currykraut	30	30
Dill	reihig dünn säen	25
Estragon	30	40
Fruchtsalbei	30	30
Gewürzoregano	40	40
Griechischer Bergtee	35	35
Jiaogulan	50	50
Kamille	reihig dünn säen	25
Kapuziner-kresse	alle 10 cm 1–2 Körner	20
Kerbel	reihig dünn säen	10
Koriander	dünn säen, vereinzeln auf 15	30
Kresse	reihig dünn säen	15
Kümmel	reihig dünn säen	25
Majoran	2–3 Pflanzen je 15 cm	25–30
Oregano	30	30
Oswegokraut	30	40
Petersilie	reihig dünn säen	20
Pimpinelle	30	30
Rosmarin	50	50
Salbei	40	40
Schnitt-knoblauch	reihig dünn säen	30
Schnittlauch	reihig dünn säen	20
Schnittsellerie	reihig dünn säen	20
Stevia	30	40
Thai-Basilikum	30	30
Thymian	35	35
Winterkresse	reihig dünn säen, vereinzeln auf 10	20
Zitronenmelisse	30	30

> ***Tipp:***
>
> Manche Kräuter machen dir nicht nur im Sommer Freude, sie stehen dir auch im Winter zur Verfügung. Praktisch, wenn du Tees gegen Husten oder Halsschmerzen zubereiten kannst. Andere Kräuter kommen direkt als Würze aufs Butterbrot oder in die Suppe.
>
> Kräuter für die Winterernte: Griechischer Bergtee, Kresse, Petersilie, Salbei, Schnittsellerie, Thymian, Winterkresse.

Einfach abzupfen, oder? Alles über die Kräuterernte
Jedes Kraut hat seine Eigenheiten, mit ein wenig Erntewissen kann nichts schiefgehen:

- Ernte mehrjährige Kräuter in den ersten 1–2 Jahren nur sparsam. Es schwächt deine Pflanze, wenn du zu viel wegschnipselst. Im 3. Jahr freust du dich dafür umso mehr über eine fulminante Kräuterernte.
- Schneide Schnittlauch und Schnittknoblauch bis zu 10 cm über der Erde, dann treiben sie wieder nach.
- Ernte von Petersilie und Schnittsellerie nur die äußeren Stängel, dann wachsen neue Blätter.
- Mehrjährige Kräuter enthalten kurz vor der Blüte die meisten Inhaltsstoffe und sind besonders aromatisch.
- Ernte Basilikum immer über einem Blattpaar und zupfe nie einzelne Blätter ab – sonst geht es ein.

Kräuter-Boom im Pyramiden-Hochbeet
Du möchtest auf möglichst kleinem Raum viele verschiedene Kräuter unterbringen? Dann ist ein Pyramiden-Hochbeet eine gute Lösung für dich. Auf 3–4 Etagen ist in jeder Ecke Platz für ein Kraut. Da die Pflanzecken immer versetzt zueinander angeordnet sind, sind sich die Kräuter nicht im Weg. Durch ihren stufenförmigen Aufbau bietet die Pyramide ausreichend Wurzelraum.

LET IT BLOOM: BLUMEN IM HOCHBEET

Leuchtende Blütenpracht statt Dauerernte, oder doch lieber ein prächtiges Bauerngarten-Hochbeet? Egal, wofür du dich entscheidest, Blumen bringen Leben in dein Hochbeet. Und das im wahrsten Sinn des Wortes, denn die bunte Abwechslung lockt zahlreiche Insekten an. Sie holen sich Nektar, suchen Unterschlupf oder legen Eier ab. Bienen, Marienkäfer, Florfliegen, Schwebfliegen und weitere ihrer Artgenossen sind noch dazu äußerst nützliche Tierchen. Im Bauerngarten-Hochbeet bestäuben sie dein Gemüse und machen Blattläusen, Milben und der Weißen Fliege den Garaus.

Mit seinen wunderhübschen Blüten lockt Borretsch viele Nützlinge an.

Klatschmohn zieht mit etwas Glück ganz von selbst ins Hochbeet ein.

Mit folgenden Blumen im Hochbeet machst du Insekten eine besondere Freude:

1-JÄHRIG	MEHRJÄHRIG
Bechermalve	Akelei
Borretsch	Anemone
Cosmea (Schmuckkörbchen)	Arnika
	Glockenblume
Edelwicke	Hornveilchen
Jungfer im Grünen (*Nigella*)	Johanniskraut
	Kokardenblume
Kamille	Lavendel
Kornblume	Lupine
Lanzenrittersporn	Mädchenauge
Löwenmäulchen	Margarite
Goldmohn	Rittersporn
Klatschmohn	Schafgarbe
Portulakröschen	Sonnenhut rot (*Echinacea*)
Ringelblume	
Tagetes	Sonnenhut gelb (*Rudbeckia*)
Witwenblume (Skabiose)	
Zinnie	Stockrose
Zwerg-Sonnenblume	Vergissmeinnicht
	Wiesensalbei
	Wilde Malve

Wenn du neben leuchtenden Mangoldstielen Lust auf schöne Blüten hast, sind Cosmea ein heißer Tipp.

Einjährige Blumen passen in Mischkultur gut in jedes Gemüse-Hochbeet. Bleiben sie lange stehen, fallen ihre Samen ins Hochbeet und im nächsten Jahr treiben neue Blumen aus. Wenn du auf Dauergäste lieber verzichtest, dann schneide die Blumen direkt nach der Blüte ab.

Mehrjährige Blumen bleiben dauerhaft im Hochbeet und erfreuen dich Jahr für Jahr mit ihrer Pracht. Für die wechselnde Hochbeet-Bepflanzung sind sie allerdings nicht geeignet und es wäre schade, einmal gut angewachsene Blumen wieder zu entfernen. Mehrjährige Blumen sind eine ideale Nachnutzung, wenn du dein Hochbeet nicht mehr für Gemüse verwenden willst.

Blüten zum Aufessen, Salbenmachen, Trinken

Manche Blumen haben sogar essbare Blüten oder lassen sich anderweitig nutzen, z. B. für Tees oder Salben.

Essbare Blüten sind nicht nur eine tolle Deko für dein Lieblingsgericht, sie schmecken auch hervorragend. Die Blüten folgender Pflanzen kannst du bedenkenlos essen: Borretsch, Gewürztagetes, Kapuzinerkresse, Ringelblume, Schnittlauch, Speisechrysantheme, Veilchen und Zucchini.

IN AND OUT: WAS AN DEIN HOCHBEET DARF UND WER BESSER NICHT

UNGEBETENE GÄSTE UND KRANKHEITEN ADE

Manchmal verirren sie sich doch ins Schlaraffenland. Auch wenn dein Hochbeet im Vergleich zu einem Bodenbeet in puncto unliebsame Besucher und Krankheiten besser dasteht, ganz vermeiden lässt sich der Besuch von lästigen Kostgängern nicht. Doch keine Sorge, du brauchst nicht gleich zur Keule greifen, um dein Gemüse zu retten. Mit „sanfter" Medizin bleibt die Hochbeet-Ernte phänomenal.

Tipp:

Vorbeugen ist besser als heilen: Ist eine Krankheit einmal da, ist sie viel schwerer in den Griff zu bekommen. Das gilt für Pflanzen genauso wie für uns Menschen. Hier ein paar Tipps, wie du Ärgernisse gar nicht aufkommen lässt.

Ätsch, ausgesperrt!

Manche Tiere sperrst du einfach aus, damit sie nicht zu deinen Pflanzen gelangen.

Schnecken haben einen guten Geruchssinn und orten ihr Lieblingsgemüse über 50 m Entfernung und mehr. Einmal vom Geruch angelockt, ziehen sie in Karawanen bis zum Futterplatz. Die Hochbeet-Wand ist dabei kein Hindernis, denn Schnecken können auch senkrecht kriechen. Eins können Schnecken allerdings nicht: sich so verbiegen, dass sie eine Schneckenkante rund ums Hochbeet überwinden.

Die Schneckenkante ist eine zwei Mal im rechten Winkel gebogene, schmale Metallkante, die du am Hochbeet anbringst. Ideal passt sie unter einen Handlauf. Der Vorteil: Dort ist sie der Sonne nicht direkt ausgesetzt und wird auch an Sommertagen nicht heiß.

Vermeide Brücken für die Schnecken. Ein langer Stängel, der zierend neben dem Hochbeet wächst, wird schnell zum Aufstiegssteg.

Mmhh, da riecht's nach Salat ...

... Mist, Buffet gesperrt!

Falls sich doch die eine oder andere Schnecke in dein Hochbeet verirrt, schützt ein Schneckenring oder Schneckenkragen deinen Salat oder Kohlrabi vor den gefräßigen Schleimern.

Der Schneckenring schützt junge Salatpflänzchen.

Dreifach gesichert vor Schnecken ist dein Hochbeet, wenn du rundum zusätzlich ein Kupferband anbringst. Kriecht die Schnecke mit ihrem nassen Fuß über das Band, entsteht eine minimale elektrische Spannung – die Schnecke erhält einen kleinen (Strom-)Schlag und plumpst hinunter.

Dreifach hält besser: Ein Kupferband rund ums Hochbeet bringt die Schnecken zum Umkehren.

Wühlmäuse sperrst du schon beim Aufbau deines Hochbeets ganz einfach mit einem Wühlmausgitter aus. Wichtig: Die Maschen müssen eng sein, maximal 7 × 7 mm, sonst schlüpfen die Mäuschen durch.

Durch diese engen Maschen kommt nicht mal mehr eine Baby-Wühlmaus.

Deine oder Nachbars **Katze** freut sich über das frisch aufgesetzte Beet und ist dir dankbar für die saubere Toilette. Die Katze denkt, du meinst es gut mit ihr. Decke das leere Hochbeet ab, um Konflikte mit der Katze zu vermeiden. Eine gute Idee ist ein weitmaschiges Stahlgitter, wie es z. B. auf Baustellen verwendet wird. Auch mit Netzen klappt die Abdeckung. Sobald Pflanzen ins Hochbeet ziehen, wird es für die Katze uninteressant und du kannst das Gitter entfernen.

Die meisten **Insekten** kommen aktiv zu deinem Gemüse, d. h. sie fliegen oder wandern von außen zu. Dazu gehören Blattläuse und Weiße Fliege genauso wie viele Kohlschädlinge: Kohlweißling, Kohltriebrüssler, Erdflöhe und Rapsglanzkäfer. Die Lösung: Sperre sie einfach mit einem feinmaschigen Insektennetz aus. So hinderst du die Tierchen am Fressen oder der Eiablage. Das Netz darf keine Schlupflöcher haben, damit die hungrigen Insekten wirklich draußen bleiben.

Alle ausgesperrt: Das Insektennetz lässt keinen Lästling durch.

Sogar **Pilzerkrankungen** lassen sich ein Stück weit aussperren. Die **Kraut- und Braunfäule** ist eine schwerwiegende Erkrankung der Tomate. Sie führt meist zum Totalausfall der Ernte. Verursacht wird sie bei Regenwetter durch eine Infektion mit Pilzsporen. Die wichtigste vorbeugende Maßnahme ist also, die Tomatenpflanzen vor Regen zu schützen. Wenn du ein spezielles Tomaten-Hochbeet planst, stelle es unter ein Dach. Für einzelne Tomatenpflanzen gibt es Tomatenhauben, die du einfach um die Pflanze hüllst.

Sei ein Kontrollfreak

Eine Quelle für Schädlinge und Krankheiten sind gekaufte Jungpflanzen. Einmal im Garten oder Hochbeet, wirst du sie nur mehr schwer los. Schneckeneier sind manchmal in Pressballen oder Töpfchen zu finden, Weiße Fliege, Blattläuse und Kohlweißlingseier verharren auf Blattunterseiten und in Blattachseln. Leichte Anflüge von Mehltau und anderen Pilzerkrankungen sind nur bei genauem Hinsehen zu erkennen. Untersuche die Jungpflanzen also gründlich, bevor du sie in den Einkaufswagen legst. Sieh dir die Unterseiten der Blätter, die Blattachseln und auch die Erde an. Ist eine Pflanze befallen, lass sie lieber dort, wo sie ist.

Mit Kräuterkraft in Nachbarschaft

Kräuter haben heilsame Kräfte. Das geht so weit, dass sie Krankheiten erst gar nicht aufkommen lassen und Läuse und Co. Reißaus nehmen, wenn ein Kraut in der Nähe steht. Setze Kräuter im Hochbeet also gezielt ein, um Krankheitserregern vorzubeugen.

Diese Kräuter beschützen ihre Pflanzpartner:

KRAUT	NACHBAR-PFLANZE	WIRKUNG
Basilikum	Gurke, Zucchino, Melone	beugt Mehltau vor, lockt außerdem Bienen zur Bestäubung an
Bohnen- und Bergbohnenkraut	Busch- und Stangenbohne	wehrt die schwarze Bohnenblattlaus ab
Koriander	Kohlgewächse	verwirrt Blattläuse und Kohlweißling
Kerbel	Salat, Endivie, Kohlrabi, Karotte	vertreibt Ameisen und Blattläuse
Knoblauch	die meisten Gemüsearten	vergrämt Blattläuse, wehrt Pilze ab
Ringelblume	Kartoffel, Tomate, allgemein im Hochbeet	vertreibt mit ihren Wurzelausscheidungen schädliche Nematoden
Salbei	Kohlgewächse	wehrt Kohlweißlinge ab
Schnittlauch	Karotte, Gelbe Rübe	vertreibt die Möhrenfliege
Tagetes	Kartoffel, Tomate, allgemein im Hochbeet	gegen schädliche Wurzelnematoden

Hat alle möglichen Superkräfte: die Ringelblume

Kohlweißlinge hassen diesen Trick: Salbei

Bodencheck, bitte!

Im Handel werden zahlreiche Hochbeet-Erden unterschiedlichster Qualität angeboten. Bisher gibt es weder Kriterien, welche Inhaltsstoffe eine Hochbeet-Erde beinhalten soll, noch Anforderungen an ihre ökologische Unbedenklichkeit. Darum enthalten viele dieser Erden Torf. Der Torfabbau ist mitverantwortlich für den Klimawandel, denn das über Jahrtausende im Torf gespeicherte Kohlendioxid gelangt in großen Mengen in die Atmosphäre. Zudem werden bei der Torfgewinnung die Moore und damit der Lebensraum zahlreicher Tiere und Pflanzen zerstört. Torf senkt den pH-Wert, macht also die Erde sauer. Saure Erde wiederum ist eine Einfallspforte für eine gefürchtete Pilzerkrankung, die Kohlhernie. Sie verursacht gallenartige Wucherungen an den Wurzeln und verstopft die Leitungsbahnen, die Pflanze stirbt. Kohlhernie befällt, wie ihr Name schon verrät, alle Pflanzen aus der Familie der Kohlgewächse. In einem ordentlich aufgesetzten Hochbeet sollte Kohlhernie kein Thema sein. Um die Hochbeet-Befüllung nicht zu versauern, müssen auch Thujen und Nadelgehölze draußen bleiben. Wichtig ist der Kauf der Erde für die Abschlussschicht im Hochbeet. Überprüfe die Angaben auf der Rückseite des Erde-Sackes auf den pH-Wert. Wenn er knapp bei 7 oder darüber liegt, passt es. Im Zweifel kannst du aus deinem Hochbeet etwas Erde nehmen und einen Kalktest durchführen. Ist die Erde zu sauer, ist Algenkalk eine effektive Abhilfe.

Nochmal Kontrollfreak

Manchmal hilft die beste Fürsorge nichts und du entdeckst trotzdem ein angeknabbertes Blatt, Gespinste oder braune Flecken. Keine Sorge: Es gibt viele sanfte Methoden, um Krankheiten und Tiere, die du nicht im Hochbeet haben willst, wieder loszuwerden.

Mache täglich einen abendlichen Spaziergang zu deinem Hochbeet und halte Ausschau nach Eiern, Raupen, Insekten oder krank aussehenden Blättern.

Entferne eine verirrte Schnecke, bevor sie mehr Schaden anrichtet oder ihre Eier im Hochbeet ablegt. Sieh dir die Blätter besonders auf der Unterseite an, dort halten sich die meisten saugenden Insekten und Eigelege auf. Streife Läuse und Raupen mit einem Tuch oder deinen Händen ab.

Achtung:

Vorsicht beim Entfernen von Raupen und Co.: Trage Handschuhe! Viele Raupen sondern Substanzen ab, die Hautausschläge verursachen.

Entferne Kohlweißlingseier. Diese sind gelb, gerillt und in kleinen Grüppchen abgelegt. Gib acht, dass du keine Gelege von nützlichen Insekten vernichtest, denn diese platzieren ihren Nachwuchs in die Nähe der späteren Nahrungsquelle – also zu Schädlingen. Schneide krank aussehende Blätter weg und entsorge

Aus zahlreichen gelben, tönnchenförmigen Eiern werden ebenso viele Kohlweißlingsraupen.

sie in der Mülltonne. Dahinter kann eine Pilzerkrankung stecken, die sich rasch verbreiten würde.

Sind die Blätter blass oder haben dunkle Blattrippen und das Gemüse stockt insgesamt im Wachstum, fehlt es den Pflanzen möglicherweise an Nährstoffen. Das kann vor allem in älteren Hochbeeten der Fall sein. Versorge das Gemüse regemäßig mit biologischem Dünger. Mehr über Düngen im Hochbeet liest du auf Seite 108.

Oh, oh, hier hat jemand zu wenig Nährstoffe abbekommen.

Hol dir Helferlein ins Hochbeet

Zahlreiche Schädlinge haben tierische Gegenspieler, die ihnen nach dem Leben trachten oder sie als Brutstätte benutzen. Weil diese Tierchen für uns nützlich sind, werden sie auch Nützlinge genannt.

Nützlinge kommen in der Natur vor. Je vielfältiger und biologischer dein Garten oder Balkon ist, desto mehr Nützlinge tummeln sich darin.

Viele Nützlinge haben Schadinsekten auf ihrem Speiseplan, andere legen ihre Eier direkt in den Körper der Schädlinge. In dem grausamen Spiel ernährt sich der Nützlingsnachwuchs vom Schädling, höhlt ihn aus und bringt ihn zum Absterben. Dieses Spektakel spielt sich vielfach unbemerkt vor deinen Augen ab.

So lockst du Nützlinge in dein Hochbeet

Nützlingshotel

Bringe in Hochbeet-Nähe ein Nützlingshotel an, z. B. auf einer nahe gelegenen Hauswand, auf einem Pflock oder direkt auf der Stirnseite des Hochbeets.

Wartet auf Gäste: das Nützlingshotel

Achtung:

Mit der Zeit summt, brummt und schwirrt es rund ums Nützlingshotel. Wenn du also ein wenig Abstand zu Mauerbienen und Co. brauchst, bringe das Nützlingshotel mit 3–4 m Abstand zum Hochbeet an. Das ist nahe genug, damit die Nützlinge ihren Weg zum Hochbeet finden.

Fülle verschiedenes Material in das Insektenhotel. Rote, angebohrte Ziegel mit kleinen Hohlräumen locken Florfliegen an. Stroh, Holzwolle und Laub sind ein hervorragender Unterschlupf für Marienkäfer,

Florfliegen, Schlupfwespen und Ohrwürmer – alles tüchtige Blattlausjäger. Füllst du hohle Stängel ins Nützlingshotel, ziehen Wildbienen ein. Sie brüten darin und sind rechtzeitig zur Stelle, um dein Gemüse im Hochbeet zu befruchten.

Bunte Vielfalt

Ein blühender Garten oder Balkon lockt Nützlinge an. Ein paar Blumen als Mischkultur im Hochbeet liefern erwachsene Nützlinge quasi frei Haus, denn viele von ihnen ernähren sich von Nektar und legen ihre Eier in der Nähe ab. Und auf die geschlüpften Larven kommt es an: Ihre Nahrung sind Läuse, Milben, Weiße Fliege und Co.

Blühende Pflanzen rund ums Hochbeet oder allgemein im Garten oder am Balkon fördern die Nützlingsvielfalt. Welche Blumen bei Nützlingen besonders beliebt sind, findest du auf Seite 92. Es müssen übrigens nicht immer Zierpflanzen sein. Auch eine wild aufgegangene Distel oder Brennnesseln sind ein beliebter Nahrungsplatz für die kleinen Helfer.

Nützlingsfutter: Malve, Schafgarbe, Löwenzahn

Selbstverständlich bio und noch mehr

Bio ist beim Anbau von Gemüse im Hochbeet selbstverständlich. Auch rundherum bleibt jede Form von chemisch-synthetischem Pflanzenschutz oder mineralischem Dünger besser draußen. Die kleinste Menge bringt das natürliche Gleichgewicht im Garten oder auf dem Balkon durcheinander, vernichtet in allererster Linie Nützlinge und fördert – auf längere Sicht – sogar ihre Gegenspieler. Denn sie haben im Lauf der Jahre eine ordentliche Widerstandskraft gegen die ihnen zugedachten Mittel entwickelt und kommen, einige Zeit nach dem Einsatz von Pestiziden, gestärkter zurück. Selbst vermeintlich harmlose Mittel schaden Nützlingen mehr als jenen Tieren, für die sie eigentlich gedacht wären.

Achtung:

Die altbekannte Schmierseife gegen Blattläuse verklebt die Atmungsorgane von Insekten – und zwar ALLER Insekten. Ein in der Blattlauskolonie genüsslich schmausender Marienkäfer segnet dann ebenso das Zeitliche wie die Blattläuse.

Nützlinge kaufen

Ja, Nützlinge kannst du sogar kaufen. Wenn trotz aller Mühe einfach zu wenige Helferlein da sind, um deine Blattlauskolonie in den Griff zu bekommen, hilft die Nützlingszufuhr von außen. Einige Unternehmen haben sich auf die Produktion der kleinen Tierchen spezialisiert und bieten mittlerweile ein umfassendes Sortiment an. Der Vorteil: Die Nützlinge sind so lange in deinem Hochbeet aktiv, wie sie ausreichend Futter finden. Danach ziehen sie einfach weiter. Bezugsquellen findest du im Anhang des Buches auf Seite 228.

Setze Nützlinge gezielt ein

Die folgende Übersicht zeigt dir, welcher Nützling ein natürlicher Gegenspieler zu welchem Tier ist. Diese Nützlinge kommen in der Natur vor, die meisten davon gibt es auch zu kaufen.

NÜTZLINGE	IHR SPEISEZETTEL	WIRKUNG	KANNST DU KAUFEN
Marienkäfer	Blattläuse, Gallenläuse, Thripse, Spinnmilben, Schildläuse	Erwachsene Käfer fressen ca. 50 Läuse/Tag, Marienkäferlarven ca. 100 Läuse/Tag.	ja
Florfliegen	Blattläuse, Thripse, Wollläuse, Schmierläuse, Spinnmilben, Weiße Fliege, Fliegenlarven	Die erwachsenen Florfliegen ernähren sich von Nektar und Pollen. Die kleinen, schwarzen Larven fressen 30–40 Läuse und Co./Tag.	ja
Schlupfwespen	Blattläuse und andere Lausarten, Weiße Fliege, Kohlweißling, Gemüsefliege	Die erwachsenen Schlupfwespen stechen mit einem Legestachel die Eier der Schädlinge an und legen ihre Eier hinein. Die geschlüpften Larven fressen ihre Opfer von innen auf, danach verlassen sie das ausgehöhlte Ei. Erwachsene Schlupfwespen ernähren sich von Nektar.	ja, für Hochbeete im Gewächshaus
Schwebfliegen	Blattläuse und andere Lausarten, manche Arten fressen Raupen	Erwachsene Schwebfliegen ernähren sich von Nektar und Pollen. Ihre Larven saugen bis zu 100 Läuse/Tag aus. Schwebfliegen sehen durch ihre schwarz-gelben Streifen Wespen ähnlich, das ist ein Täuschungsmanöver, um sich vor Feinden zu schützen. Sie sind jedoch schlanker und ihr typisches Kennzeichen ist der schnelle Flügelschlag. Damit bleiben sie in der Luft „stehen". Sie stechen nicht.	in Entwicklung
Nematoden	Trauermückenlarven, Dickmaulrüsslerlarven, erwachsene Dickmaulrüssler, Larven von Mai- und Junikäfer, Maulwurfsgrillen	Nematoden sind sehr spezialisiert und müssen daher gezielt eingesetzt werden. Die mikroskopisch kleinen Fadenwürmer befallen die Larven oder erwachsenen Tiere und höhlen sie von innen aus. Halte die Erde immer gut feucht, sonst sterben die Nematoden ab.	ja
Raubmilben	Spinnmilben, andere Milbenarten, Thripse, Läuse	Die winzig kleinen Spinnentiere befallen die Schadinsekten und fressen sie auf. Sie brauchen eine hohe Luftfeuchtigkeit, setze sie daher im Hochbeet unter einem Frühbeet-Aufsatz ein. Wird es zu trocken, sterben sie ab.	ja

Marienkäfer: immer auf der Suche nach Futter

Sieht gefährlich aus, ist aber harmlos und nützlich: die Schwebfliege

Käufliche Florfliegenlarven werden im Kartonstreifen geliefert …

… und über Blattläusen und Co. ausgeklopft.

Pflanzenmittel zur Stärkung und Abwehr

Auszüge aus (Wild-)Kräutern in Form von Tees, Brühen und Jauchen stärken die Gesundheit deiner Pflanzen im Hochbeet und vertreiben unerwünschte Tiere und Pilze. Tees und Brühen stellst du indoor her, Jauchen werden hingegen draußen angerührt. Jauchen können in kleinen Gärten oder am Balkon Konflikte mit deinen Nachbar*innen verursachen, ihre Geruchsentwicklung muss man mögen. Als Alternative gibt es mittlerweile fertige Kräuterextrakte zu kaufen.

Als Pflanzenstärkung und Düngung

Brennnessel-Jauche: versorgt die Pflanzen mit zahlreichen Nährstoffen und Vitaminen und ist außerdem ein reichhaltiger Stickstoffdünger. Die Pflanzen wachsen gesünder und sind widerstandsfähiger gegen Krankheiten. Verdünne Brennnessel-Jauche 1:10 mit Wasser, bei Jungpflanzen 1:20. Es gibt fertige Extrakte zum Verdünnen.

Brennnesseln sind Superfood für dein Gemüse.

Beinwell-Jauche: stärkt und versorgt Fruchtgemüse mit Nährstoffen für Blüte und Fruchtansatz und erhöht allgemein die Widerstandskraft der Pflanzen. Beinwell-Extrakte gibt es ebenso bereits fertig zur Anwendung. Verdünne Beinwell-Jauche 1:10 mit Wasser.

Mit Beinwell-Jauche versorgst du deine Pflanzen mit einem grünen Zaubertrank.

Ackerschachtelhalm-Brühe: ist reich an Kieselsäure, Magnesium und Kalium. Das in der Kieselsäure enthaltene Silizium verstärkt die Zellwände der Gemüsepflanzen. Pilze wie Mehltau oder Rost können die gestärkten Zellwände wesentlich schwerer durchdringen. Besprühe vor allem Gurken, Zucchini, Kürbisse oder Melonen vorbeugend mit Ackerschachtelhalm-Brühe oder Ackerschachtelhalm-Extrakt. Dieses Gemüse ist besonders anfällig für Mehltau. Verdünne die Brühe 1:5.

Zur direkten Behandlung und Vertreibung von Krankheiten und Tierchen

Holunder-Jauche: Ihr Geruch vertreibt 1:5 verdünnt Kohlweißlinge und hindert sie an der Eiablage. Sollte sich eine Wühlmaus ins Hochbeet verirrt haben: Gieße Holunder-Jauche in die Gänge.

Rainfarn-Jauche und Rainfarn-Brühe: Das gelb blühende Kraut ist sehr wirksam gegen alle saugenden Insekten, also Blattläuse, Wollläuse, Weiße Fliege, Milben und Co. Wende alle Rainfarn-Zubereitungen unverdünnt an.

Achtung:

Die stark wirkenden Inhaltsstoffe von Rainfarn sind auch für Menschen giftig. Warte daher nach der Behandlung mindestens 1 Woche bis zur Ernte.

Achtung, giftig: Rainfarn kannst du trotzdem gegen Läuse einsetzen.

Ackerschachtelhalm-Brühe und -Extrakt: wirkt auch direkt gegen bereits bestehende Pilzerkrankungen. Entferne stark befallene Blätter und sprühe anschließend die befallenen Pflanzen 1 × wöchentlich gründlich und tropfnass ein. Verdünnung 1:5.

Wermut-Tee: vertreibt Läuse, Milben, Ameisen und Raupen. Keine Verdünnung notwendig.

Knoblauch-Tee: Das beliebte Gewürz enthält schwefelhaltige Substanzen, die antibakteriell und keimhemmend sind. Sie verursachen den typischen Knoblauch-Geruch. Der Tee vertreibt Läuse und Milben aller Art und wirkt gegen Pilzerkrankungen. In den Tee dürfen Zehen und Schalen.

Zwiebel-Tee: wirkt gegen Pilzkrankheiten, sowohl kurativ als auch vorbeugend. Sprühe ihn unverdünnt über die Blätter.

So bereitest du die Pflanzenmittel zu:
Verwende von den Wildkräutern Blätter und Stängel. Stelle beim Sammeln sicher, dass sie von ungespritzten Plätzen stammen. Gib sie je nach Zubereitungsart ganz oder zerkleinert in Regenwasser oder abgekochtes Leitungswasser. Nimm einen alten Topf, den du nicht mehr zum Kochen verwendest, oder ein eigens für die Herstellung der Pflanzenmittel angeschafftes Gefäß.

Achtung:

Trage beim Sammeln und der Zubereitung von Kräuterauszügen Handschuhe. So vermeidest du Ausschläge oder allergische Reaktionen.

Jauche: 100–200 g frisches Kraut oder 20–30 g getrocknetes Kraut kommen in 10 l Wasser. Rühre gründlich um, am besten mit einem Holzstab. Ein Gitter als Abdeckung verhindert, dass Tiere in das Jauchegefäß fallen. Rühre täglich um, damit sich die Kräuter gut verteilen und Sauerstoff in das Gemisch kommt. Nach einigen Tagen beginnt die Jauche zu gären, jetzt gehen die Wirkstoffe von den Pflanzen ins Wasser über. Die Gärung dauert ca. 2–3 Wochen, danach wird die Jauche klar. Gieße oder besprühe je nach Anwendung das Gemüse.

Brühe: Gib 100–150 g frische Kräuter (20–30 g getrocknete Kräuter) in einen Topf mit 5 l Wasser und lasse sie anschließend für 24 Stunden stehen. Lasse dann das Gemisch leicht köchelnd ca. 1/2 bis 1 Stunde ziehen. Bringe die Brühe abgekühlt und je nach Rezept verdünnt aus.

Tee: Diese Zubereitung funktioniert ähnlich wie ein guter Kräuter- oder Früchtetee. Überbrühe die zerkleinerten Zutaten mit kochendem Wasser. Lasse den Tee jedoch 2–3 Stunden ziehen, um möglichst viele heilkräftige Substanzen zu extrahieren. Auf 1 l Wasser kommen 50 g frische bzw. 5 g getrocknete Kräuter.

Extrakte: Du willst keine Jaucheküche einrichten? Dann sind fertige Extrakte eine tolle Alternative. Sie enthalten bereits vorab ausgelöste Wirkstoffe, die du entsprechend den Packungsangaben verdünnst.

Achtung:

Halte Pflanzenmittel stets von Kindern und Haustieren fern!

Das 1 × 1 der unliebsamsten Hochbeet-Besucher

Manche Tierchen, die dir die Ernte streitig machen wollen, tummeln sich besonders gerne in deinem Hochbeet. Hier ein paar Tipps, wie du sie identifizierst und wieder loswirst.

Blattläuse

So erkennst du Blattläuse
Blattläuse sitzen in Kolonien auf Blattunterseite und Stängel der Pflanzen. Sie sind grün, braun, grau oder schwarz. Manche Exemplare haben Flügel, andere nicht. Ein sicheres Erkennungszeichen sind ihre beiden am Kopf sitzenden und nach hinten gebogenen Fühler und zwei kleine Röhren am Hinterleib. Diese sieht du am besten mit der Vergrößerungsfunktion deines Handys oder – klassisch – mit einer Lupe. Typische Erkennungszeichen für Blattläuse zeigen auch die Pflanzen: Sie rollen ihre Blätter ein und sind klebrig. Wo Blattläuse sind, sind Ameisen nicht weit.

So schaden Blattläuse deinem Gemüse
Blattläuse stechen die Leitungsbahnen der Pflanzen an und saugen den Pflanzensaft, also den von der Pflanze transportierten Zucker, aus. Damit sie nicht platzen, scheiden sie über die beiden Röhren am Hinterleib überschüssige Flüssigkeit aus. Diese klebrige Substanz nennt sich Honigtau. Befallene Pflanzen stocken im Wachstum, werden schwach und durch die vielen Saugstellen können Pilze eindringen.

So wirst du Läuse wieder los
- Streife leichten Befall mit einem Tuch ab.
- Fördere Nützlinge.
- Setze Florfliegen oder Marienkäfer gezielt ein.
- Besprühe die befallenen Pflanzen mit Wermut- oder Knoblauchtee.
- Gieße mit Kartoffelwasser (Abwasser vom Kartoffelkochen).

Ameisen
Ameisen gehören im Hochbeet zur Kategorie der Lästlinge. Einige Ameisen im Hochbeet sind kein Problem, im Gegenteil – sie räumen abgestorbene Kleintierchen und sonstige organische Reste weg. Unangenehm werden sie in zwei Fällen:
- Sie bauen ein Nest.
- Sie kommen in Kombination mit Blattläusen vor.

So schaden Ameisen deinem Gemüse
Ameisen, die ein Nest bauen, bringen ein schönes Durcheinander ins Hochbeet. Sie tragen Gemüsesamen fort, lockern den Boden und verhindern damit, dass Jungpflanzen Halt und Nährstoffe bekommen. Auch Ameisen, die sich bei Blattlauskolonien aufhalten, schaden dem Gemüse indirekt. Sie holen den von Läusen ausgeschiedenen Honigtau und verfüttern ihn an ihre Brut. Damit die köstliche Nahrungsquelle erhalten bleibt, schützen sie Blattläuse und verteidigen sie sogar gegen Feinde.

So wirst du Ameisen wieder los
Als Nestbauer:
- Übersiedle ein Ameisennest, sobald du es im Hochbeet entdeckst. Stelle dazu einen Tontopf über die Stelle des Nestbaus. Die Ameisen erweitern ihr Nest in Richtung Topf, nach 2–3 Wochen kannst du es übersiedeln. Schiebe ein Brett oder eine Schaufel unter den Topf und 10–20 cm Erdschicht und bringe es in eine ruhige Ecke im Garten.

Als Blattlausbeschützer:
- Streue Kieselgur entlang der Ameisenstraße. Kieselgur besteht aus Diatomeenerde, das sind fossile Ablagerungen kieselhaltiger Algenschalen. Kieselgur hat einen hohen Gehalt an Siliziumoxid, eine Substanz, die die Ameisen bei Berührung rasch zum Austrocknen bringt. Ameisen wittern die Gefahr und meiden künftig dein Hochbeet. Bedenke, dass Kieselgur auch anderen Insekten schaden kann. Setze es daher sehr zielgerichtet und direkt auf der Ameisenstraße ein.
- Gib Kaffeesud oder Zimt auf die Ameisenstraße: beides Substanzen, die Ameisen nicht „riechen“ können.
- Setze Kerbel neben blattlausgefährdetes Gemüse. Sein Geruch vertreibt Ameisen.
- Besprühe die Ameisenstraße mit Wermut-Tee.

Weiße Fliege

So erkennst du die Weiße Fliege

Die Weiße Fliege ist, anders als ihr Name vermuten lässt, keine Fliege, sondern eine Laus. Sie verfügt über zwei Flügelpaare, die dachziegelartig auf ihrem Körper aufliegen. Flügel und Körper sind mit einer weißen Wachsschicht bedeckt, die die Insekten vor Trockenheit oder Regen schützt. Da die Weiße Fliege vom Körperbau ein wenig an Motten erinnert, wird sie auch Mottenschildlaus genannt. Sie hält sich in Gruppen an der Unterseite von Blättern auf. Berührst oder schüttelst du eine befallene Pflanze, schwirren zahlreiche Weiße Fliegen in die Höhe.

So schadet die Weiße Fliege deinem Gemüse

Versteckt auf der Blattunterseite saugt sie Pflanzensaft aus den Blattzellen und sondert Honigtau ab. Nach schwarzem Ruß aussehende Flecken sind eine Sekundärinfektion mit dem Rußtaupilz. Auf den Blättern entstehen zahlreiche helle Flecken, sie fühlen sich klebrig an und fallen bei starkem Befall ab. Die Pflanze ist allgemein geschwächt und kümmert vor sich hin. Weiße Fliegen befallen zahlreiche Pflanzen.

Gelbtafeln: Klebefalle für Weiße Fliege

So wirst du die Weiße Fliege wieder los

- Kontrolliere Jungpflanzen in der Gärtnerei, v. a. Kohlgewächse. Die Weiße Fliege wird häufig von „außen" eingeschleppt.
- Fördere Nützlinge.
- Setze Florfliegen und Erzwespen (das ist eine Schlupfwespen-Art) gezielt ein.
- Tees aus Wermut oder Rainfarn vergrämen die Weiße Fliege.
- Gelbtafeln ziehen Weiße Fliegen magisch an. Schüttle die befallenen Pflanzen und positioniere die Gelbtafeln oder Gelbsticker daneben. Die Insekten bleiben kleben. Setze Klebefallen nur vorsichtig ein und entferne sie bald wieder, denn auf ihnen bleiben auch nützliche Insekten hängen.

Kohlweißling

So erkennst du den Kohlweißling

Der Kohlweißling ist ein Schmetterling, von dem es zwei Arten gibt: den Großen und den Kleinen Kohlweißling. Beide Falter sind weiß mit schwarzen Flügelspitzen, die beim Großen Kohlweißling ausgeprägter sind. Die Weibchen haben zusätzlich schwarze Punkte auf den Flügeln. Deutlicher zu unterscheiden sind die Raupen. Kleine Kohlweißlingsraupen sind grün, klein und, wenn sie jung sind, kaum zu entdecken. Die Raupen vom Großen Kohlweißling übersiehst du nicht. Sie sind größer, schwarz gesprenkelt mit durchgehenden gelben Linien und sichtbar behaart.

Die kleinen Raupen Nimmersatt vom Großen Kohlweißling

Auch die Eier unterscheiden sich. Der Kleine Kohlweißling legt unscheinbare grüne Eier einzeln ab, der Große gelb gefärbte, tönnchenförmige Eier in Gruppen. Die Hauptflugzeit des Kohlweißlings ist ab August bis Spätherbst.

So schadet der Kohlweißling deinem Gemüse

Die Raupen können deine ganze Mühe mit Kohl und Co. in einer Nacht vernichten. Sie fressen die Blätter kahl, übrig bleibt nur mehr das traurige Blattgerippe. Raupen vom Großen Kohlweißling sind noch schneller und gefräßiger als die kleine Variante.

So wirst du den Kohlweißling wieder los

- Koriander und Salbei neben Kohlgewächsen verwirren den Falter.
- Holunder-Jauche schreckt Falter ab.
- Decke dein Kohlgemüse vorbeugend mit einem Insektennetz ab, das verhindert die Eiablage.
- Kontrolliere die Blätter regelmäßig auf Kohlweißlingseier und entferne die Eigelege.
- Kontrolliere regelmäßig auf Raupen und klaube sie ab.

Spinnmilben

So erkennst du Spinnmilben

Das typische Kennzeichen ist ein fadenartiges Gespinst, das nicht nach Spinnennetz aussieht. Spinnmilben sind grün, braun, orange oder rot und kleiner als 1 mm. Ohne Lupe sind sie schwer zu erkennen. Die Weibchen werden im Herbst leuchtend rot, daher stammt ihr zweiter Name: Rote Spinne. Sie haben 8 Beine, denn sie sind Spinnentiere und keine Insekten.

So schaden Spinnmilben deinem Gemüse

Die Spinnentiere sitzen auf der Blattunterseite und saugen an den Blättern. Auf diesen zeigen sich helle Punkte und gesprenkelte Flecken, die schließlich zusammenfließen. Zum Schluss fallen die Blätter ab.

So wirst du Spinnmilben wieder los

- Stärke die Widerstandskraft der Pflanzen, dünge und gieße regelmäßig.
- Sorge für hohe Luftfeuchtigkeit durch regelmäßiges Gießen, mit einem Vlies oder Frühbeet-Aufsatz. Spinnmilben mögen nur eine trockene, warme Umgebung.
- Setze Nützlinge ein: Spinnmilben stehen am Speiseplan von Raubmilben und Florfliegen. Die Bekämpfung mit Raubmilben klappt am besten unter einer Abdeckung (Vlies, Frühbeet-Aufsatz), da diese für ihre „Arbeit“ hohe Luftfeuchtigkeit brauchen. Florfliegen sind in der Anwendung unkomplizierter, sie fressen nahezu alles, was an Pflanzen saugt.
- Gieße und sprühe mit Wermut- oder Knoblauch-Tee.

Maulwurfsgrille

So erkennst du die Maulwurfsgrille

Das wie aus einem anderen Erdzeitalter aussehende Insekt erkennst du ganz leicht. Das längliche braune Tier stammt aus der Familie der Heuschrecken, sieht aus wie eine Grille und wird bis zu 7 cm groß. Das typische Kennzeichen sind ihre zu Grabschaufeln umgeformten Vorderbeine.

So schadet die Maulwurfsgrille deinem Gemüse

Das Hochbeet ist ein Lieblingsplatz der Maulwurfsgrillen, denn die lockere Erde und die Bepflanzung mit jungem Gemüse bietet den besten Lebensraum. Auf dem Speisezettel der Maulwurfsgrillen stehen Maden, Würmer, andere Insekten und gelegentlich Wurzeln. Ihr Schaden entsteht durch die Wühltätigkeit. Sie graben in 5–10 cm Tiefe horizontale Gänge und bringen damit frisch gepflanztes Gemüse oder Samen durcheinander. Kleine Pflänzchen verlieren den Halt und sterben ab.

Ihren Nachwuchs setzt die Maulwurfsgrille in tiefer liegenden Bruthöhlen ab.

So wirst du Maulwurfsgrillen wieder los

- Sammle sie ein und setze sie an einem entfernten Ort wieder aus.
- Grabe leere Gurkengläser oder Konservendosen bodeneben ein. Die Maulwurfsgrillen sind in der Nacht auf Wanderschaft und plumpsen in die Fallen.
- Gieße dein Hochbeet zwischen Ende April und Ende Mai mit spezialisierten Nematoden. Für einen nachhaltigen Erfolg ist eine Wiederholung im Folgejahr notwendig, um den Nachwuchs zu erwischen.

Dickmaulrüssler

So erkennst du den Dickmaulrüssler

Der erwachsene Käfer ist ca. 1–1,5 cm groß, graubraun und hat gefurchte Flügeldeckel am Rücken. Der Kopf ist deutlich abgesetzt und hat einen Rüssel. Der Käfer ist nachtaktiv.

Die Larve ist weiß, gekrümmt und hat einen braunen Kopf. Im Vergleich zu Engerlingen von Mai- und Junikäfer ist sie mit 1 cm wesentlich kleiner, zudem hat sie keine Beine.

So schadet der Dickmaulrüssler deinem Gemüse

Die Käfer fressen runde Buchten in die Blätter. Sie sind zwischen Mai und Oktober aktiv. Gefährlicher sind die Larven, denn sie knabbern an den Pflanzenwurzeln. Bei starkem Befall sterben die Pflanzen ab. Es gibt zwei Larvengenerationen, von April bis Juni und von August bis Oktober, in dieser Zeit sind sie auch aktiv.

So wirst du den Dickmaulrüssler wieder los

- Durchsuche die Erde im Hochbeet vor dem Anbau nach Larven und sammle sie ein.
- Direkt bekämpfst du die Larven mit gekauften Nematoden. Du erhältst ein Pulver, das du in Wasser auflöst und in das Hochbeet gießt.
- Sammle erwachsene Käfer in der Nacht ein oder lege ein mit Nematoden bestücktes Holzbrettchen (gibt es zu kaufen) aus.

Die erwachsenen Dickmaulrüssler sind nachtaktiv.

Schnecken

So erkennst du Schnecken

Es gibt zahlreiche Schneckenarten, aber im Garten und Hochbeet bringt uns nur eine auf die Palme: die Gemeine Wegschnecke. Sie ist länglich, rotbraun und nackt. Frisch geschlüpfte Schnecken sind etwas heller und sehr klein.
Die Schneckeneier befinden sich in Hohlräumen nahe der Erdoberfläche und sehen aus wie kleine kugelige Perlen. Sie sind in Grüppchen abgelegt.

Ziemlich harmlos sind Tigerschnegel, sie zeichnen sich durch ein graues, gestreiftes Muster aus. Die Schnegel fressen Eier der Gemeinen Wegschnecke, in der Not knabbern sie aber auch am Salat.

Schneckeneier sehen wie Häufchen kleiner Perlen aus – sammle sie ein, sobald du sie entdeckst.

So schaden Schnecken deinem Gemüse

Bei Hitze verstecken sich die Schnecken in Erdritzen. In der Dämmerung fressen sie bevorzugt an jungen Blättern aller Gemüsearten, aber auch an Früchten und Stängeln. Tomaten stehen nicht auf ihrem Speiseplan, zur Not greifen sie aber auch auf ihre Früchte zurück. Mehrere Schnecken können in der Nacht ein Beet leerfressen. Den Schneckenschaden erkennst du auch an den typischen Schleimspuren.

So wirst du Schnecken wieder los

- Schnecken kommen über die Hochbeetwand, über Befüllungsmaterial, allen voran über Kompost und zwischengelagertes organisches Material (Laub, Grasschnitt), und über Jungpflanzen ins Hochbeet. Besonders durch die Befüllung können zu Beginn vermehrt Schnecken im Hochbeet sein, denn jedes Eigelege zu finden, ist fast unmöglich.
- Sperre von außen ins Hochbeet einwandernde Schnecken einfach mit einer Schneckenkante und einem Kupferband aus.
- Untersuche dein Hochbeet auf Schneckeneier und entferne sie.
- Kontrolliere Jungpflanzen vor dem Einsetzen auf Schneckeneier und kleine Mini-Schnecken.
- Sammle Schnecken am Abend oder früh morgens ab.
- Wenn alles nichts mehr nützt: Es gibt biologisches Schneckenkorn (Ferramol), das harmlos für Haustiere, Igel, Regenwürmer und andere Tierchen ist. Natürlich auch für Menschen.

Mehltau

So erkennst du Mehltau

Es gibt zwei Arten von Mehltau, den Falschen und den Echten Mehltau. Während der Falsche Mehltau auf regnerisches, feuchtes Wetter angewiesen ist, ist der Echte Mehltau ein Schönwetterpilz, er kommt also auch bei trocknem, warmem Wetter vor.

Falscher Mehltau zeichnet sich durch gelbe Flecken an der Blattoberseite und einen blau-grauen Pilzrasen an der Blattunterseite aus. Breitet sich der Befall aus, stirbt das Blatt und schließlich die Pflanze ab.

Echten Mehltau erkennst du an einem weißen, mehligen Belag auf der Blattoberseite. Du kannst ihn mit der Hand abwischen. Mit der Zeit wird der Belag graubraun, die Blätter vertrocknen vom Rand ausgehend.

So schadet Mehltau deinem Gemüse

Falscher Mehltau ist nicht wählerisch und befällt viele verschiedene Gemüsearten: Kopf- und Pflücksalat, Feldsalat, Karotte, Kohlgewächse, Gurke, Zucchino, Melone, Kürbis und einige mehr. Die Infektion erfolgt über die Spaltöffnungen, das sind die Atmungsorgane der Pflanze. Der Pilz bildet ein Geflecht, das in den Zwischenräumen der Pflanzenzellen wächst. Von dort ausgehend befällt er die Zellen und ernährt sich von den gespeicherten Nährstoffen. Die geschwächten Blätter sterben mit der Zeit ab.

Echten Mehltau findest du vorwiegend an Gurken, Zucchini, Melonen und Kürbissen. Er dringt von der Blattoberseite direkt in die obersten Zellen und saugt diese aus. Bei starkem Befall sterben die braunen Blätter schließlich ab.

Echter Mehltau ist ein Pilz, der auch bei trockenem Wetter sprießt.

So wirst du Mehltau wieder los

- Besprühe und gieße dein Gemüse vorbeugend mit Ackerschachtelhalm-Brühe oder Extrakt.
- Gieße am Morgen oder nicht zu spät am Abend. Kühle, feuchte Blätter locken Pilze und auch Schnecken an.
- Entferne befallene Blätter und entsorge sie im Restmüll. Das verhindert die Ausbreitung der Pilze.
- Behandle kranke Pflanzen mit Knoblauch-Tee, Ackerschachtelhalm-Zubereitungen oder verdünnter Milch.

Kraut- und Braunfäule

So erkennst du Kraut- und Braunfäule

Die gefürchtete Pilzkrankheit kommt an Tomaten vor und macht leider auch vor dem Hochbeet nicht halt. Sie beginnt mit grauen Flecken auf den Blättern, später erscheinen diese Flecken auf den Stängeln. Der Pilz breitet sich rasch aus, ganze Zweige werden braun und sterben ab. Auch an den Früchten zeigen sich braune Flecken, die Tomaten werden matschig und faulig.

Alarmstufe Grau: Die Infektion beginnt mit grau-braunen Flecken an den Blättern.

So schadet Kraut- und Braunfäule deinen Tomaten
Die Pilzinfektion erfolgt bei feucht-kühler Witterung während längerer Regenperioden. Pilzsporen der Krankheit befinden sich im Boden, werden aber auch durch Wind von bereits infizierten Tomaten herangetragen. Kraut- und Braunfäule macht die Tomaten ungenießbar und führt oft zu einem Totalausfall der Ernte.

So wirst du die Kraut- und Braunfäule wieder los
Ist die Kraut- und Braunfäule einmal da, wirst du sie nur mehr sehr schwer los. Umso wichtiger ist die Vorbeugung:

- Mulche unter den Tomatenpflanzen. Die in der Erde befindlichen Sporen kommen durch die Mulchschicht nicht zu den Pflanzen.
- Gieße nur am Boden, nie über die Blätter der Tomaten, denn der Pilz braucht für die Infektion Feuchtigkeit.
- Reinige alte Tomatenstangen gründlich, denn die langlebigen Pilzsporen überwintern darauf.
- Schütze die Tomatenpflanzen vor Feuchtigkeit und Regen. Das klappt mit einem Dach über dem Hochbeet, dem Anbau unter einem Dachvorsprung oder mit Tomatenhauben.
- Lichte Tomatenblätter regelmäßig aus, indem du die Geiztriebe, die sich zwischen Haupttrieb und Blatt in den Blattachseln entwickeln, vorsichtig abbrichst. Damit stehen die Tomatenpflanzen luftig und der Wind trocknet die Blätter nach einem Regen rasch ab.

DÜNGEN IM HOCHBEET: FUTTER FÜR DIE PFLANZEN

Die ersten beiden Hochbeet-Jahre musst du nicht düngen, denn die Nährstoffversorgung deiner Pflanzen ist durch das eingefüllte Material gut abgedeckt. In den Folgejahren verschaffst du deinem Hochbeet neuen Schwung, indem du es mit weiterem organischem Material auffüllst (siehe dazu Seite 110).

Gemüse braucht Nährstoffe, um gesund und ausgewogen zu wachsen. Bei den Pflanzen sind das Mineralstoffe und Spurenelemente, die für die unterschiedlichsten Funktionen zuständig sind:

- Stickstoff sorgt für das Wachsen von Trieben und Blättern und die Produktion von Proteinen in der Pflanze.
- Kalium reguliert den Wasserhaushalt und sorgt dafür, dass die Pflanze die benötigten Stoffe im „Pflanzenkörper" transportieren kann.
- Phosphor ist verantwortlich für die Bildung von Blüten und Früchten.
- Magnesium hat als Bestandteil des Blattgrüns eine wichtige Funktion bei der Photosynthese, also der Produktion von Zucker aus CO_2, Wasser und Sonnenlicht.
- Schwefel wirkt an der Bildung wichtiger Enzyme und sekundärer Pflanzeninhaltsstoffe mit (z. B. Lauchöle, Senföle).

- Kalzium sorgt insgesamt für Stabilität und wichtige Vorgänge in der Pflanze.
- Spurenelemente wie Eisen, Mangan, Kupfer, Zink, Bor und Molybdän haben ebenso Anteil an wichtigen Pflanzenfunktionen wie Photosynthese, Wasserhaushalt, Stabilität, Aufbau von Inhaltsstoffen und vielem mehr.

Ist ein Nährstoff im Überschuss vorhanden oder gibt es einen Mangel, hat das nicht nur Auswirkungen auf die Pflanzen selbst, sondern auch auf die Verfügbarkeit anderer Nährstoffe.

- Bei zu viel Kalzium im Hochbeet kann die Pflanze Eisen nicht verwerten – es kommt zu Eisenmangel. Diesen erkennst du an jungen, blassen Blättern mit grünen Blattadern.
- Zu viel Magnesium oder Stickstoff im Hochbeet verursacht Kalziummangel. Typische Krankheitsbilder sind die Blütenendfäule bei Tomate und Melone oder die Schwarzherzigkeit bei Sellerie.

Mit den Jahren nimmt die Power deines Hochbeets ab, die eingefüllten Stoffe sind komprimiert, die enthaltenen Nähstoffe zum Teil verbraucht. Je nach Bepflanzung braucht dein Gemüse zusätzliches Futter – also Dünger. Verwende ausgewogenen, organischen Dünger, damit weder Mangel noch Überschuss eines einzelnen Nährstoffes entsteht.

Organische Dünger haben im Vergleich zu mineralischen Düngern noch weitere Vorteile:

- Sie sind klimafreundlich. Der Energieverbrauch für ihre Herstellung ist gering oder sogar klimapositiv. Mineralische Dünger verschlingen hingegen bei ihrer Produktion enorme Energiemengen.
- Organische Dünger enthalten Mikroorganismen, die die Nährstoffe langsam freigeben. Das Gemüse bekommt die Nährstoffe also nach Bedarf und über einen längeren Zeitraum verteilt. Mineralische Dünger wirken sofort. Die Pflanze bekommt alles auf einmal, der Überschuss macht sie krankheitsanfällig und faul.
- Da der organische Dünger nur langsam freigesetzt wird, bleibt er länger im Hochbeet. Unverbrauchter mineralischer Dünger wird durch Regen oder Gießwasser nach unten gespült und steht dem Gemüse nicht mehr zur Verfügung.

Organische Dünger für dein Hochbeet

Für dein Hochbeet stehen dir zahlreiche organische Dünger – von selbstgemacht bis gekauft – zur Verfügung. Hier ein paar Ideen, wie du deinem Gemüse etwas Gutes tust.

Folgende Dünger kommen vor oder bei der Bepflanzung ins Hochbeet

Kompost oder Wurmkompost

Befülle das Hochbeet vor dem Anbau mit einigen Schaufeln Kompost. Wenn du keinen eigenen Kompost hast, ist Wurmkompost oder Wurmhumus eine gute Alternative. Diesen stellst du entweder selbst mit einer Wurmkiste her oder du kannst ihn alternativ auch kaufen. Wurmkompost kannst du sogar direkt im Hochbeet erzeugen. Wie das geht, liest du auf Seite 34.

Frisch gesiebter Kompost: bestes Futter fürs Hochbeet

Gründüngung und Mulch

Mache einmal Gemüsepause und baue eine Gründüngung an. Sie bringt frische Nährstoffe in dein Hochbeet und lockert zusätzlich die bereits vorhandene Befüllung. Welche Pflanzen für Gründüngung geeignet sind, steht auf Seite 55. Zerkleinere Gründüngungspflanzen nach ihrer „Ernte“ und lege die Pflanzenreste aufs Hochbeet. Sie verrotten und geben ihre Nährstoffe an die nachfolgende Bepflanzung wieder frei. Neue Jungpflanzen setzt du einfach zwischen die Decke aus Gründüngungs-Resten.

Alternativ kannst du gejätete, nährstoffreiche Pflanzen direkt als Mulch zwischen dein Gemüse legen. Brennnessel, Beinwell, Ackerschachtelhalm, Löwenzahn, Rhabarberblätter oder Schafgarbe verrotten und geben ihre wertvollen Inhaltsstoffe frei.

Tiermist

Tiermist eignet sich besonders gut für Starkzehrer und lässt dein Hochbeet nach vielen Jahren neu durchstarten. Tiermist ist voller Verbindungen für Gemüse mit besonders hohem Nährstoffbedarf, also für Kürbisse, Gurken, Zucchini, Tomaten, Paprika oder Kohlgewächse.

Achtung:

Der Tiermist soll schon abgelegt sein, sonst verbrennt er die Jungpflanzen. Gib über Tiermist eine Schicht Bio-Erde.

Schafwolle oder Schafwollpellets

Schafwolle bzw. die für die Wollproduktion unbrauchbaren Reste der Schafwolle sind reich an Nährstoffen und ein hervorragender Dünger für Bio-Gemüse. Da Schafwolle sehr voluminös ist, gibt es sie auch in gepresster Form, als Pellets. Arbeite die Wolle bzw. Pellets leicht in die Erde ein. Schafwolle kann das 3,5-fache des Eigengewichts an Wasser aufnehmen und ist daher auch ein hervorragender Wasserspeicher für trockene Zeiten.

Flauschige Schafwolle-Hülle: Dünger, Mulch und Wärmedecke zugleich

Organische Langzeitdünger

Es gibt zahlreiche bereits einsatzfertige organische Langzeitdünger. Diese bestehen aus verschiedenen Ausgangsstoffen wie Wurmhumus, Tonmehl, Basalten, Schafwollpellets, Kakaoschalen, Kokosfasern und vielem mehr. Gib Jungpflanzen beim Setzen etwas Langzeitdünger ins Pflanzloch. Die jungen Pflänzchen holen sich die Nährstoffe nach Bedarf und wachsen rasch zu kräftigen Pflanzen heran.

Urgesteinsmehl

Urgesteinsmehl zählt weniger zu den Düngern als vielmehr zu den Bodenhilfsstoffen. Es handelt sich um gemahlene Steine, z. B. aus Basalt oder Diabas. Es enthält allerdings Silikat und Spurenelemente, die sich positiv auf das Gemüse im Hochbeet auswirken.

Mit folgenden Düngern verwöhnst du dein Gemüse, während es wächst

Jauchen und Brühen

Jauchen und Brühen sind ein toller Dünger. Vor allem die Auszüge aus Brennnesseln und Beinwell ernähren dein Gemüse und machen es widerstandsfähig. Dünge alle 1–2 Wochen mit verdünnter Jauche. Praktisch: Auszüge aus Brennnesseln und Co. gibt es bereits fertig zu kaufen.

Wurmtee

Du hast eine Wurmkiste? Hervorragend, denn während der Wurmhumus ein hervorragender Langzeitdünger ist, verwendest du das „Nebenprodukt" Wurmtee als rascher wirkenden Dünger für die Hauptwachstumszeit im Sommer. Auch Wurmtee gibt es bereits fertig zubereitet zu erwerben.

Organischer Flüssigdünger

Biologische Flüssigdünger bestehen aus den Resten pflanzlicher Verwertung (z. B. aus Kartoffelrestfruchtwasser) oder aus Pflanzenextrakten. Stark- und Mittelzehrer (Seite 53) freuen sich von Juni bis September über eine wöchentliche Düngergabe.

MULCHEN IM HOCHBEET

Mulchen ist das Abdecken von Erde mit organischem Material. Das Material, mit dem du die Erde zwischen den Pflänzchen bedeckst, heißt Mulch. Im Gemüsegarten wird Mulch vielfältig verwendet, doch wie ist es im Hochbeet?

Das Hochbeet unterscheidet sich hier nicht von anderen Beeten im Garten. Eine Mulchdecke zwischen deinen Gemüsepflanzen hat auch im Hochbeet viele Vorteile:

Ciao Wetterkapriolen

Hitze im Sommer und frostige Kälte im Winter – eine dicke Mulchschicht schwächt beide Effekte ab. Im Sommer reduziert Mulch die Wasserverdunstung aus dem Hochbeet. Im Winter schützt Mulch dein Wintergemüse vor gefrorener Erde – zu dieser Jahreszeit wirkt der Mulch wie eine wärmende Decke.

Es schüttet in Strömen? Kein Problem, denn Mulch bremst die Regentropfen und lässt sie langsam ins Hochbeet einsickern. So bleiben kleine Pflänzchen von Verschlämmung und die Nährstoffe von Auswaschung verschont.

Krankheiten und Schnecken haben's schwer

Viele Pilzsporen sind in der Erde und lauern dort auf ihre Opfer – dein Gemüse. Sporen können jahrelang geduldig verharren und bei passenden Umständen erbarmungslos zuschlagen. Passende Umstände sind bei den meisten Pilzen nass-kühles Wetter und die richtigen Pflanzen. Viele Sporen warten auf Regen: Durch einschlagende Regentropfen werden sie in die Höhe geschleudert, landen auf Stängeln oder Blättern und infizieren die Pflanzen. Mulch macht es vorhandenen Pilzsporen schwerer, zum Gemüse zu gelangen. Sie können die Mulchschicht schwer durchdringen und Regen kommt nur abgebremst zu ihnen – zu schwach, um ein Katapult zu sein.

Ähnlich geht es Tieren, die du lieber nicht im Hochbeet hast. Mancher Mulch ist ihnen unbequem. Miscanthus wird z. B. von Schnecken lieber gemieden, denn er ist unangenehm für ihren Fuß und hat keine Hohlräume für die Eiablage.

Keine Chance für Beikräuter

Beikräuter machen im Hochbeet ohnedies weniger Probleme, mit Mulch wird dein Jätaufwand verschwindend gering. Zufliegende Samen dringen nicht zur Erde vor und können daher nicht keimen.

Extraportion Humus

Mulch aus organischem Material verrottet und ernährt deine Bodentierchen. Der Regenwurm holt sich gerne einen Grashalm oder ein Laubblatt und macht daraus frischen Regenwurmhumus. Auch andere Bodenorganismen wirken fleißig mit, damit aus Mulch wertvoller Humus für dein Hochbeet entsteht.

Mulch-Material fürs Hochbeet

Viele Reste und Rückstände aus deinem Garten eignen sich als Mulch-Material. Doch auch ohne eigene Gartenreste oder auf einem Balkon hast du genug Möglichkeiten, zu mulchen. Du kannst z. B. bei einem Spaziergang Brennnesseln sammeln und diese als feine Mulchdecke verwenden. Wichtig dabei: Handschuhe anziehen!

Hier einige Mulch-Materialien, die ideal für dein Hochbeet sind:

- getrockneter Grasschnitt
- getrocknete und zerkleinerte samenfreie Beikräuter. Achtung: kein Wurzelunkraut!
- Erntereste, z. B. zerkleinerte Strünke, Stängel, äußere Blätter
- zerkleinerte Gründüngungspflanzen
- zerkleinerte, getrocknete Wildkräuter wie Brennnesseln, Beinwell, Schafgarbe oder Ackerschachtelhalm
- ausgegeizte Tomatenblätter für Tomate
- Rhabarberblätter, Staudenreste – alles getrocknet und zerkleinert
- Miscanthus-Mulch: auch Elefantengras oder Chinaschilf genannt. Gibt es zu kaufen. Wird von Schnecken gemieden.
- Bio-Stroh für Erdbeeren, Zucchini, Gurken, Paprika, Tomaten
- Schafwolle

Aus Grasschnitt wird eine feine Mulchdecke.

Win-Win-Mulch aus Miscanthus: perfekt fürs Gemüse, unbeliebt bei Schnecken.

Erdbeeren bettest du am besten auf Stroh.

Das passt nicht ins Hochbeet:

- Rindenmulch und Holzhäcksel: versauern die Erde, das Gemüse wächst schlecht, lockt Schnecken an
- Kies, Lavamulch: Steine und Gemüse? Passen nicht zusammen!
- Samentragende Beikräuter und Wurzelunkraut: machen immer Ärger
- feuchte Pflanzenrückstände: können Pilze und Schimmel enthalten, locken Schnecken an
- „gespritzte“ Pflanzen und Pflanzenreste, z. B. Wildkräuter neben einem konventionell bewirtschafteten Feld oder Stroh eines konventionellen Betriebes
- kranke Pflanzenteile, z. B. Blätter mit Mehltau oder Tomatenstauden mit Braun- und Krautfäule
- Nadeln, Thujen, Eichenlaub, Nusslaub: machen die Erde sauer, hemmen das Gemüse beim Wachsen

NICHT BRAUSEN GEHEN: BEWÄSSERUNG IM HOCHBEET

Damit Pflanzen längere Hitzeperioden übertauchen, haben sie eine pflanzeneigene Klimaanlage eingebaut. Sie verdunsten Wasserdampf und entziehen dafür ihrer direkten Umgebung Energie. Rund um die Pflanzen entsteht die sogenannte Verdunstungskälte, in ihrer Nähe ist es tatsächlich etwas kühler. Aber: Mit Wasser kühlt sich das Gemüse nicht nur ab, sondern hält vor allem auch seine Funktionen am Laufen – also wachsen und Blätter, Wurzeln oder Früchte bilden. Was dein Gemüse also besonders braucht, ist: Wasser, Wasser, Wasser!

Bewässerungen gibt es von einfach bis vollautomatisiert. Die altgediente Gießkanne oder ein Schlauch mit Brauseaufsatz bereiten jedoch Mühe oder sind nicht besonders effizient. Vor allem das Überbrausen der Pflanzen ist in Zeiten der Wassernot Verschwendung. Ständig nasse Blätter sind für dein Gemüse auch aus anderen Gründen nachteilig: Sie locken Schnecken an und es entstehen gefährliche Pilzkrankheiten wie Mehltau oder die Kraut- und Braunfäule der Tomate (mehr dazu auf Seite 107).

Besser sind Bewässerungen, die das Wasser direkt zum Gemüse bzw. an die Erdoberfläche bringen. Hier ein paar Bewässerungs-Ideen für Hitze- und Urlaubstage:

Ollas

sind voll im Trend und basieren auf einer einfachen, aber genialen Idee. Die unglasierten Tongefäße sind wasserdurchlässig, amphoren- oder kugelförmig und haben einen schmalen Flaschenhals. Platziere die Olla im Hochbeet mitten unters Gemüse. Grabe sie fast bodeneben ein, nur ein Teil des Flaschenhalses steht heraus. Fülle das Gefäß anschließend mit Wasser. Manche Ollas haben einen Stöpsel oder Deckel zum Verschließen. Was nun folgt, ist mit ein wenig Physik zu erklären. Ist die Erde im Hochbeet trocken, strömt Wasser langsam durch die Tonwand aus der Olla. Die Pflanzenwurzeln wachsen Richtung Olla und üben einen zusätzlichen Sog aus. Ist die Erde feucht, bleibt das Wasser im Tongefäß. Ist das Wasser in der Olla verbraucht, füllst du es einfach wieder auf. Je nach Witterung und Größe versorgen Ollas dein Gemüse für einige Tage mit Wasser, ideal für einen Kurzurlaub.

Olla in die Erde „pflanzen“…

… und Wasser einfüllen.

Tonkegel und Wasserspender

Nach demselben Prinzip funktionieren Tonkegel. Sie sind kleiner und schmäler, du kannst sie im Hochbeet besser zwischen den Pflanzen verteilen. Tonkegel gibt es mit Wasserreservoir oder mit Schraubaufsatz für Wasserflaschen. Je nach Fassungsvermögen von Reservoir oder Flasche eignet sich diese Form der Bewässerung für ein (verlängertes) Wochenende.

Eine ähnliche Variante saugt mit Hilfe eines Schlauchs Wasser aus einem bereitgestellten Gefäß an. Stelle das Gefäß ins oder neben das Hochbeet (z. B. auf einen kleinen Tisch).

Manche Tonkegel gibt es mit Wasserreservoir – mal groß …

Die Wasserflasche wird mit dem Tonkegel verschraubt und zwischen die Pflanzen gesteckt.

… und mal klein.

Tröpfchenbewässerung

Die Tröpfchenbewässerung ist die beste Form der Bewässerung für deine Pflanzen und zudem wassersparend. Auf der Längsseite des Hochbeets liegt ein dicker Zuleitungsschlauch. Von ihm zweigen dünne Tropfschläuche ab, die das Wasser direkt zu den Pflanzen führen. Wichtig: Die Schläuche dürfen nicht zu weit auseinanderliegen, denn sonst bekommen nicht alle Pflanzen genug Wasser. Auch der Abstand der Tropfer sollte nicht zu weit sein, 15–20 cm sind ideal. Die Tröpfchenbewässerung gibt eine bestimmte Wassermenge in einem bestimmten Zeitraum ab, also z. B. je Tropfer 2 l/Stunde. Durch die langsame Abgabe verteilt sich das Wasser sowohl horizontal als auch in der Tiefe. Während beim schnellen Gießen mit dem Schlauch das Wasser im Hochbeet rasch nach unten durchrinnt, haben Erde und Pflanzenwurzeln bei der Tröpfchenbewässerung ausreichend Zeit, um Wasser zu binden bzw. aufzunehmen.

Tropfen für Tropfen kannst du deinem Gemüse beim Wachsen zuschauen.

Ab in den Urlaub – mit einer Steuerung

Eine Steuerung ist ein Bewässerungscomputer, der dich im Urlaub „vertritt". Er schaltet die Bewässerung zu einem bestimmten Zeitpunkt ein bzw. wieder aus. Von der einfachen Ein-Aus-Lösung bis zur App, mit der du Zeitpunkt, Dauer und Volumen der Bewässerung vom Urlaub aus steuerst, gibt es mittlerweile so gut wie jede Variante zu kaufen. Eine tolle und nachhaltige Idee ist eine Solarsteuerung, die die Bewässerung mit Wasser aus der Regentonne speist. Mit Hilfe der Sonneneinstrahlung reguliert die Steuerung die Wassermenge. Dein Gemüse bekommt bei viel Sonne viel Wasser, ist es bewölkt, reduziert die Solarsteuerung die Wassermenge.

HOCHBEET EXTREM!

Wochenlange Hitze und Trockenheit, dann wieder sintflutartiger Regen und unangenehme Stürme: Für die Pflanzen ist es kaum besser als für uns Menschen, sie leiden zunehmend unter Hitze oder Starkregen. Im Hochbeet geht es ihnen im Vergleich zu einem Bodenbeet zwar besser, doch auch hier kannst du – neben einer ausreichenden Wasserzufuhr – einiges unternehmen, um deinen Pflänzchen das Leben angenehmer zu machen.

HOT, HOTTER, HOCHBEET: AUCH BEI HITZE EIN KÜHLES BEET BEHALTEN

Temperaturen über 30 °C – und das wochenlang – bringen die Pflänzchen ordentlich ins Schwitzen. Nähert sich das Thermometer der 40-Grad-Grenze, wird es auch für die Pflanzen eng. Auf die Hitze reagieren sie mit verschiedenen Maßnahmen. Sie rollen ihre Blätter ein, um weniger Wasser zu verdampfen. Sie stoppen das Wachstum, denn das braucht Energie und führt zu Wasserverlust. Manche Pflanzen, z. B. Basilikum, vertragen übermäßige Hitze nicht und reagieren mit Sonnenbrand. Die Blätter werden grau und blasig, dann braun und fallen ab. Um rasch ihren biologischen Zweck, nämlich die Bildung von Samen, zu erfüllen, kommt es zur Notreife. Die Pflanze blüht vorzeitig, es entstehen wenige Früchte bzw. Samen. Notreife kommt bei vielen verschiedenen Gemüsearten vor, z. B. bei Salat, Kohlrabi, Brokkoli und Blumenkohl, aber auch bei eigentlich zweijährigen Pflanzen wie Karotten oder Mangold.

Autsch! Dieses Basilikum hat einen Sonnenbrand.

So hilfst du deinen Pflanzen im Hochbeet durch Hitzephasen

Sorge für Schatten

Dein Gemüse hat ein Problem: Es hat keine Füße, kann also nicht einfach davonlaufen und sich in den Schatten stellen. Empfindlichere Gemüsearten wie Salate, Kohlgewächse, Buschbohnen oder Mangold sind für etwas Schutz an extrem heißen und sonnigen Tagen dankbar. Schatten schaffst du auf mehrere Arten:

- Spanne ein Schattennetz über gebogene Stangen, die du ins Hochbeet steckst.
- Arbeite mit Mischkultur. Große Pflanzen übernehmen die Rolle des Sonnenschirms. Kohlrabi und Salat fühlen sich im Schatten von Tomaten oder Auberginen wohl, Buschbohnen wachsen gerne neben bzw. unter Zucchini oder Gurken.
- Stelle einen Sonnenschirm auf und beschatte das Hochbeet.

Mit Mulch hältst du die Feuchtigkeit im Hochbeet

Erde ist dunkel und zieht damit Sonnenlicht an. Im Frühling ist das vorteilhaft, denn in der warmen Erde gedeihen junge Pflanzen besser. Im Hochsommer ist die dunkle Farbe ein Nachteil. Nicht nur die Erde erwärmt sich, auch das in ihr enthaltene Wasser. Dieses verdunstet, die Erde trocknet aus, du musst wieder gießen. Eine tolle Abhilfe ist Mulch. Bedecke die Freiräume zwischen deinen Pflanzen mit einer dicken Mulchschicht. Ideal ist heller Mulch, z. B. Miscanthus, denn er reflektiert Sonnenlicht und absorbiert weniger Energie. Mulch hält Feuchtigkeit länger im Hochbeet und somit fürs Gemüse verfügbar. Mehr übers Mulchen im Hochbeet liest du auf Seite 111.

Resistent und unbeugsam – dieses Gemüse lässt sich nicht so schnell unterkriegen

Nicht jedes Gemüse reagiert gleich auf Hitzewellen. Kohlgewächse und Salate wirken im Sommer erschöpft, während Tomaten, Paprika und Chili förmlich aufblühen. Mit ihren langen Pfahlwurzeln sind sie gut verankert und holen Wasser aus tieferen Hochbeet-Schichten. Außerdem kommen sie mit Trockenheit besser zurecht.

Je heißer, desto schärfer werden Chilis.

Tipp für Chili-Fans:

Je trockener und heißer es ist, desto schärfen werden die Schoten – je nach Sorte natürlich.

Wie wäre es mit Experimenten im Hochbeet? Denn wärmeliebendes Gemüse aus südlicheren Regionen gedeiht mittlerweile auch in Mitteleuropa – dank längerer und heißerer Sommer. Hier in paar Ideen für dein Hitze-Hochbeet:

Süßkartoffeln

Die auch Bataten genannten Knollen haben mittlerweile Einzug in den heimischen Gartenbau gehalten. Sie sind Windengewächse, eigentlich mehrjährig, du kannst sie aber bereits im 1. Jahr vollständig ernten.

Andenbeere/Physalis

Die Andenbeere ist ein Nachtschattengewächs und mit der Tomate verwandt. Sie stammt aus Südamerika und ihre Frucht wird bei uns aufgrund der milderen Herbstmonate mittlerweile reif. Ist der Herbst kalt und feucht, bleibt die gelbe Beere, die sich in einer lampionartigen Hülle befindet, grün.

Tomatillo

Es gibt Sorten mit grünen, gelben oder violetten Tomatillos. Sie alle sind eng mit der Andenbeere verwandt, auch ihre Früchte befinden sich in einer „Lampion-Hülle“. Tomatillos stammen ursprünglich aus Mexiko, ihre Früchte verarbeitest du zu Chutney, Salsa-Sauce oder genießt sie roh.

Okras

Okras mögen warme Feuchtigkeit beim Anbau und heiße Sommertemperaturen. Ihr Ursprung liegt in Indien und Afrika, wo sie heute noch weit verbreitet kultiviert werden. Auch in den USA haben Okras Einzug gehalten, bei uns sind sie (noch) weniger bekannt.

Erdnüsse

Erdnüsse sind eigentlich keine Nüsse, sondern mit – Überraschung! – den Erbsen verwandt. Sie gehören also zu den Hülsenfrüchtlern. Angebaut werden sie vor allem in Afrika und den USA, ihr Ursprung liegt in Südamerika. Erdnüsse benötigen sehr warme Temperaturen, wenn du sie bei Zimmertemperatur vorziehst, beschleunigst du ihre Entwicklung. Die Jungpflanzen fühlen sich in einem Hochbeet mit Frühbeet-Aufsatz wohl.

Melonen

Wasser- oder Zuckermelonen im Freien anzubauen, war vor 15 oder 20 Jahren noch undenkbar – und auch nicht erfolgreich. Mittlerweile gehören sie schon fast zum Standard in Hochbeet und Co. Melonen stammen ursprünglich aus Afrika.

Wassermelonen lieben heiße Sommer.

UNDER MY UMBRELLA: LASS DEIN HOCHBEET NICHT IM REGEN STEHEN

Solange es das Hochbeet nicht davonspült, sind deine Pflanzen darin sogar besser aufgehoben als im klassischen Gemüsebeet, denn der lockere Aufbau lässt Wasser besser versickern, das Gemüse behält halbwegs trockene Füße.

Wichtig beim Balkon-Hochbeet:

Achte darauf, dass das Hochbeet ausreichend Abflusslöcher hat. Sonst staut sich Regenwasser und die Pflanzenwurzeln ersticken an Sauerstoffmangel.

Mulch hilft auch bei Starkregen. Er bremst die Regentropfen und verhindert, dass die humose Erde aus dem Hochbeet in tiefere Schichten gespült wird.

Zusatztipp:

Lasse möglichst viele Gartenflächen unversiegelt. Beton oder Pflasterungen verhindern, dass Wasser versickern kann. Die verbleibenden offenen Flächen können starke Regengüsse nicht mehr aufnehmen.

IT'S A STORMY DAY: DAMIT DEIN GEMÜSE NICHT VOM WINDE VERWEHT WIRD

Orkanartige Böen knicken Gemüsepflanzen wie Tomaten oder Paprika um. Im Gartenbeet – denn besser haben sie es im Hochbeet. Während des Frühlings und Sommers sinkt die Befüllung im Hochbeet ab und die Pflanzen sinken mit. Praktisch, denn die Hochbeet-Wand schützt sie vor starken Winden. Solange also kein Taifun durch deinen Garten wirbelt, ist dein Gemüse im Hochbeet gut geschützt.

Einen Stock tiefer, bitte: versenkt und windgeschützt

Gefährdet sind hingegen Zusatzvorrichtungen am Hochbeet. Zieht ein Wind auf, schließe den Frühbeet-Aufsatz oder stelle ihn in ein windgeschütztes Eck. Fixiere Stangen, Klettergerüste oder Bögen für Vliese oder Netze.

WHO THE HELL IS THIS? NEUE SCHÄDLINGE – GEKOMMEN, UM ZU BLEIBEN

Der Klimawandel beschert uns zahlreiche neue Schädlinge. Der Großteil wandert nicht tatsächlich vom Süden Stück für Stück zu uns, sondern wird mit ungenau kontrollierten Lebensmittel- und Pflanzentransporten eingeschleppt. Die geänderten Klimabedingungen erledigen den Rest. Vor 10 oder 20 Jahren waren die Winter noch kalt genug, um die Eindringlinge erfrieren zu lassen. Die mittlerweile vorherrschenden milden Winter können ihnen nur mehr wenig anhaben. Im Hochbeet treffen wir plötzlich auf bisher unbekannte Schädlinge wie Grüne Reiswanze, Japankäfer oder – zumindest als Lästling – den Asiatischen Marienkäfer.

Kontrolliere deine Pflanzen regelmäßig auf unbekannte Wesen oder Schäden. Vorbeugend hilft ein Insektenschutznetz, denn es verhindert, dass die Tierchen zu deinen Pflanzen gelangen. Mehr dazu findest du auch ab Seite 94.

Gekommen, um zu bleiben: die Grüne Reiswanze

EIN HOCHBEET ALLEIN IST NICHT GENUG? ERNTEN VON OBEN BIS UNTEN UND RUND UM DEIN HOCHBEET HERUM

Dein Hochbeet ist voll und dein Gemüse wuchert in alle Richtungen? Sehr gut – aber da geht noch mehr. Schaffe Platz, indem du Bestehendes einfach erweiterst. Mach dich breit und hoch und ernte über deinen Hochbeetrand hinaus.

NACH OBEN HIN IST IMMER PLATZ

Auch wenn dein Garten oder Balkon klein ist, in eine Richtung kannst du dein Hochbeet fast immer erweitern: nach oben. Lasse dein rankendes Gemüse und Obst mit Hilfe von Rankgittern, Gerüsten, Pflanzstäben, Schnüren oder Netzen emporklettern. Selbst Kürbisse oder Melonen nehmen dadurch im Hochbeet weniger Platz in Anspruch und es bleibt genug Raum für anderes Gemüse. Die folgenden Ideen zeigen dir, wie kreativ du dein Hochbeet erweitern kannst.

Kürbis in der Hängematte

Ein stabiles Gerüst aus Holz und Schnüren befördert Tomaten und Kürbisse nach oben. Das Zwiebelnetz verhindert, dass der schwere Kürbis abreißt und nach unten plumpst.

Transportpalette als Melonensteg

Nach der Anlieferung eines Stapels voller Bücher wurde die Palette kurzerhand zur Aufstiegshilfe für Melonen umgerüstet. Die Melonentriebe brauchen allerdings Anleitung, da ihre zarten Ranken die breiten Latten nicht umfassen können.

Ranknetze

Die zarten Erbsenranken brauchen ein ebenso zartes Gerüst, um nach oben klettern zu können. Stelle ihnen ein Ranknetz, z. B. aus Jute, einen Maschendrahtzaun oder ein selbstgeflochtenes Netz aus Schnüren oder Drähten zur Verfügung.

Pflanzenstäbe

Pflanzenstäbe verwendest du vorwiegend zum Emporranken von Stangenbohnen oder Anbinden von Tomaten, Paprika oder Physalis. Die Pflanzenstäbe müssen stabil und ausreichend lang sein, denn im weichen Hochbeet sinken sie weiter nach unten als im vergleichsweise festeren Gartenboden.

Nicht nur hübsch, sondern praktisch sind gebogene Pflanzenstäbe: Hänge darauf kleine Töpfe oder Pflanzschalen.

Rankgitter

Drahtgitter, entlang der Hauswand montiert oder direkt ins Hochbeet gesteckt, sind die perfekte Kletterhilfe für selbst rankende Pflanzen. Im Ziegelhochbeet klettern Gurken entlang der Hauswand nach oben – darüber gibt's in der Regenrinne auch noch Platz für weiteres Gemüse. Direkt im Hochbeet ranken Erbsen das Gitter hinauf.

Schlossgarten-Feeling mit dem Hochbeet-Tunnel

Zugegeben, das klappt nur, wenn du mindestens 2 Hochbeete dein Eigen nennst – und diese im entsprechenden Abstand aufstellst. Das sind etwa 80–100 cm, damit du gemütlich zwischen den beiden Hochbeeten durchgehen kannst. Ein einfaches Gerüst aus Holz und Draht oder ein geschmiedeter Rosenbogen verbindet die beiden Hochbeete. Berankt mit allerlei kletterndem Gemüse wird dein Garten gleich zu einem Schlossgärtchen.

ERNTE RUND UMS HOCHBEET

Dein Hochbeet ist schon voll bepflanzt, aber rundherum ist noch Platz – am Boden oder entlang der Hochbeet-Wand. Eins solltest du sicherstellen: einen Zugang zum Hochbeet, damit du zwischen dem ganzen Pflanzen- und Topfgewusel noch zu deiner Ernte kommst.

Ein Hochbeet und jede Menge rundherum. Den Hochbeet-Zugang gibt's auf der Rückseite.

Verkehrte Palette

Ein Hochbeet aus Paletten ist günstig und schnell gebaut. Zeigen die Palettenfüße nach außen, erweiterst du die Anbaufläche. Schraube einfach eine Latte unter die Füße – und schon ergibt sich ein zusätzliches (Blumen-)Beet.

Extra Anbaufläche in Blumenkistchen und Co.

Zusatzplatz für flachwurzelndes Gemüse schaffst du mit verschiedenen Blumenkästen entlang der Hochbeet-Wand. Montiere einfach ein paar Schrauben, hänge den Blumenkasten auf und schon geht's ans Bepflanzen.

Pflanzenampeln

Sie passen überall hin – entweder auf einer Stange übers Hochbeet gehängt oder seitlich. In die Ampel dürfen Pflanzen, die nach unten wachsen, z. B. Hänge-Rosmarin, Erdbeeren oder Kapuzinerkresse.

Pflanztaschen

Pflanztaschen sind eine einfache Möglichkeit, dein Hochbeet zu erweitern, und darüber hinaus noch hübsch anzusehen. Pflanztaschen bieten viel Wurzelraum und eignen sich daher auch für anspruchsvolles Gemüse oder für Gemüse und Kräuter, die nicht ins Hochbeet dürfen, aber im Küchengarten nicht fehlen sollten. In der roten Pflanztasche wächst Liebstöckel.

Genialer Wäscheständer

Dass ein Wäscheständer zu mehr als dem Wäschetrocknen dient, zeigt diese geniale Idee. Er wird einfach zu einer Hochbeet-Erweiterung für wuchernde Gurken.

ALLE JAHRE WIEDER: 12 THEMENHOCHBEETE FÜR LANGZEIT-GÄRTNER*INNEN

Du willst sofort loslegen und möglichst bald aus deinem Hochbeet ernten? Dann bist du hier genau richtig! Wähle aus 12 abwechslungsreichen Themenbeeten zum einfachen Nachpflanzen.

Je nach Jahreszeit und „Betriebsalter“ deines Hochbeets findest du garantiert das passende Beet. Und natürlich für deine Küche, denn in den Themenbeeten fehlt (fast) kein Gemüse oder Kraut – probier dich durchs Tex-Mex-Hochbeet oder bau super-flink Vitamine fürs Frühjahr an, verkoste dich durch Wintergemüse oder nutze einen Schattenplatz in deinem Garten, um sonnenscheue Gemüsesorten anzubauen.

Wähle je nach Jahreszeit eine Vor-, Haupt- oder Nachkultur. Du kannst die verschiedenen Themenbeete im Verlauf eines Jahres auch miteinander kombinieren. Dazu findest du bei jedem Hauptkultur-Themenbeet Hinweise auf die passenden Vor- und Nachkulturen.

Auch das Alter deines Hochbeets spielt eine Rolle, denn nicht jedes Gemüse passt ins frisch befüllte Hochbeet oder umgekehrt in ein in die Jahre gekommenes, bereits öfter bepflanztes Hochbeet. Darum gibt es für jede Hochbeet-Lebensphase eines oder mehrere passende Themenbeete, damit sich deine Pflanzen möglichst wohlfühlen. Die Empfehlungen findest du direkt bei den Themenbeeten.

Alle Themenbeete sind für das gängigste Hochbeetmaß von 200 × 100 cm geplant. Dein Hochbeet ist größer oder kleiner? Dann baue eine Reihe einfach doppelt an oder lasse das Gemüse weg, das dir am wenigsten zusagt.

Du hast dich für ein Themenbeet entschieden, möchtest aber eine Zutat austauschen? Kein Problem: Baue einfach deine Lieblingspflanze aus diesem Beet auch in der Austauschreihe an oder wähle passende Pflanzpartner aus der Mischkultur-Tabelle auf Seite 73.

Jetzt geht’s aber los. Zur besseren Orientierung findest du gleich hier einen Überblick über alle 12 Themenbeete für viele Hochbeet-Jahre.

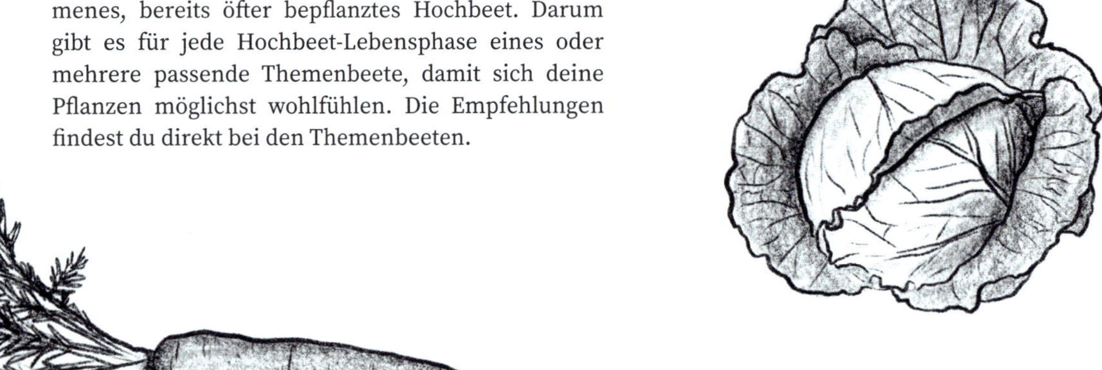

VORKULTUR-BEETE

HAUPTKULTUR-BEETE

NACHKULTUR-BEETE

KRÄUTER-BEET

INSEKTEN-LIEBLINGS-BEET

DAS SOFORT-LOSERNTEN-HOCHBEET

So wenig und gleichzeitig zu viel Zeit ist zwischen den letzten Wintertagen und dem Anbaustart vieler Gemüsearten. Mit den Pflanzen im „Sofort-losernten-Hochbeet" nutzt du dieses kurze Zeitfenster und freust du dich schon zeitig im Jahr über eine erste Ernte.

Bevor es losgeht:

Das Sofort-losernten-Hochbeet ist eine Vorkultur, die Ernte erfolgt also schon zeitig im Jahr. Danach steht deine Hochbeet-Pforte weit offen für so gut wie alle Hauptkulturen. Wähle einfach unter folgenden Themenbeeten aus:

- das Ab-in-die-Bowl-Hochbeet (Seite 186),
- das Süße-Früchtchen-Hochbeet (Seite 170),
- das Tex-Mex-Hochbeet (Seite 142),
- das One-Pot-Suppe-oder-Eintopf-Hochbeet (Seite 178)
- oder das Rund-ums-Mittelmeer-Hochbeet (Seite 150).

Als Vorkultur für den Nachbau ab Mitte/ Ende April

Das kommt ins Sofort-losernten-Hochbeet:

Februar/Anfang März

Als Samen:

- **Radieschen** ‚Eiszapfen' oder ‚Rudi';
- **Spinat:** z. B. ‚Butterflay', ‚Matador';
- **Pflücksalat-Mischung:** z. B. Salatmischung ‚Misticanza', Salatmischung ‚Mesclun' oder gemischt aus frühen Sorten: z. B. ‚Veneziamer', ‚Lattughino riccio lollo', ‚Lollo bionda', ‚Lollo rossa', ‚Salad Bowl';
- **Rucola;**
- **Gartenmelde** (rot, grün oder gemischt);
- **Gartenkresse;**
- **Asia-Gemüse ‚Mizuna';**
- **Asia-Gemüse ‚Rouge metis'**

Als Jungpflanzen:

- **4 × Kopfsalat ‚Larissa'**

VORBEREITUNGEN

Du unterstützt die zeitig ausgebrachten Samen und Jungpflanzen, indem du schon einige Tage vor dem Anbau für mehr Wärme im Hochbeet sorgst. Gib 1–2 Säcke frische Bio-Erde ins Hochbeet und decke sie mit einem schwarzen Mulchvlies ab. Setze danach einen Frühbeet-Aufsatz auf das Hochbeet. Schon wenige Sonnenstunden sorgen für wohlige Wärme im Hochbeet, durch den Frühbeet-Aufsatz entweicht die warme Luft kaum. Zusätzlich erwärmt sich die Erde unter dem schwarzen Mulchvlies. Selbst wenn rundum noch Schnee liegt, kannst du mit dem Anbauen beginnen.

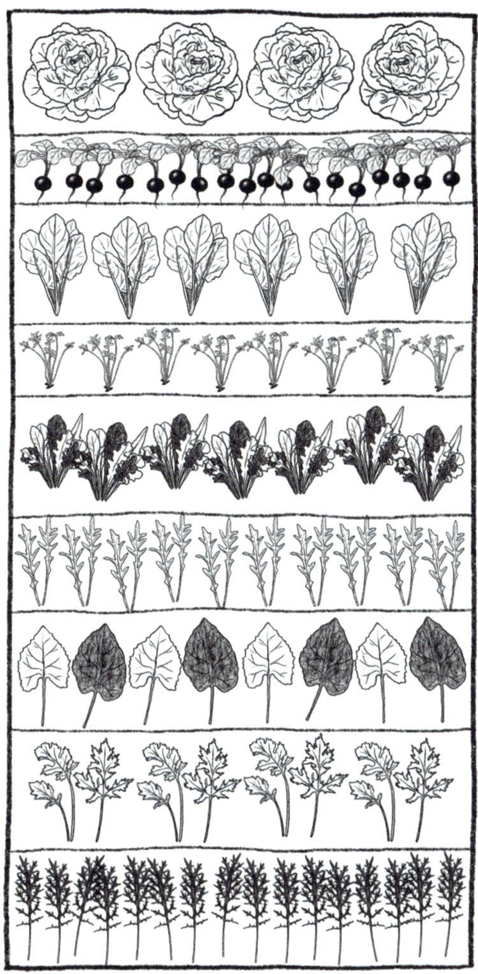

Pflanzabstände:

Kopfsalat ‚Larissa‘: 1 Reihe, 25 cm breit
Radieschen: 1 Reihe, 15 cm breit, in der Reihe 2–3 cm Abstand
Spinat: 1 Reihe, 25 cm breit, in der Reihe 2–3 cm Abstand
Kresse: 1 Reihe, 15 cm breit, reihig säen
Bunter Pflücksalat: 1 Reihe, 25 cm breit, reihig säen
Rucola: 1 Reihe, 20 cm breit, reihig säen
Gartenmelde: 1 Reihe, 25 cm breit, reihig säen
Asia-Gemüse ‚Mizuna‘: 1 Reihe, 25 cm breit, reihig säen
Asia-Gemüse ‚Rouge metis‘: 1 Reihe, 25 cm breit, reihig säen

Tipp:

So einfach gelingt der Wärmetest: Lege das Mulchvlies zur Seite und befühle die Erde mit der Hand. Fühlt sie sich angenehm warm an, ist dein Hochbeet bereit für den Anbau.

STARTSCHUSS FÜR DAS SOFORT-LOSERNTEN-HOCHBEET

Bepflanze dein Hochbeet zwischen **Anfang/Mitte Februar bis Anfang März**. Der Anbauzeitpunkt hängt vorwiegend von der Witterung ab. Warme, sonnige Wintertage erwärmen dein Hochbeet rasch und sorgen unter einem Frühbeet-Aufsatz für ausreichende Keimtemperaturen.

Beginne mit 4 vorgezogenen Jungpflanzen vom **Kopfsalat ‚Larissa‘** und setze diese gleichmäßig verteilt in eine 25 cm breite Reihe.
Säe in die nächste 15 cm breite Reihe alle 2–3 cm **Radieschen** ca. 1 cm tief aus. Daneben kommt **Spinat**, alle 2–3 cm ein Samenkorn in 1 cm Tiefe (Reihenbreite 25 cm), gefolgt von **Kresse** (Reihe mit 15 cm) und **Pflücksalat** (Reihenbreite 25 cm) und **Rucola** (Reihe mit 20 cm). Kresse und Pflücksalat sind Lichtkeimer, säe sie dünn aus und bedecke sie nur ganz leicht mit Erde. Streue anschließend die Samen von **Gartenmelde** und den beiden **Asia-Gemüse-Sorten ‚Mizuna‘** und **‚Rouge metis‘** in jeweils 25 cm breite Reihen etwa 0,5–1 cm tief in die Erde.

Gieße nach dem Anbauen alle Samen und die Jungpflanzen mit einem feinen Sprühstrahl gut an und schließe danach den Frühbeet-Aufsatz.

DU WILLST JUNGPFLANZEN SELBST VORZIEHEN? SO GEHT'S:

Du setzt den Kopfsalat ‚Larissa‘ bereits als Jungpflanze ein, damit er rechtzeitig – vor dem Wechsel zur Hauptkultur – bereit zum Ernten ist. Säe bereits Mitte Januar jeweils 2–3 Samen in 4 kleine Anzuchtgefäße. Verwende für die Anzucht magere Aussaaterde.

Stülpe nach dem Gießen Tiefkühlsäckchen über die Töpfe und stelle sie an einen warmen Platz, z. B. auf die Fensterbank über einen Heizkörper. Nach einigen Tagen sprießen die ersten Keimlinge aus der Erde.

Achtung:

Beobachte deine Pflänzchen, damit sie im feucht-warmen Mikroklima nicht verschimmeln.
Abhilfe: Entferne die Tiefkühlsäckchen, wenn sich an ihrer Innenseite Wassertropfen bilden. Die Pflanzen trocknen ab, anschließend kannst du die Gefrierbeutel-Hauben wieder darüberstülpen.

Vereinzle 2–3 Wochen nach dem Keimen die Pflanzen, es soll nur mehr 1 Salat je Topf übrig bleiben.

ETWAS STARTDÜNGER GEFÄLLIG?

Das Gemüse im Sofort-losernten-Hochbeet braucht keinen Startdünger – im Gegenteil: Mist oder Zusatzdünger sind zu scharf für die zarten Keimlinge, die Pflänzchen würden verbrennen und umfallen. Lasse Tiermist, frischen Kompost und Co. beiseite – etwas frische Bio-Erde reicht vollkommen.

DIESE GEMÜSE WERFEN SELBST FRISCHE TEMPERATUREN NICHT AUS DEM BEET

Anders als bei vielen Hauptkulturen, bei denen du die Sorten vorwiegend nach deinem Geschmack auswählst, brauchst du für den frühen Anbau Gemüsearten und -sorten mit folgenden Eigenschaften: Sie müssen bei niedrigen Temperaturen keimen und wachsen, sie sollten rasch Blattmasse entwickeln und eine Toleranz bzw. Vorliebe für kurze Tage haben. Und natürlich sollen sie dir schmecken.

Die **Sorte ‚Larissa‘** ist die früheste Kopfsalatsorte und darf schon ab Anfang Februar ins Freie, während die anderen Kopfsalat-Sorten erst ab Anfang/Mitte März gepflanzt werden. ‚Larissa‘ bildet in kurzer Zeit gut geschlossene, schwere Salatköpfe.

Raschwüchsig und gut geeignet für den frühen Anbau sind auch **Radieschen**, besonders gut klappt es mit den Sorten ‚Eiszapfen‘ und ‚Rudi‘. Der Radieschen-Anbau gestaltet sich im zeitigen Frühjahr und im Herbst sogar einfacher als in den späteren Frühlings- und Sommermonaten, denn Radieschen beginnen als typische Langtagpflanzen (Seite 64) schon sehr früh zu blühen. Radieschen sind ein willkommener erster Frühlingssnack. Sie passen gut in Scheiben geschnitten oder gewürfelt in Salate, aufs Brot oder in Aufstriche. Die Sorte ‚Eiszapfen‘ ist besonders gut zum Kochen geeignet, sie wird dadurch milder im Geschmack und ergibt ein köstliches Beilagengemüse. Radieschen sind voller Mineralstoffe, Vitamine und Senfölglykoside, die für den scharfen Geschmack verantwortlich sind.

Die frühere Annahme, dass **Spinat** extrem viel Eisen enthält, beruht auf einem Rechenfehler. Die in getrockneten Blättern enthaltene Eisenmenge wurde irrtümlicherweise für frischen Spinat angegeben, und schon geisterte jahrzehntelang der 10-fache Eisengehalt durch Wissenschaft und Literatur. Sogar die Zeichentrickserie Popeye nahm sich des Spinatthemas an und motivierte vorwiegend Eltern, ihren Kindern regelmäßig Spinat zu offerieren. Nichtsdestotrotz ist Spinat gesund und der Eisengehalt mit 3,5 mg/100 g dennoch beträchtlich. Dazu kommt viel Vitamin C, das die Aufnahme von Eisen erhöht.

Wie bei Kopfsalat ist auch bei **Pflücksalat** die Auswahl der Sorten für den frühen Ernteerfolg entscheidend. Hier gibt es jedoch mehrere Sorten, die du für den frühen Anbau verwendet kannst: entweder als fertige Samenmischungen, oder du kombinierst selbst geeignete Sorten (Empfehlungen findest du auf Seite 79).

Kresse und **Rucola** gedeihen unter allen Gemüsearten am schnellsten – die Spanne vom Anbau bis zur ersten Ernte liegt bei 3–4 Wochen (Kresse) bzw. 4–6 Wochen (Rucola). Bei beiden verursachen Senfölglykoside den scharf-würzigen Geschmack, der Inhaltstoff hat auch viele gesundheitliche Vorteile. Er stärkt das Immunsystem und wirkt entzündungshemmend. Die Natur hatte jedoch eine andere Idee: Senfölglykoside sollen Fressfeinde abwehren.

Die **Gartenmelde** war in heimischen Gärten die „Vorgängerin" von Spinat, der sie ab dem späten Mittelalter immer mehr verdrängte. Schade, denn die Gartenmelde ist anspruchslos, wüchsig und milder im Geschmack. Es gibt rote, hell- und dunkelgrüne Sorten, die es einzeln oder als Samenmischungen zu kaufen gibt. Melde enthält viel Vitamin C, Kalzium und Eisen und im Vergleich zu Spinat weniger Oxalsäure, was sie insgesamt verträglicher macht. Junge Meldeblätter passen gut in bunte Mischsalate, gekocht oder gedünstet ergeben sie ein schmackhaftes Gemüse.

‚Mizuna' und **‚Rouge metis'** gehören unter dem asiatischen Blattgemüse zu den am schnellsten wachsenden Sorten. Die zart gefiederten Blätter sind dunkelgrün (‚Mizuna') oder weinrot (‚Rouge metis') und verfügen über ein mild-würziges Senfaroma. Das Asia-Gemüse ist nicht nur gesund, sondern auch vielfältig in der Zubereitung, z. B. als Salat, im Wok gedünstet, als Füllung für Pfannkuchen oder in Suppen.

AUF DER ZIELGERADEN: LASS DEIN SOFORT-LOSERNTEN-HOCHBEET WACHSEN UND GEDEIHEN

Mit ein wenig Unterstützung wachsen die frühen Salate und Co. tatsächlich super-flink.

Kälteschutz

Schon zwischen 3 und 6 °C genügen, damit die Samen im Hochbeet keimen. Hochbeet und Befüllung bieten eine Grundwärme, der Frühbeet-Aufsatz sorgt darüber hinaus für konstante und ausgeglichene Tag-Nacht-Temperaturen. Zusätzlich schützt du dein Gemüse mit einer doppelten Abdeckung vor Frosteinbrüchen: Lege ein Vlies über die Pflanzen, darüber kommt der geschlossene Frühbeet-Aufsatz. Es entstehen getrennte Lufträume, die als Wärmedämmung wirken. Halte den Frühbeet-Aufsatz in der Nacht immer geschlossen.

Mulche rund um die Pflanzen, sobald sie gekeimt haben und etwas gewachsen sind. Der Mulch schützt nicht nur vor Frost, sondern verhindert auch das Durchfrieren der Erde.

Lüften

Vliese und Frühbeet-Aufsatz schützen vor Kälte und sorgen für ein wüchsiges, feucht-warmes Klima im Hochbeet. Nachteil: Die Gefahr von Schimmelbildung steigt. Lüfte daher regelmäßig, sobald es die Temperaturen ermöglichen.

> ***Tipp:***
>
> Als Faustregel gilt: Unter 4 °C bleibt der Frühbeet-Aufsatz geschlossen, darüber musst du lüften.

Die Sonne strahlt vom Himmel und es ist richtig warm. Lasse ab 10 °C und mehr den Frühbeet-Aufsatz tagsüber geöffnet. Denn darunter beginnt es zu „kochen", deinem Gemüse wird zu heiß, die Blätter verbrennen. Vergiss nicht, den Frühbeet-Aufsatz am Abend wieder zu schließen.

Vereinzeln

Dünne zu eng stehenden Radieschen aus, sonst können sie keine ordentlichen Knollen oder Zapfen bilden. Alle anderen Gemüsearten lichtest du direkt bei der Ernte aus – lies dazu mehr im Abschnitt „Ab ins Finale: Auf die Plätze, Ernte, los" auf der nächsten Seite!

Gießen

Gemüse braucht das Lebenselixier Wasser zu jeder Jahreszeit – auch bei kalten Außentemperaturen im Winter und zeitigen Frühjahr. Nach dem Anbauen hast du die Pflanzen gründlich gegossen. Der geschlossene Frühbeet-Aufsatz sorgt dafür, dass die Feuchtigkeit lange im Hochbeet bleibt und den Pflanzen zur Verfügung steht. Von Erde oder Blättern verdunstetes Wasser kondensiert am Frühbeet-Deckel und tropft wieder zu Boden. An heißen Tagen, durch Ritzen und Spalten und schließlich durch das Pflanzenwachstum selbst, geht dennoch Flüssigkeit aus dem Kreislauf verloren. Ein sicheres Indiz für Trockenheit ist, wenn die oberste Erdschicht im Hochbeet zu trocknen beginnt – es ist Zeit fürs Gießen, sonst erwarten dich statt frischer, grüner Frühlingssalate trockene, zähe Blätter und holzige Radieschen.

Spezielle Zuwendung

Radieschen, Rucola, Gartenkresse, ‚Mizuna' und ‚Rouge metis' gehören zur Familie der Kohlgewächse und sind daher beliebte „Opfer" von Erdflöhen, die bereits ab März auftreten können. Wenn, dann kommen sie in Scharen und fressen viele kleine Löcher in die Blätter. Vorbeugend schützt du dein Gemüse mit einem Insektenschutznetz oder Vlies, das du auch als Kälteschutz verwendest. Mit regelmäßigem Hacken, Gießen und dem Stäuben von Gesteinsmehl vertreibst du die Erdflöhe wieder.

Erste Salate sind ein Gourmetmenü für Schnecken. Auch wenn du sie aus dem Hochbeet relativ gut aussperren kannst, verirren sich manchmal doch einige Schnecken oder Schneckeneier (z. B. über Kompost, Laub …) zu deinen Pflanzen. Sei also auf der Hut, denn junge Keimlinge sind ratzfatz über Nacht aufgefressen. Die beste Vorbeugung ist regelmäßige Kontrolle auf kleine Mini-Schnecken, Eigelege oder Schleimspuren. Und dann hilft nur mehr: Schnecken sammeln.

AB INS FINALE: AUF DIE PLÄTZE, ERNTE, LOS!

Der Erntezeitraum startet etwa Mitte März und zieht sich bis Mitte Mai. Wenn du dein Hochbeet schon Anfang/Mitte April für die Folgekulturen frei brauchst, kannst du das Gemüse natürlich schon vorher abernten.

Bereits 3–4 Wochen nach der Aussaat beginnt die Ernte von **Gartenkresse**. Schneide die jungen Triebe und Blättchen entweder ganz ab oder nur einzelne Blätter – dann treibt die Kresse wieder nach. Etwa 4–6 Wochen nach der Aussaat folgen **Rucola** und **Radieschen**. Radieschen ziehst du nach Bedarf einzeln aus der Erde, wenn du Rucola nicht zu tief schneidest, wächst er nochmal nach.

Das restliche Gemüse schließt fast zeitgleich mit ersten zarten Blättern an. Wenn du etwas mehr Zeit hast, fällt die Ernte höher aus, da sich die Pflanzen kräftiger entwickeln konnten.

Ernte **Spinat, Pflücksalat, ‚Mizuna'** und ‚**Rouge metis'** immer blattweise von außen, ausgehend vom Vegetationskegel treibt das Gemüse nach. Zupfe von **Gartenmelde** einzelne Blätter oder schneide ganze, noch junge Triebe mit 6–8 Blättern ab.

Da hast du den Salat:

Bunte Mischsalate aus verschiedenfarbigen Blättern sind nicht nur hübsch anzusehen, sondern auch abwechslungsreich, gesund und beliebt. Die Salate mit den zarten Blättern nennt man Baby-Leaf-Salate. Sie sind eine Mischung verschiedener Gemüsearten und -Sorten – aus deinem Hochbeet kannst du sie nach Lust und Laune selbst komponieren.

6–8 Wochen nach der Pflanzung ist schließlich der **Kopfsalat ‚Larissa'** fertig. Trenne die einzelnen Köpfe mit einem scharfen Messer vom Strunk.

Tipp:

Ernten und Vereinzeln geht auch gleichzeitig. Zupfe einfach zu dicht stehende Pflänzchen aus, entferne die Wurzeln – und ab in die Salatschüssel.

DAS BUNTE-FRÜHLINGSVITAMINE-HOCHBEET

Genug von Suppen und Eintöpfen? Mit den ersten Sonnenstrahlen im Frühling steigt die Lust auf frische Salate, knackiges Knabbergemüse und insgesamt mehr Grünzeug. Mit diesen Pflanzen holst du dir all das vom Hochbeet direkt ins Haus – Vitaminkick inklusive.

Bevor es losgeht:

Das Bunte-Frühlingvitamine-Hochbeet ist eine Vorkultur, du erntest zwischen Mitte April und Mitte Mai. Danach ist Platz für folgende Themenbeete:

- das Süße-Früchtchen-Hochbeet (Seite 170),
- das One-Pot-Suppe-oder-Eintopf-Hochbeet (Seite 178)
- oder das Rund-ums-Mittelmeer-Hochbeet (Seite 150).

Als Vorkultur für den Nachbau ab Ende April/Mitte Mai

Das kommt ins Bunte-Frühlingsvitamine-Hochbeet:

Ende Februar/Mitte März

Als Samen:

- **Stielmus** ‚Namenia';
- **Pflücksalat:** z. B. ‚Till', ‚Catalogna', ‚Salad Bowl', ‚Red Salad Bowl', ‚Cocarde', ‚Vittaly', ‚Lollo rossa';
- **Radieschen:** z. B. ‚Sora', ‚Cherry Belle', ‚French Breakfast' (rot), ‚Zlata' (gelb), ‚Viola' (violett), ‚Albena' (weiß);
- **Rettich:** z. B. ‚Ostergruß rosa 2' (rosa), ‚Red Meat' (außen weiß, innen rot), ‚Runder weißer', ‚Rex' (weiß);
- **Asia-Gemüse ‚Oriental Mix'**

Als Samen oder Jungpflanzen:

- **4 × Romanasalat:** z. B. ‚Forellenschluss', ‚Toya', ‚Valmaine', ‚Rosha';
- **4 × Eisbergsalat:** z. B. ‚Grazer Krauthäuptel 2', ‚Mythos', ‚Great Lakes 118', ‚Maravilla de Verano';
- **4 × Kopfsalat:** z. B. ‚Maikönig', ‚Attraktion', ‚Murielle', ‚Merveille des quatre saisons', ‚Roter Butterhäuptl'.

Die Mengenangaben gelten nur beim Anbau als Jungpflanze.

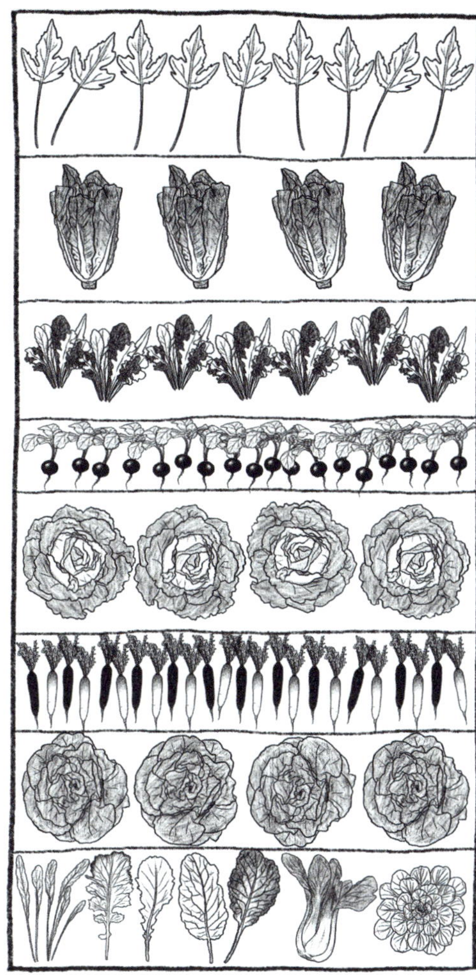

Pflanzabstände:
Stielmus: 1 Reihe, 30 cm breit, dicht säen
Romanasalat: 1 Reihe, 30 cm breit
Bunter Pflücksalat: 1 Reihe, 25 cm breit, reihig säen
Radieschen: 1 Reihe, 15 cm breit, in der Reihe 2–3 cm Abstand
Eisbergsalat: 1 Reihe, 30 cm breit, 4 Stück
Rettich: 1 Reihe, 20 cm breit, in der Reihe 10 cm Abstand
Kopfsalat: 1 Reihe, 25 cm breit, 4 Stück
Asia-Gemüse ‚Oriental Mix': 1 Reihe, 25 cm breit, reihig säen

VORBEREITUNGEN

Fülle etwas frische Bio-Erde ins Hochbeet, verzichte aber auf frischen Kompost oder Mist, denn alle angebauten Pflanzen sind Mittel- bis Schwachzehrer. Für mehr Wärme im Hochbeet sorgst du mit einem Frühbeet-Aufsatz und zusätzlich einem schwarzen Mulchvlies, das du einige Tage vor der Aussaat/dem Anbau im Hochbeet auf die Erde legst.

STARTSCHUSS FÜR DAS BUNTE-FRÜHLINGSVITAMINE-HOCHBEET

Beginne je nach Witterung zwischen Ende Februar und Mitte März mit der Bepflanzung.

Stielmus macht den Anfang. Je nachdem, ob du lieber Stiele samt Blättern oder nur die Stiele ernten willst, werden die Samen sehr eng oder etwas voneinander entfernt ins Hochbeet gesät. Streue die Samen für die Ernte von Stielen samt Blättern dicht an dicht auf einen ca. 5–7 cm breiten Streifen in die Mitte der 30 cm breiten Reihe. Für die ausschließliche Stielernte säst du in der Mitte der Reihe die Samen in einem Abstand von 1–2 cm aus. Die Saattiefe beträgt jeweils 0,5–1 cm.

In die nächste 30 cm breite Reihe kommen 4 Jungpflanzen **Romanasalat** oder alternativ je 3–4 Samen im Abstand von 25 cm. Verfahre ebenso mit **Eisbergsalat** (Reihenbreite 30 cm) und **Kopfsalat** (Reihenbreite 25 cm). Du setzt die Salate also entweder als Jungpflanzen oder säst Samen, die du später vereinzelst.

Säe anschließend an Romanasalat die **Pflücksalat**-Samen sehr fein aus, ihre Reihe ist 25 cm breit. Alle Salate sind Lichtkeimer, bedecke sie nur mit ganz wenig Erde, gerade so viel, dass der Wind sie nicht davonträgt.

Auf Pflücksalat folgen **Radieschen**samen im Abstand von je 2–3 cm (Reihenbreite 15 cm, Saattiefe 0,5–1 cm). Entscheide dich entweder für eine Sorte oder mische unterschiedliche Sorten, dann erntest du später einen bunten Mix aus roten, gelben, violetten und weißen Radieschen.

Rettich kommt zwischen Eisbergsalat und Kopfsalat in eine 20 cm breite Reihe. Lege alle 10 cm je 2 Samenkörner in 1 cm Tiefe. Den Abschluss macht das **Asia-Gemüse ‚Oriental Mix'**, seine Samen säst du ebenso in ca. 0,5–1cm Tiefe (Reihenbreite 25 cm) neben den Kopfsalat und bedeckst sie danach mit Erde.

Tipp:

Wie dir auch die Skizze zeigt, wechseln sich Salate und Gemüse aus der Kohlfamilie (Stielmus, Radieschen, Rettich, Asia-Gemüse) ab – Pflanzen aus der gleichen Pflanzenfamilie stehen nie direkt beieinander. Behalte diese Reihenfolge ein, denn so verwirrst du Schädlinge und verhinderst, dass sich das Gemüse gegenseitig negativ beeinflusst.

DU WILLST JUNGPFLANZEN SELBST VORZIEHEN? SO GEHT'S:

Jungpflanzen von Romana-, Kopf- und Eisbergsalat haben gegenüber ins Hochbeet gesäten Pflanzen einen Wachstumsvorsprung, sie werden größer und bilden bis zur Ernte gefülltere Köpfe. Säe je benötigter Jungpflanze Anfang Februar 2–3 Samen in einen Topf, ein Upcycling-Gefäß oder eine Anzuchtschale, gieße vorsichtig und stülpe ein Tiefkühlsäckchen oder eine Anzuchthaube darüber. Stelle die Gefäße an einen warmen, hellen Ort und halte die Erde immer feucht. Vereinzle die Pflanzen, sobald sie einige Blätter zeigen. Die jeweils kräftigsten Pflänzchen dürfen später ins Hochbeet ziehen.

ETWAS STARTDÜNGER GEFÄLLIG?

Startdünger ist nicht notwendig, er würde den jungen Pflanzen und Keimlingen sogar schaden. Der Überschuss an Nährstoffen verbrennt die zarten Pflanzen, lässt sie zu schnell in die Höhe schießen, schließlich fallen sie um. Versorge erst nach der Ernte die folgenden Hauptkulturen je nach Bedarf mit Dünger.

FRÜHLINGSVITAMINE, LET'S GO!

Eines steht fest: Je farbenfroher du dein Hochbeet bepflanzt, desto besser. Dadurch kommen verschiedenste Nährstoffe auf deinen Teller, denn die Farbe von Gemüse wird durch seine Inhaltsstoffe bestimmt. In gelben oder orangen Früchten ist viel Betacarotin – eine Vorstufe von Vitamin A – enthalten. Rotes oder violettes Gemüse beinhaltet Anthocyane, ein Stoff, der freie Radikale „einfängt" und vor Krankheiten schützt. Die grüne Farbe von Salat und Co. wird durch Chlorophyll, also das Blattgrün, hervorgerufen. Ein zentraler Bestandteil von Chlorophyll ist Magnesium – ein Mineralstoff, der für Herz-Kreislaufsystem und Muskeln von zentraler Bedeutung ist. In weißem Gemüse findest du wiederum viel Vitamin C, reichlich Kalium und weitere sekundäre Inhaltsstoffe wie z. B. Senföle, die typisch für alle Gemüsearten aus der Kohlfamilie sind.

Mit der Auswahl der Sorten von Salat, Radieschen und Co. gelingt dir im Bunte-Frühlingsvitamine-Hochbeet ein leuchtendes Farbenspiel.

In der Farbe ist **Stielmus** klassisch grün, umso interessanter ist dafür seine Verwendung. Während das Gemüse in den östlichen und südlichen Regionen des deutschsprachigen Raums recht unbekannt ist, wird es im Rheinland und den Niederlanden schon seit Jahrhunderten angebaut. Etwas mehr über seine botanische Herkunft verrät der zweite Name von Stielmus, nämlich Rübstiel. Stielmus ist eine Variante der Speiserübe, wie z. B. Mairübe oder Herbstrübe, allerdings mit kleineren Rüben und ausgeprägten Stielen und Blättern. Je nach Anbauweise ergibt sich eine unterschiedliche Anwendung. Säst du sehr dicht aus, erntest du zarte Stiele mitsamt Blättern. Säst du weiter, werden die Stiele lang und dick, ähnlich wie bei Stielmangold. Hier entfernst du das mittlerweile zähe Blattgrün, schneidest die Stiele in Stücke und bereitest sie z. B. gedünstet als Gemüsebeilage oder Eintopf zu. Stielmusblätter sind grün, der Stiel selbst grün-weiß. Als Kohlgewächs enthält Stielmus Senfölglykoside, die für den leicht scharfen Geschmack verantwortlich sind, dazu zahlreiche Antioxidantien, Provitamin A, Vitamin C, E und K, Eisen und Zink.

Dass du **Salat** roh verzehrst, hat aus Ernährungssicht Vorteile. Hitzeempfindliche Vitamine bleiben dadurch erhalten – und davon gibt es in Salat reichlich. Er enthält Vitamin C, Provitamin A, verschiedene B-Vitamine, dazu Magnesium, Kalium und Phosphor. Salate sind mehr als eintöniges Grün. Rote oder gesprenkelte Sorten wie ‚Lollo rossa', ‚Red Salad Bowl' (Pflücksalat), ‚Rosha', ‚Forellenschluss' (Romanasalat), ‚Merveille des quatre saisons', ‚Roter Butterhäuptl' (Kopfsalat) oder ‚Maravilla de Verano' (Eisbergsalat) sind nicht nur in der Salatschüssel hübsch anzusehen, sondern enthalten auch Anthocyane.

Eine Sonderstellung hat **Romanasalat**, denn als Kochsalat wird er auch als Gemüse zubereitet und schmeckt köstlich in Kombination mit Erbsen, Kartoffeln und je nach Geschmack Speck oder Wurst.

Auch **Radieschen** kommen in den unterschiedlichsten Farben vor. Es gibt gelbe, violette und weiße Züchtungen, mal in runder, mal in länglicher Form. Vom nahe verwandten **Rettich**, der klassisch als länglicher, weißer Kegel bekannt ist, gibt es außerdem kugelförmige und bunte Sorten, z. B. in Rosé und als besondere Spezialität die Sorte ‚Red Meat' – ein runder, weißer Rettich mit dunkelroter „Füllung". Diese asiatische Sorte wird tennisballgroß und schmeckt nussig-süß. Neben zahlreichen Vitaminen und Mineralstoffen enthalten Radieschen und Rettich antimikrobielle und entzündungshemmende sekundäre Pflanzeninhaltsstoffe, die auch für den Geschmack verantwortlich sind. Meist werden die scharfen Knollen und Wurzeln in Scheiben geschnitten und roh aufs Brot oder in den Salat gegeben, sie schmecken aber auch als gedünstetes oder gekochtes Gemüse hervorragend.

‚Oriental Mix' ist eine Mischung verschiedenfarbiger **Asia-Gemüse**-Sorten, z. B. ‚Pak Choi', ‚Grün im Schnee', ‚Red Giant', ‚Purple Wave' und einige mehr. Die Kombination aus milden und würzigeren Sorten verleiht Salaten, Wok-Gemüse oder Suppen eine besondere Note.

Sei bei der Auswahl von Farben und Sorten für dein Bunte-Frühlingsvitamine-Hochbeet ruhig experimentierfreudig, dein Mut wird mit einer tollen Ernte belohnt.

AUF DER ZIELGERADEN: LASS DEIN BUNTE-FRÜHLINGSVITAMINE-HOCHBEET WACHSEN UND GEDEIHEN

So hilfst du Salat, Rettich und Co.:

Kälteschutz

Da du zeitig im Jahr anbaust, förderst du mit einer Abdeckung, z. B. einem Vlies oder – noch effektiver – einem Frühbeet-Aufsatz das Wachstum deiner Pflanzen. Das Gemüse keimt nicht nur schneller, sondern bildet in kürzerer Zeit auch mehr Blattmasse.

Lüften

Lüfte regelmäßig, damit es rund um deine Pflanzen nicht zu feucht wird. Feuchtigkeit begünstigt Schimmelbildung.

Achtung vor Hitze und Verbrennungen:

An sonnigen, warmen Frühlingstagen wird es den Pflanzen speziell unter dem Frühbeet-Aufsatz rasch zu heiß, auf den Blättern entstehen Blasen und braune Flecken. Besonders Radieschen und Rettich leiden unter zu großer Hitze. Sie werden pelzig, holzig oder schossen, bevor sie ordentliche Knollen oder Wurzeln ausbilden. Abhilfe: Öffne ab etwa 10 °C den Deckel tagsüber vollständig und schließe ihn am Abend.

Vereinzeln

Da nicht jedes Samenkorn mit 100-prozentiger Sicherheit keimt, säst du als „Starthilfe" immer etwas mehr Samen in die Reihen als später Pflanzen Platz haben. Mit dem Vereinzeln verschaffst du den verbleibenden Pflanzen ausreichend Raum für ihre optimale Entwicklung – und dir die Ernte von großen und gesunden Köpfen oder Wurzeln.

NICHT vereinzelt wird Stielmus dann, wenn du die zarten Stiele samt Blättern ernten willst. Stielmus ist

damit eine der wenigen Pflanzen, bei denen dichter Anbau das Ernteergebnis begünstigt. Vereinzle Stielmus, wenn ausschließlich die Stiele dein Ernteziel sind. Lasse dazu etwa alle 4–5 cm ein Pflänzchen stehen.

Ziehe von Radieschen bereits sehr zeitig kleine Mini-Knollen aus der Erde, sodass schließlich alle 5 cm eine Pflanze stehen bleibt.

Tipp:

Die kleinen Mini-Knollen kannst du direkt wegsnacken.

Rettich vereinzelst du im 2-Stufen-Verfahren: Lasse zuerst alle 10 cm die kräftigere Pflanze stehen. Der zweite Schritt erfolgt, wenn die Wurzeln oder Knollen (je nach Wahl der Sorte) so weit entwickelt sind, dass es im Beet eng wird. Vereinzle dann so, dass die größeren Rettiche stehen bleiben und weiter genug Platz für ihre Entwicklung haben (je nach Sorte auf 15–20 cm). Wie bei den Radieschen ist deine Mini-Rettich-Ernte ein erster frischer Frühlingssnack.

Beim Vereinzeln von Pflücksalat und Asia-Gemüse verhält es sich ähnlich wie bei Stielmus. Willst du zarte, junge Baby-Leaf-Salate ernten, brauchst du nur sehr spärlich und extrem dichte Aussaaten vereinzeln. Willst du jedoch größere Blätter oder ganze Köpfe ernten, vereinzelst du so weit, dass die Pflanzen ausreichend Platz haben.

Tipp:

Die jungen, ausgezupften Blätter passen direkt in die Salatschüssel.

Wenn du dich bei Romana-, Eisberg- und Kopfsalat für die Aussaat entschieden hast, dann lasse etwa 2 Wochen nach dem Auflaufen alle 25 cm das jeweils kräftigste Pflänzchen stehen.

Gießen

Dein frühes Gemüse ist sehr durstig und Wassermangel führt rasch zu Mindererträgen und schlechter Pflanzenqualität. Salate bleiben bei Trockenheit klein, bilden keine Köpfe aus und schossen vorzeitig. Sind sie bereits weiter entwickelt und stehen dann einige Zeit trocken, werden ihre Blätter hart, ledrig und zäh. Starker Wassermangel führt zu Nekrosen, das sind absterbende Pflanzengewebe, vorwiegend an den Blatträndern. Radieschen und Rettiche reagieren bei Wassermangel mit pelzigen, holzigen oder hohlen Knollen und Wurzeln. Die luftgefüllten Hohlräume entstehen durch das Absterben von Zellen. Zudem sind Radieschen und Rettiche bei zu geringer Wasserversorgung sehr scharf.

Auch Stielmus und Asia-Gemüse brauchen ausreichend Wasser, damit Blätter und Stängel gut gedeihen.

Lasse dein Hochbeet daher nie austrocknen und gieße regelmäßig und durchdringend.

Spezielle Zuwendung

Radieschen werden oft als Einstiegsgemüse für Anfänger*innen angepriesen. Das stimmt so nicht, denn die kleinen runden Knollen haben es, was ihre Ansprüche an Pflege und Zuwendung betrifft, in sich. Sie sind ganz schöne Mimosen und es ist schwer, es ihnen recht zu machen. Radieschen brauchen viel Wasser, mögen aber keine Staunässe. Sie freuen sich über Kälteschutz, allerdings nicht zu lange und zu viel, denn es wird ihnen auch rasch zu heiß, dann werden ihre Blätter und Knollen blass. Sie mögen weder verdichteten noch zu lockeren Boden, zwar ausreichend organische Masse, aber nicht zu viel, denn sonst leiden sie unter Nährstoffüberschuss. Ist es zu kalt oder zu heiß, schießen sie. Zudem haben es zahlreiche Tierchen, wie Erdfloh oder Kohltriebrüssler, auf sie abgesehen – hier hilft ein Insektenschutznetz. Kurzum: Sei beim erstmaligen Anbau von Radieschen nicht enttäuscht, wenn du nicht sofort eine gute Ernte einfährst. Wenn es nicht gleich klappt, versuche es das nächste Mal mit einer anderen Sorte, denn jede reagiert anders auf deine speziellen regionalen Bedingungen wie Licht, Witterung, Temperaturen usw.

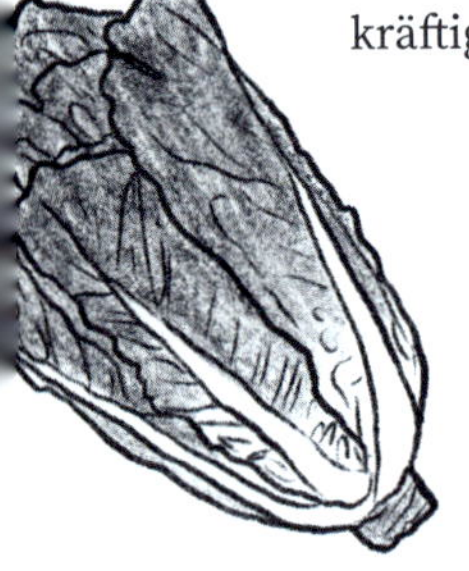

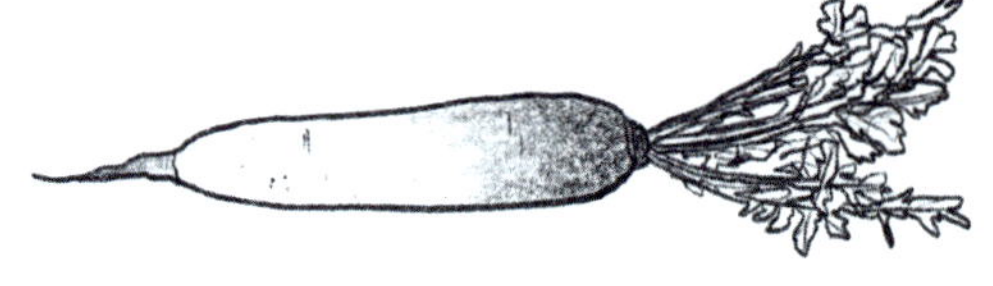

Rettich, als naher Verwandter von Radieschen, hat ähnliche Ansprüche, ist aber weniger mimosenhaft. Gemeinsam mit Stielmus und dem Asia-Gemüse ‚Oriental Mix' gehört er zu den Kohlgewächsen und ist daher dankbar für ein Insektenschutznetz, das unerwünschte Mitesser fernhält.

Salate brauchen einerseits viel Wasser, neigen aber andererseits bei feuchtem Boden dazu, ausgehend von den äußeren Blättern zu faulen. Die Fäulnis setzt sich bis zum Salatherz fort. Gefährdeter sind kopfbildende Arten, also Romana-, Eisberg- und Kopfsalat. Die beste Abhilfe ist schnell abtrocknender Mulch, idealerweise aus Stroh oder Miscanthus.

Tipp:

Lege den Mulch direkt nach dem Setzen unter und rund um die Salatpflänzchen.

Achtung:

Wie auch Radieschen und Rettich fühlt sich Salat nicht allzu lange unter einer Abdeckung wohl, er reagiert mit weichen Köpfen, Nekrosen und Fäulnis. Entferne Vlies oder Abdeckung daher an warmen Tagen.

AB INS FINALE: AUF DIE PLÄTZE, ERNTE, LOS!

Ungefähr 6 Wochen nach dem Anbauen beginnst du mit der Ernte von **Radieschen**, gefolgt von zarten Blättern von **Pflücksalat** und **Asia-Gemüse**. Ziehe Radieschen einzeln nach Bedarf aus der Erde, bei Pflücksalat und Asia-Gemüse zupfst du die äußeren Blätter ab (das Pflanzenherz bleibt stehen), damit die Pflanzen bis Mitte Mai stetig Ertrag liefern. Die Blatt-Stiel-Variante von **Stielmus** ist rasch fertig, schneide sie mit einer Schere etwa 5 cm über der Erde ab. 2–3 Wochen später ist eine zweite Ernte möglich.

Stielmus für die reine Stängelernte braucht etwas länger, etwa Ende April geht es los. Schneide entweder einzelne Stängel ab oder reiße die ganze Pflanze aus. Entblättere die Stängel, die Blätter kommen auf den Kompost oder als Mulchmaterial wieder ins Hochbeet. Die Wurzeln von Stielmus sind kleine, nicht sehr ausgeprägte Rüben, die essbar sind.

Romana-, Eisberg- und Kopfsalat erntest du im Ganzen, trenne den Salatkopf dafür mit einem scharfen Messer vom Strunk. Diese Salate erntest du zwischen Ende April bis Mitte Mai.

Auch die **Rettich**ernte beginnt Ende April, ziehe einfach die runden oder länglichen Knollen nach Bedarf aus der Erde.

Achtung:

Salate, Radieschen, Rettich und Asia-Gemüse sind Langtagpflanzen. Ernte sie rechtzeitig, sonst beginnen sie zu blühen und werden ungenießbar.

Ernte das Gemüse je nach Folgekultur bis Mitte/Ende Mai ab.

DAS TEX-MEX-HOCHBEET

Willkommen in deiner Mexik-O-ase: Hier wächst jede Menge Lebensfreude, denn Jalapeños, Tomatillos und Co. feiern eine fröhliche Fiesta der Aromen. Hol dir den Geschmack Mexikos direkt ins Hochbeet – olé!

Ab dem 1. Hochbeet-Jahr

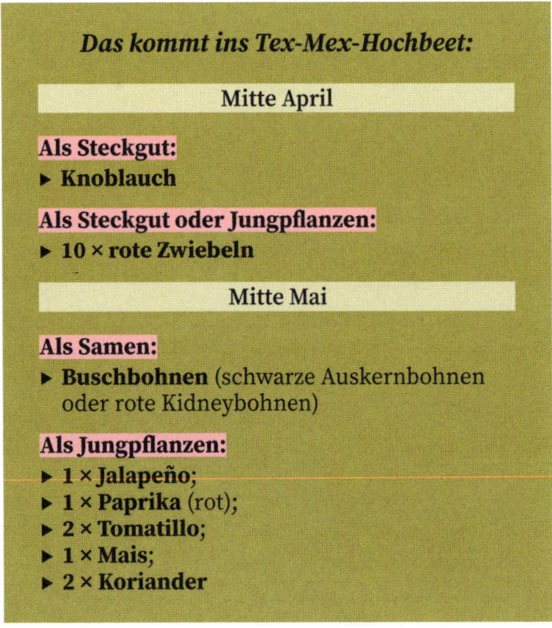

Das kommt ins Tex-Mex-Hochbeet:

Mitte April

Als Steckgut:
- **Knoblauch**

Als Steckgut oder Jungpflanzen:
- **10 × rote Zwiebeln**

Mitte Mai

Als Samen:
- **Buschbohnen** (schwarze Auskernbohnen oder rote Kidneybohnen)

Als Jungpflanzen:
- **1 × Jalapeño;**
- **1 × Paprika** (rot);
- **2 × Tomatillo;**
- **1 × Mais;**
- **2 × Koriander**

VORBEREITUNGEN

Tomatillos, Jalapeños, Paprika und Mais sind Starkzehrer und außerdem die Pflanzen mit dem meisten Platzbedarf im Tex-Mex-Hochbeet, daher brauchen sie auch ausreichend Nährstoffe. Fülle das Hochbeet ab dem 2. Jahr mit frischem Kompost und Bio-Erde auf, diese nährstoffliebenden Pflanzen haben aber auch abgelegten Tiermist zum Wachsen gern. Den Bohnen, Zwiebeln, Knoblauch und Koriander genügt hingegen etwas frische Bio-Erde. Diese Pflanzen sind Mittel- und Schwachzehrer.

STARTSCHUSS FÜR DAS TEX-MEX-HOCHBEET

Halte bereits im **April** eine ganze und eine halbe, je 20 cm breite Reihe in deinem Hochbeet frei. Die Reihen befinden sich jeweils am gegenüberliegenden Hochbeet-Ende – auf der Stirn- bzw. kurzen Seite, so wie auf der Skizze dargestellt. Dazwischen ist jede Menge Platz für Vorkulturen wie z. B. Salat, Radieschen oder Spinat, die du bereits im März angebaut hast.

Bevor es losgeht:

Als Vorkulturbeete vor dem Tex-Mex-Hochbeet eignen sich das
- Sofort-losernten-Hochbeet (Seite 130)
- und das Bunte-Frühlingsvitamine-Hochbeet (Seite 136) –

lass dafür einfach die erste und letzte Reihe frei.

Stecke Mitte April 5–6 **Knoblauch**zehen im Abstand von 8–10 cm in eine halbe Reihe. Die Zehen kommen ca. 5 cm tief in die Erde, mit dem Stielansatz – das ist die spitze Seite – nach oben. Nach unten zeigt der Wurzelansatz der Zehe, das ist der etwas abgeflachte Teil. Manchmal erkennst du sogar eine ganz kleine Wurzel.

Tipp:

Woher kommt das Knoblauch-Steckgut? Kaufe einfach eine Knolle Bio-Knoblauch und zerlege sie in einzelne Zehen – und voilà, schon kannst du sie anbauen.

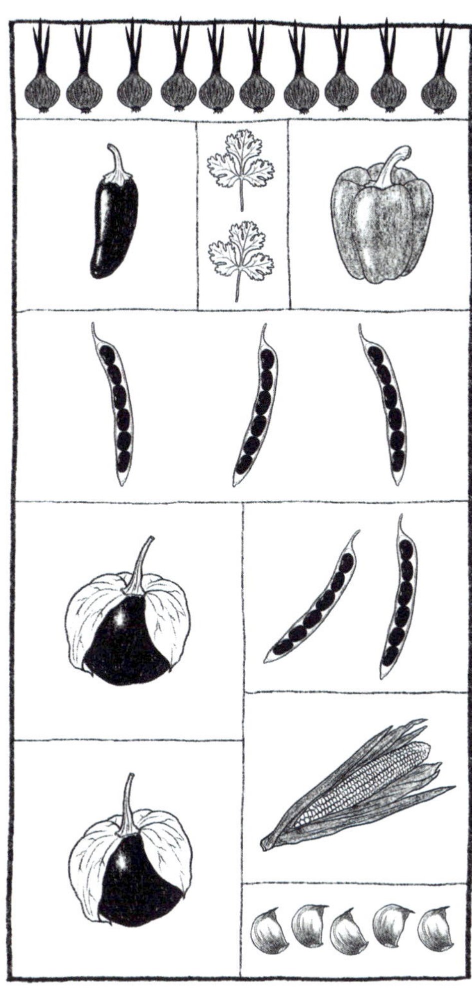

Baue auf der gegenüberliegenden Hochbeet-Seite 10 Stück **rote Zwiebeln** in regelmäßigen Abständen an – als Steckzwiebeln oder Jungpflanzen. Setze die Steckzwiebeln so ein, dass der Stielansatz ein wenig aus der Erde lugt, der Zwiebelboden – also die Unterseite – zeigt nach unten.

Setze die Jungpflanzen nicht zu tief ins Hochbeet, der grüne Teil sowie ein Teil des Zwiebelansatzes müssen über der Erde sein. Nur die untere Zwiebelhälfte samt Wurzeln kommt in die Erde.

Steckgut oder Jungpflanzen bekommst du im gut sortierten Fachhandel (auch im Onlinehandel) – Jungpflanzen kannst du auch selbst vorziehen.

Mitte Mai dürfen die restlichen Pflanzen ins Tex-Mex-Hochbeet. Setze neben die Knoblauchreihe eine **Tomatillo**-Jungpflanze, dahinter den **Mais**. Die zu Beginn zierlich wirkenden Pflänzchen brauchen später viel Platz. Die Reihe der Tomatillo ist daher 50 cm breit, jene vom Mais 40 cm. Setze hinter der ersten eine zweite Tomatillo-Jungpflanze ein. Setze Tomatillopflanzen tiefer in die Erde, dann entwickeln sich an ihrem Stängel weitere Seitenwurzeln.

Säe anschließend **Buschbohnen** ins Hochbeet. Jede der beiden Bohnenreihen ist 40 cm breit. Lege in die erste, halbe Reihe im Abstand von 25 cm je 6–8 Bohnensamen ca. 3–4 cm tief in die Erde. In die zweite Bohnenreihe kommen 6–8 Samen im Abstand von 30 cm ins Hochbeet. Insgesamt sind es also 5 sogenannte „Horste“. Das ist etwas enger als in einem Bodenbeet üblich, aber durch die besseren Bedingungen im Hochbeet trotzdem gut machbar.

Zwischen der zweiten Bohnen- und der Zwiebelreihe ist noch Platz für einen **Jalapeño**, 2 **Koriander**pflanzen und einen **Paprika**. Jalapeño und Paprika benötigen jeweils 40 cm, dem Koriander reichen 20 cm Reihenbreite.

Pflanzabstände:

Zwiebel rot: 1 Reihe, 20 cm breit, 10 Stück
Jalapeño/Koriander/Paprika: 1 Reihe; Jalapeño 40 cm breit, 1 Stück; Koriander 20 cm breit, 2 Stück; Paprika 40 cm breit, 1 Stück
Buschbohnen schwarz: 1 Reihe, 40 cm breit, 3 Horste
Tomatillo/Buschbohnen schwarz: 1 Reihe; Tomatillo 50 cm breit, 1 Stück; Buschbohnen, halbe Reihe, 40 cm, 2 Horste
Tomatillo/Mais (dahinter)/Knoblauch: 1 Reihe; Tomatillo 50 cm breit, 1 Stück; Mais 40 cm, 1 Stück; Knoblauch halbe Reihe mit 5–6 Zehen, 20 cm

DU WILLST DIE JUNGPFLANZEN SELBST VORZIEHEN? SO GEHT'S:

Zwiebel: Säe Anfang März im Haus oder in einem Frühbeet die Samen dünn in Saatschalen aus und vereinzle sie, nachdem die Keimblätter sichtbar sind.

Tomatillo, Jalapeño und Paprika: Lege Anfang März je Gemüseart 2 Samen in einen kleinen Topf. Sobald die Samen aufgehen, entferne die schwächere der beiden Pflanzen. Stelle die Jungpflanzen zu einem hellen Fenster, sie brauchen viel Licht. Bei Lichtmangel bekommen sie lange, dünne Stängel und fallen um. An warmen Tagen kannst du sie gerne ins Freie stellen, Licht und Wind machen sie stärker und widerstandsfähiger. In der Nacht müssen sie allerdings wieder ins Haus, bis sie im Mai dann schließlich ins Hochbeet ziehen dürfen.

Mais: Säe 2–3 Maiskörner Mitte März in einen Topf. Die stärkste Pflanze bleibt stehen und übersiedelt Mitte Mai ins Hochbeet.

Koriander: Säe Anfang März in zwei mittelgroße Töpfe (ca. 9 cm Durchmesser) jeweils mehrere Samen aus. Koriander braucht Wärme und Feuchtigkeit zum Keimen. Stelle ihn daher an einen warmen Platz, gieße die Samen und stülpe anschließend Gefrierbeutel oder Abdeckhauben über die Töpfe – so entsteht ein feuchtwarmes Mikroklima. Achte unbedingt darauf, dass die Erde nicht austrocknet. Mitte Mai kannst du beide Topfballen ins Hochbeet setzen.

ETWAS STARTDÜNGER GEFÄLLIG?

Tomatillo, Mais, Jalapeño und Paprika sind Starkzehrer, sie brauchen also viele Nährstoffe, um gut zu wachsen. In den ersten 2 Hochbeet-Jahren kommen sie gut mit den im Hochbeet vorhandenen Nährstoffen aus – du brauchst nichts weiter zu machen.

Ab dem 3. Hochbeet-Jahr solltest du dann aber ein bisschen nachhelfen: Gib beim Anbau etwas Startdünger – am besten einen biologischen Langzeitdünger – ins Pflanzloch und mische den Dünger ein wenig mit der Erde. Pflanze einsetzen, gut angießen und fertig!

Zwiebeln, Knoblauch, Bohnen und Koriander kommen ohne zusätzliche Düngung aus bzw. naschen bei ihren Nachbarn mit.

ALEGRÍA DE VIVIR: MEXIKANISCHE LEBENSFREUDE IM HOCHBEET

Das typisch mexikanische Gefühl spiegelt sich in der bunten Küche wider. Hol dir mit landestypischen Sorten bzw. ähnlichen heimischen Züchtungen das Mexiko-Feeling direkt nach Hause – in Hochbeet und Küche!

Knoblauch: gehört zu vielen mexikanischen Speisen, z. B. in Salsa, Eintöpfe, Füllungen oder Rice and Beans. Verwende einfach die bei uns üblichen und gut erhältlichen Knoblauchsorten.

Rote Zwiebel: Pickled Red Onions – also eingelegte rote Zwiebeln – sind ein wichtiger Bestandteil von Taco- und Tortillafüllungen, für Burritos und als Zuspeise zu Nachos, Burgern und Salaten. Sie sind weniger scharf als rohe rote Zwiebeln, aber nicht so süß wie eingelegte gelbe Zwiebeln. Tolle Sorten: ‚Grenada', ‚Federica', ‚Karmen'.

Tomatillo: Die Verwandte der Tomate ist aus der mexikanischen Küche nicht wegzudenken. Sie ist ein wichtiger Bestandteil von Salsas. Es gibt grüne, gelbe und violette Tomatillo-Sorten, z. B. ‚Tomatillo grün', ‚Tomatillo purple' (violett) und ‚Tomatillo Amarylla' (gelb).

Mais: Wenn du bei Mais an lange, gelbe Kolben denkst, ist das nur ein Teil der Wahrheit. Viele mittel- und südamerikanische Sorten bestechen durch ihre Farbenpracht. Die Samen dafür bekommt du in speziellen Saatguthandlungen (auch online). Mais gibt es in den Farben Rot, Violett, Schwarz und sogar mit bunten oder grünen Körnern. Klassische gelbe Sorten sind z. B. ‚Ahsworth', ‚Damaun' oder ‚Golden Bantam', die bunten lauten z. B. ‚Erdbeermais' (kurze Kolben mit roten Körnern), ‚Joro' (rot), ‚Teosinte' (violett-weiß, Urform des Mais), ‚Rainbow Inka' (bunt), ‚Black Aztec' (schwarz) oder ‚Oaxacan Green' (grün-schwarz).

Buschbohnen: Bohnen werden in der mexikanischen Küche – anders als in unseren Breiten – kaum als grüne Bohnen/Fisolen (ganze Hülse mit noch unreifen, kleinen Körnern) verwendet, sondern als reife Samenkörner, die nierenförmigen Bohnen. Besonders beliebt sind schwarze Auskernbohnen und die bekannten roten Kidneybohnen. Baue im Hochbeet Buschbohnen an, diese bleiben – im Vergleich zu Stangenbohnen – niedrig und sind viel praktischer in der Pflege und Ernte. Folgende Buschbohnensorten zählen zu den Auskernbohnen: ‚Black Turtle', ‚Schwarze' (beide schwarz) oder ‚Canadian Wonder' (rote Kidneybohne).

Jalapeño: Diese würzige Chilipflanze hat sich in den letzten Jahren zum bekanntesten und beliebtesten Mexiko-Exportschlager gemausert. Ihre Schärfe ist angenehm und auch für den europäischen Gaumen – im Gegensatz z. B. zu einem Habanero Chili – verkraftbar. Jalapeños schmecken hervorragend in Saucen und Dips, genauso wie in verschiedenen Füllungen, Eintöpfen oder Salaten. Je nach Schärfegrad und Farbe gibt es verschiedene Sorten, z. B. ‚Ruben' (Schärfe 3–5, rot), ‚Camillo' (Schärfe 4–5, gelb), ‚Leon' (Schärfe 4–5, orange) oder ‚Santiago' (Schärfe 0, grün auf rot abreifend). Die Schärfe wird in Schärfegrade eingeteilt, wobei 0 nicht scharf und 10 sehr scharf ist. Wenn dir Jalapeños zu mild sind, tausche sie gegen schärfere Chili-Sorten aus, wobei Habaneros die schärfsten sind. Achtung: Ihr Schärfegrad bewegt sich bei 9–10 und treibt dir nicht nur Tränen in die Augen.

Paprika: Abseits scharfer Chilis werden auch ganz „normale" – also milde – Paprika in der mexikanischen Küche verwendet, ist doch Mexiko die „Wiege" der Paprika. Besonders beliebt sind gelbe und rote Paprika. Ursprüngliche mexikanische Sorten sind bei uns kaum zu finden, dafür eine enorme Vielfalt an wohlschmeckenden alten und neuen Züchtungen und Weiterentwicklungen. Stöbere einfach im Samenkatalog oder deiner Lieblingsgärtnerei.

Koriander: Bei einem Aufenthalt in Süd- oder Mittelamerika gibt es kein Entrinnen vor ihm: Kaum ein Gericht ist nicht mit Koriander gewürzt. Doch kaum ein Gewürz polarisiert auch so wie der Koriander: Während ihn die einen lieben, ist er für die anderen unerträglich. Forschende haben herausgefunden, dass die Ursache dafür an einem Gen liegen könnte: Das sogenannte Koriander-Gen (OR6A2) ist der Bauplan für einen Geruchsrezeptor, der spezielle Aldehyde im Koriander erkennen soll. Deshalb schmeckt Koriander für einige Menschen seifig bzw. so, als ob sie direkt von einer Seife abbeißen würden. In Europa verfügen etwa 17 % der Bevölkerung über dieses Gen. Für alle, die diese genetische Variante nicht haben, schmeckt Koriander einfach würzig-aromatisch.

Tipp:

Du magst Koriander nicht? Baue an seiner Stelle einfach einige Zwiebeln an. Oder setze eine weitere Chili- oder Paprikapflanze ins Hochbeet.

AUF DER ZIELGERADEN: LASS DEIN TEX-MEX-HOCHBEET WACHSEN UND GEDEIHEN

Die Pflanzen in deinem Tex-Mex-Hochbeet sind ziemlich unkompliziert und wachsen ohne viel Zutun. Mit etwas Zuwendung kannst du sie dennoch unterstützen.

Anlehnhilfe

Tomatillos, Jalapeños und Paprika sind dankbar für Unterstützung – im wahrsten Sinn des Wortes, denn ihre Stängel neigen bei Wind zum Umkippen. Stelle ihnen daher von Anfang an einen oder zwei Pflöcke zur Verfügung, an die sie sich anlehnen können. Binde Stamm und Triebe mit einer weichen Schnur, z. B. aus Jute, locker an den Pflöcken fest. Aufrechte Pflanzen werden stärker befruchtet, da Bienen besser zu den Blüten finden.

Kälteschutz

Mitte Mai kann es noch zu kalten Phasen kommen, vor allem in der Nacht. Solange es nicht friert, sterben deine Pflanzen zwar nicht, aber besonders Paprika und Jalapeños reagieren empfindlich auf schwankende und niedrige Temperaturen unter 10 °C. Sie zeigen ihren Unmut mit Wachstumsverzögerungen, die sie später schwer nachholen. Decke das Hochbeet daher in der Nacht entweder mit einem Frühbeet-Aufsatz ab oder schütze vor allem die empfindlichen Pflanzen mit einem Vlies.

Tomatillos sind zwar weniger empfindlich, zu Beginn schlüpfen aber auch sie gerne unter ein schützendes Vlies.

Je wärmer der Boden ist, umso rascher keimen die Bohnen. Auch sie freuen sich an kühlen Maitagen über eine Abdeckung mit Vlies oder einen Frühbeet-Aufsatz.

Bedecke nach dem Einsetzen die Erde rund um die Jungpflanzen mit Mulch. Später, wenn die Bohnen gekeimt sind und Knoblauch und Zwiebeln ihre Schäfte zeigen, kommt auch um sie eine dicke Mulchschicht. Mulch schützt zu Beginn vor Kälte und später vor Austrocknung.

Gießen

Paprika und Jalapeños haben einen hohen Wasserbedarf, sonst werden die Fruchtwände dünn und rissig. Willst du jedoch Einfluss auf die Schärfe der Früchte nehmen, dann reduziere das Gießen, sobald erste Früchte erscheinen. Denn je trockener es ist, desto mehr reichern sie den Scharfmacher Capsaicin in der Frucht an.

Mais braucht viel und regelmäßig Wasser, um ordentlich zu wachsen. Sobald du die ersten Blüten siehst, achte besonders darauf, dass die Erde immer feucht ist. Wassermangel verhindert den Kornansatz, du bekommst leere und spärlich besetzte Maiskolben.

Übergieße Bohnen nie direkt mit Wasser, da Blätter und Hülsen anfällig gegen Pilzerkrankungen sind. Ideal wäre eine Tröpfchenbewässerung, oder du gießt mit dem Schlauch unter den Pflanzen direkt auf die Erde.

Koriander reagiert bei Wassermangel mit vorzeitiger Blüte, die Blätter sind dann nicht mehr genießbar. Halte auch ihn stets feucht.

Zwiebeln und Knoblauch benötigen ausreichend Wasser, vor allem in der Phase der Knollenbildung. Im Sommer mögen es vor allem ihre Blätter heiß und trocken. Zu viel Regen oder zu hohe Luftfeuchtigkeit verursacht Schimmel und ruiniert deine Ernte. Lasse sie daher gelegentlich beim Gießen aus oder decke die Reihen bei Starkregen mit einem wasserundurchlässigen Vlies ab.

Düngen

In den ersten beiden Hochbeet-Jahren sind alle Pflanzen ausreichend mit Nährstoffen versorgt. Ab dem 3. Hochbeet-Jahr versorgst du das Gemüse schon bei der Pflanzung mit einer Gabe Langzeitdünger (siehe Seite 110). Zusätzlich brauchen vor allem die Starkzehrer, also Tomatillo, Jalapeño, Paprika und Mais während der Fruchtbildung regelmäßigen Dünger. Versorge sie ab Juli bis Ende September alle 2–3 Wochen mit einer Gabe biologischem Flüssigdünger.

Bohnen, Zwiebeln, Knoblauch und Koriander kommen mit den im Boden vorhandenen Nährstoffen gut zurecht, vor allem, wenn du das (ältere) Hochbeet vor der Bepflanzung mit einer frischen Gabe Kompost versorgt hast.

Spezielle Zuwendung

Entferne von Paprika und Jalapeños die ersten Blüten, allen voran die als allerserstes erscheinende Königsblüte. Die Pflanzen stecken so mehr Energie in Wachstum und Blätter und danken es dir später mit umso mehr Früchten.

Häufle die Bohnenstängel nach dem Aufkeimen mit Erde an, das erhöht ihre Standfestigkeit.

AB INS FINALE: AUF DIE PLÄTZE, ERNTE, LOS!

Tomatillos sind strenge Fremdbefruchter, das bedeutet, du brauchst zwei Pflanzen, damit sie Früchte tragen. Hat die Befruchtung stattgefunden, wachsen die Früchte in lampionartigen Hüllen, ganz ähnlich wie bei Andenbeeren (Physalis). Sobald die Hüllen braun werden und aufspringen, sind die Tomatillos reif. Die Ernte startet im Juli und setzt sich bis September fort. Tomatillos schmecken süß-säuerlich und können roh oder gekocht verzehrt werden, gebraten oder gegart sind sie besonders bekömmlich. In Mexiko werden sie für die berühmte Salsa verde, also grüne Sauce verwendet.

Die Früchte von **Jalapeños und Paprika** sind zuerst grün und nehmen dann ihre sortentypische Farbe, z. B. gelb, rot oder orange an. Grüne Paprika und Chili (Jalapeño) sind also immer unreif, können aber je nach Geschmack trotzdem geerntet und verwendet werden. Der Zuckergehalt grüner Früchte ist noch geringer, darum schmecken sie säuerlich-erfrischend, während rote oder orange Früchte viel süßer sind. Schneide bei der Ernte die Früchte mit einem scharfen Messer oder einer Schere ab. Beim händischen Abreißen des Stiels besteht die Gefahr, die ganze

Pflanze zu verletzen. Entferne gegen Ende August/Anfang September, die unteren, großen Blätter. So gelangt die Sonne besser zu den Früchten, diese reifen schneller. Ernte regelmäßig, dann wachsen bis Ende September neue Früchte nach.

> ***Tipp:***
>
> Der Frost naht und es hängen noch unreife Paprika auf den Pflanzen? Nimm sie ab und lege sie auf ein sonniges Fensterbrett, dann reifen sie schön nach.

Jalapeños und Paprika sind überall dort zu finden, wo Mexiko draufsteht, also in Salsas, Chutneys, Eintöpfen, Chilis, Salaten und als würzige Zutat zu sämtlichen Füllungen.

Lasse **Buschbohnen** so lang in den Hülsen, bis diese braun und trocken sind. Die Bohnen müssen vollkommen reif sein, dann sind sie gut lagerbar. Der richtige Zeitpunkt für die Bohnenernte ist kurz bevor die schon eingetrockneten Hülsen aufspringen. Mit ein wenig Fingerspitzengefühl findest du den passenden Erntemoment rasch heraus. Bohnen sind ein wichtiger Proteinlieferant und dürfen daher vor allem in der veganen/vegetarischen Küche keinesfalls fehlen.

> ***Achtung:***
>
> Rohe Bohnen enthalten den giftigen Stoff Phasin, der je nach konsumierter Menge Symptome wie Bauchschmerzen und Übelkeit bis hin zu blutigen Durchfällen auslöst. Deshalb solltest du Bohnen immer 1–2 Stunden kochen (das Wasser muss richtig sprudeln), bis sie ganz weich sind. Schonendes Dünsten oder Garen ist bei Bohnen nicht möglich, der Giftstoff Phasin wird dann nicht vollständig abgebaut.

Die Mühe lohnt, denn Bohnen passen in viele traditionelle mexikanische Gerichte: in Bohnenmus, Chili (gewürzt mit Jalapeño und Paprika), Rice and Beans und als Füllung für Taco, Burrito und Co.

Dass **Mais** reif ist, erkennst du an der Verfärbung der Fäden, die an der oberen Spitze des Maiskolbens aus den Hüllblättern ragen. Sie verändern ihre Farbe von Gelb in Richtung Braun oder Schwarz. Bevor du den Mais erntest: Öffne die Hüllblätter an der Spitze ein wenig und sieh nach, ob der Mais bereits die sortentypische Farbe angenommen hat – also gelb, violett, bunt usw. Ritze ein oder zwei Körner ein. Tritt ein milchiger Saft aus, ist der Mais reif – das bezeichnet man auch als Milchreife. Passt alles, dann drehe den Maiskolben vorsichtig im Kreis, er löst sich so von der Pflanze. Je nach Sorte erntest du Mais zwischen Mitte August und Mitte September.

> ***Tipp:***
>
> So löst du die Körner vom Kolben: Stelle den Maiskolben hochkant auf ein Schneidbrett, mit der Spitze nach oben. Schneide mit einem scharfen Messer die Körner von oben nach unten ab.

Mais gehört wie Bohnen in Füllungen und Eintöpfe, du kannst ihn aber auch als Salat oder ganz einfach gegrillt genießen.

Wenn **Zwiebeln** reif sind, knicken ihre Schlotten, also die langen, dünnen Blätter, um und der obere Teil beginnt sich braun zu verfärben. Je nach Sorte ist das von Anfang bis Ende Juli der Fall. Ernte die Zwiebeln sehr vorsichtig, am besten mit den Händen, um sie nicht zu verletzen, denn sonst dringen Keime und Pilze ein und die Zwiebeln verfaulen. Lasse die Zwiebeln danach an sonnigen Tagen ca. 2 Wochen zur Nachreife einfach auf dem Hochbeet liegen, bis die Stängel ganz braun sind. Bei Regen kommen sie besser unter einen Dachvorsprung, auf den Balkon oder den Dachboden.

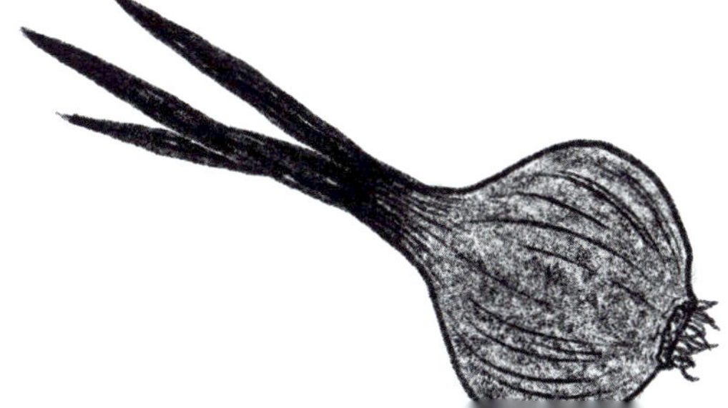

Auch **Knoblauch** zeigt seine Reife, indem sich seine Blätter braun verfärben, etwa ab Mitte Juli. Achte beim Ausgraben darauf, dass die Knollen kompakt sind und du sie nicht verletzt. Hänge Knoblauch zum Nachtrocken auf, mehrere Knollen bindest du dazu einfach zusammen.

Knoblauch und Zwiebeln würzen jedes mexikanische Gericht und verleihen ihm, neben Chili, die Schärfe und den typischen Geschmack.

Die **Koriander**ernte beginnt im Mai und dauert bis November. Ernte jeweils ganze Triebe, aber nicht die komplette Pflanze. So treibt der Koriander immer nach und du bist laufend versorgt. Entferne Blütenansätze und Knospen, denn sobald Koriander blüht und Samen bildet, ist er nicht mehr genießbar. Korianderblätter passen roh und kleingehackt am Ende des Kochens zu jeder mexikanischen Speise. Für die Wirkung seines Aromas ist es also nicht notwendig, dass er mitgekocht wird oder eine Weile in der Speise zieht.

Tipp:

Der Vorteil für Koriander-Verweigerer: Lasse die abschließende Würze einfach weg, die Korianderliebhaber *innen in deiner Familie dürfen nach Lust und Laune nachwürzen.

Nachkultur nach dem Tex-Mex-Hochbeet:

- das Ach-kann-nicht-immer-Winter-Sein-Hochbeet (Seite 216)

Grüne Salsa

Zutaten:

10–12 Tomatillos
1–2 Knoblauchzehen
1 Zwiebel, kleingehackt
1 Jalapeño, kleingehackt
Korianderblätter (je nach Geschmack)
etwas Zitronensaft
Salz

Zubereitung:

1 Entferne die lampionartigen Hüllen von den Tomatillos und lege die Früchte auf ein mit Backpapier ausgelegtes Backblech. Heize das Backrohr auf 190 °C Heißluft vor. Lasse die Tomatillos 15–20 Minuten im Rohr, bis ihre Schale braun wird. Dann entfalten sie das beste Aroma.

2 Gib die gerösteten Tomatillos, Knoblauchzehen, kleingehackte Zwiebel, kleinegehackte Jalapeño, Korianderblätter, Zitronensaft und Salz in ein hohes Gefäß und püriere alles mit einem Stabmixer, und schon ist die Salsa fertig.

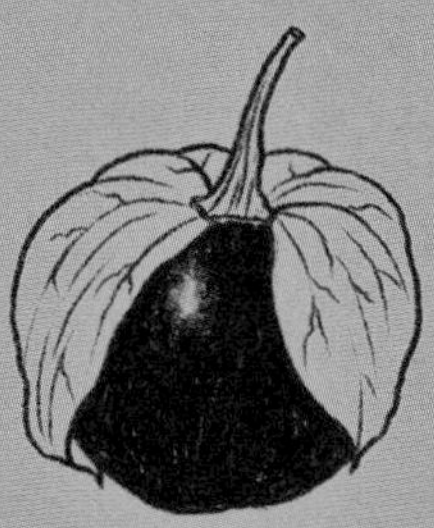

Mexikanischer Salat

Zutaten:

200 g schwarze Bohnen
Maiskörner von 1–2 Kolben
15 Tomatillos
1 rote Paprika, in Würfel geschnitten
1 Jalapeño, in Streifen geschnitten
2 Knoblauchzehen, gepresst
Essig, Olivenöl, Salz, Pfeffer
1 Rote Zwiebel, in Ringe geschnitten
Koriander (je nach Geschmack), kleingehackt

Zubereitung:

1 Weiche die Bohnen am Vorabend in Wasser ein. Gieße das Bohnenwasser ab und koche die Bohnen anschließend 1–2 Stunden (in frischem Wasser) weich. Koche die Maiskörner 10–15 Minuten weich. Gib die Tomatillos bei 190 °C für ca. 15 Minuten ins Backrohr, bis die Haut eine schöne, braune Farbe erhält.

2 Gib Bohnen, Mais, Tomatillos, die in Würfel geschnittene rote Paprika und die in Streifen geschnittenen Jalapeños in eine große Schüssel.

3 Für die Marinade verrühre etwas Essig, Öl, Salz, Pfeffer und die gepressten Knoblauchzehen und vermische anschließend alles mit dem Gemüse.

4 Streue zum Abschluss die Zwiebelringe und kleingehackten Koriander über den Salat.

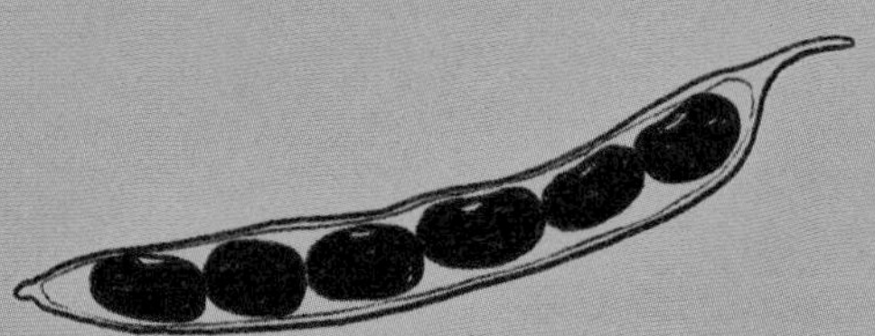

DAS RUND-UMS-MITTELMEER-HOCHBEET

Von Spanien über Tunesien, Italien, die Türkei und Griechenland bis Israel – so variantenreich die Speisen dieser Mittelmeerländer sind, so ähnlich sind ihre Gemüse-Zutaten. Diese wachsen nun direkt vor deiner Haustüre, denn was passt besser zum Sommer-Urlaubs-Feeling als saftige Pastasauce aus sonnengereiften Tomaten, gegrillte Auberginen oder frisch zubereitete Shakshuka?

Bevor es losgeht:

Vor dem Anbau ab Mitte Mai ist noch ausreichend Zeit für Vorkulturen. Sowohl

- das Sofort-losernten-Hochbeet (Seite 130)
- als auch das Bunte-Frühlingsvitamine-Hochbeet (Seite 136)

sind Vorkulturen für dein Mittelmeer-Gemüse.

Ideal für das 1. Hochbeet-Jahr

Das kommt ins Rund-ums-Mittelmeer-Hochbeet:

Mitte Mai

Als Samen oder Jungpflanzen:

- **Kichererbsen:** ca. 15 Samenkörner oder 7 × Jungpflanzen

Als Jungpflanzen:

- **1 × Aubergine:** z. B. ‚Violetta lunga 3';
- **1 × Zucchini:** z. B. ‚Costates Romanesco', ‚Cocozelle von Tripolis';
- **2 × Okra;**
- **2 × Paprika:** z. B. ‚Antalya'dan', ‚Corno giallo', ‚Kurtovska kapiya 1', ‚Dulce Italiano';
- **2 × Basilikum:** z. B. ‚Genovese' (grün), ‚Rosso' (rot);
- **2 × Tomate:** z. B. ‚Roma Striée' (Salat- und Saucentomate), ‚San Marzano', ‚Marmande' (Saucentomaten), ‚Zuckertraube', ‚Donatellina' (Cocktailtomaten)

VORBEREITUNGEN

Fast alle Gemüsearten in deinem Hochbeet sind Starkzehrer und benötigen sehr viele Nährstoffe. Lediglich Kichererbsen sind Schwachzehrer. Das 1. Hochbeet-Jahr mit frischer, nährstoffreicher Befüllung ist ideal für das Mittelmeer-Gemüse. Arbeite vor der Bepflanzung – soweit vorhanden – abgelegten Tiermist ein und decke ihn 10–15 cm mit Erde ab, die Kichererbsen-Reihe lässt du einfach aus. Fülle das Hochbeet ab dem 2. Jahr mit viel Kompost, nach Möglichkeit mit Tiermist, und frischer Bio-Erde auf und/oder arbeite biologischen Langzeitdünger ein (wenn kein Tiermist da ist). Du brauchst dir keine Sorgen zu machen, dass du die Kichererbsen überdüngst, denn ihre Nachbarpflanzen nehmen ihnen rasch überschüssige Nährstoffe weg.

Das Klima im Mittelmeerraum ist im Sommer heiß und trocken, dementsprechend braucht das Gemüse in deinem Hochbeet viel Sonne und Wärme. Setze die Pflanzen in ein vollsonniges und windgeschütztes Hochbeet. Auch im Halbschatten ist der Anbau möglich, allerdings musst du mit geringeren Ernteerträgen rechnen.

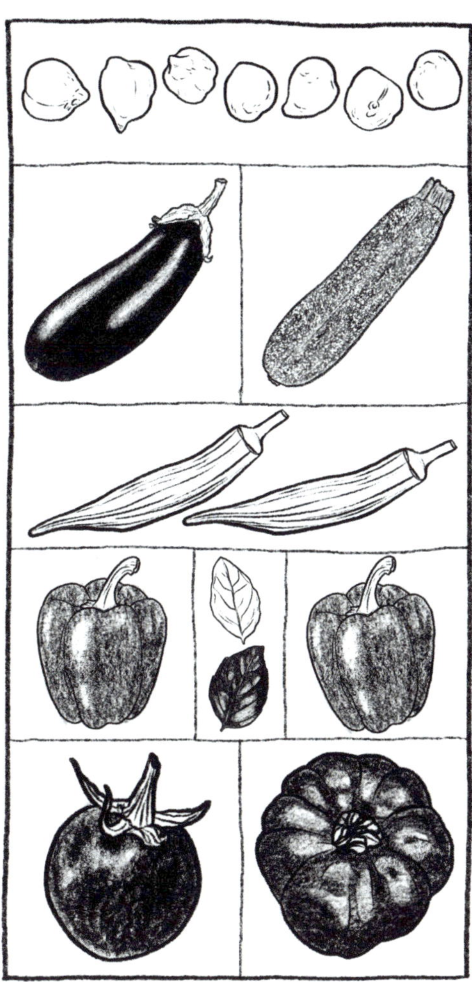

Hochbeet im Haus:

Du bist glückliche*r Besitzer*in eines Gewächshauses – noch dazu mit Hochbeet? Dann hast du den perfekten Platz für dein Mittelmeer-Hochbeet gefunden!

Tipp:

Aubergine, Okras und Tomaten wollen hoch hinaus. Ein Hochbeet ab 35 cm Höhe genügt den Pflanzen schon und du ersparst dir bei der Ernte eine Leiter. Extra-Bonus: Mit einem leichten Hochbeet holst du das Mittelmeer-Feeling auch auf deinen Balkon (mehr dazu auf Seite 17).

Bereite stabile Pflöcke und Stangen als Stütze für das aufstrebende Gemüse vor.

Pflanzabstände:

Kichererbsen: 1 Reihe, 30 cm breit
Auberginen/Kletterzucchini: 1 Reihe, 50 cm breit, je 1 Stück
Okras: 1 Reihe, 30 cm breit, 2 Stück
Paprika/Basilikum/Paprika: 1 Reihe, 40 cm breit, 1 Stück Paprika (40 cm), 2 Stück Basilikum (20 cm), 1 Stück Paprika (40 cm)
Tomaten: 1 Reihe, jeweils 50 × 50 cm für 1 Cocktailtomate und 1 Fleischtomate

Tipp:

Die vielerorts angebotenen Bambusstäbe sind als Stütze zu dünn und brüchig. Die Pflöcke sollten einen Durchmesser von etwa 3 cm und ein spitzes Ende haben, damit du sie leichter ins Hochbeet versenken kannst.

STARTSCHUSS FÜR DAS RUND-UMS-MITTELMEER-HOCHBEET

Beginne Mitte Mai – nach den Eisheiligen – mit der Bepflanzung. Da alle Gemüsearten sehr frostempfindlich sind, müssen die letzten Nachtfröste unbedingt vorbei sein. Ein Blick auf den Wetterbericht hilft dir bei der Auswahl des richtigen Pflanztermins. Das besonders kälteempfindliche Basilikum kommt sogar erst Ende Mai ins Hochbeet.

Kichererbsen säst du entweder als Samen, oder du setzt bereits vorgezogene Jungpflanzen. Weiche die Kichererbsensamen für die Aussaat über Nacht in zimmerwarmes Wasser ein. Sie quellen vor und keimen anschließend rascher. Lege die Samen gleichmäßig verteilt in eine 30 cm breite Reihe in einer Tiefe von 3–4 cm in die Erde. Setze alternativ die Jungpflanzen im Abstand von je knapp 15 cm ein und häufle sie ganz leicht an, damit die zarten Pflänzchen stabil stehen bleiben.

Neben die Kichererbsen kommen die Jungpflanzen von **Aubergine** und **Zucchini** auf eine jeweils 50 × 50 cm große Fläche. Stecke vor dem Pflanzen in die Mitte des Platzes je einen Pflock so weit ins Hochbeet, dass er auch bei Wind und Wetter stabil steht. Setze die Jungpflanzen möglichst nahe an den Pflock, damit du sie später aufbinden kannst. Während Auberginen den Pflock als Stütze benötigen, um nicht umzufallen, wachsen Zucchini normalerweise breitflächig entlang des Bodens. Um Platz zu sparen, kannst du sie als Kletterzucchini erziehen und regelmäßig entlang des Pflocks nach oben leiten.

Achtung:

Setze die Pflöcke immer vor den Jungpflanzen ins Hochbeet, sonst verletzt du die Wurzeln der frisch gesetzten Pflänzchen.

Pflanze in die nächste, 30 cm breite Reihe die 2 **Okra**-Jungpflanzen. Auch sie brauchen je einen massiven, langen Pflock als Stütze, denn die Okrapflanze kann – unter passenden klimatischen Bedingungen – bis zu 2 m hoch werden.

Setze daneben 2 **Paprika**-Jungpflanzen ins Hochbeet, jeweils 20 cm vom Rand entfernt. Ihr Platzbedarf beträgt 40 × 40 cm je Pflanze, in der Mitte bleibt ein Streifen von 20 cm frei. Diesen nützt du für 2 **Basilikum**-Jungpflanzen, z. B. eine klassisch grüne und eine rote Sorte. Paprika wächst zwar nicht so hoch wie Okras oder Tomaten, zwei Pflöcke, an die du die Pflanzen später anlehnst oder anbindest, sorgen jedoch für aufrechten Wuchs und damit schnelleres Reifwerden der Paprika-Früchte.

Den Abschluss bilden 2 **Tomaten** mit einem Platzbedarf von je 50 × 50 cm. Stelle auch ihnen hohe, stabile Pflöcke oder alternativ Tomatenstangen zur Verfügung. Setze die Tomaten etwas tiefer als im Topf und schräg in Richtung Pflock ein. Am in die Erde versenkten Stängel bilden sich neue Wurzeln, die die Tomatenpflanzen einerseits besser mit Nährstoffen versorgen und andererseits stabiler im Boden verankern. Binde schon die kleinen Tomatenpflanzen direkt nach dem Einsetzen mit einer weichen Schnur an den Pflöcken oder Stangen fest.

DU WILLST JUNGPFLANZEN SELBST VORZIEHEN? SO GEHT'S:

Beginne mit dem Vorziehen von Aubergine, Paprika und Tomaten Anfang/Mitte März. Verwende anstelle von magerer Anzuchterde normale Bio-Erde, denn die Pflanzen sind bald auf gute Nähstoffversorgung angewiesen. Bei magerer Anzuchterde reagiert das junge Gemüse nach kurzer Zeit mit Mangelerscheinungen. Lege je 2 Samen pro benötigter Pflanze in ein

Anzuchtgefäß (ca. 0,5–1 cm tief) und lasse später das kräftigere Pflänzchen stehen. Gieße Samen und Jungpflanzen regelmäßig und sorge für einen sonnigen und warmen Platz.

Ziehe Basilikum Mitte/Ende März vor, indem du mehrere feine Samen in einen Topf oder eine Saatschale streust. Basilikum ist ein Lichtkeimer, drücke die Samen also mit dem Handrücken leicht fest und gieße anschließend vorsichtig mit einem feinen Sprühstrahl. Setze die jungen Pflänzchen 2–3 Wochen nach dem Keimen in einen anderen Topf um. Das stärkt ihre Widerstandskraft und lässt sie kompakter wachsen.

Okras kommen Anfang April an die Reihe. Lege einige Okra-Samen in ein Saatgefäß und bedecke sie mit ca. 0,5 cm Erde. Gut gießen und warmstellen. Nach ca. 10 Tagen keimen die Okras. Versetze ca. 2 Wochen nach dem Auflaufen die 2 kräftigsten Pflänzchen in einen größeren Topf und lasse sie an einem hellen und warmen Ort weiterwachsen.

Kichererbsen sind selten bis gar nicht als Jungpflanzen erhältlich, dir bleibt also nur das Vorziehen übrig. Starte damit Mitte April. Weiche die Samen vorab über Nacht in zimmerwarmes Wasser ein und lege die vorgequollenen Kichererbsen in kleine Töpfe, je Topf 1 Samenkorn. Die Temperaturen für die Anzucht müssen mindestens 22 °C betragen, je wärmer, desto besser. Ideal ist ein Platz neben einem Südfenster oder über einem Heizkörper. Die Samen keimen bereits 3–4 Tage nach dem Einsetzen. Lasse die kleinen Pflänzchen bis zum Umzug ins Freie an einem warmen, hellen Ort.

Warm und sonnig mögen es auch Zucchini. Lege Mitte April 2 Samen in einen etwas größeren Topf, denn die Zucchini wachsen rasch und brauchen schon nach 2 Wochen ausreichend Platz. Säe Zucchini-Samen in normale Bio-Erde, ihnen ist die Anzuchterde zu mager. Lasse 2 Wochen nach dem Auflaufen das besser entwickelte Zucchinipflänzchen stehen.

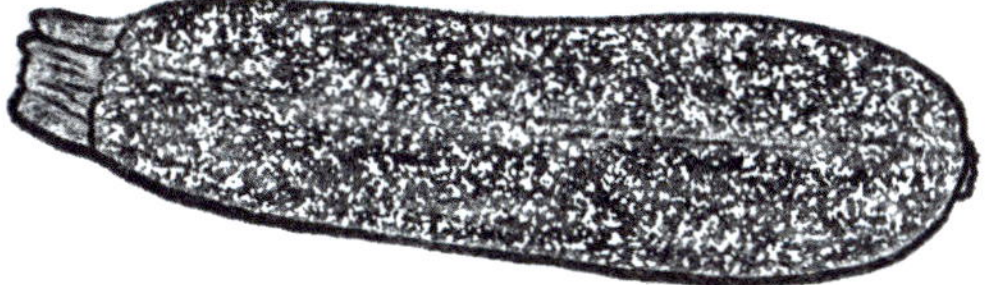

Achtung:

Alle Pflanzen für dein Mittelmeer-Hochbeet brauchen Wärme und viel Sonne. Schon Jungpflanzen sehnen sich nach Licht. Ist es zu finster oder kommt die Beleuchtung nur von einer Seite, strecken sie sich, bilden lange Stängel und fallen um. Das nennt man auch vergeilen. Abhilfe: Stelle die Jungpflanze unter ein Dachflächenfenster, in einen Wintergarten oder ins Gewächshaus. Davon steht dir nichts zur Verfügung? Dann helfen Pflanzenlampen bei der Vorzucht deiner Jungpflanzen.

ETWAS STARTDÜNGER GEFÄLLIG?

Ab dem 2. Hochbeet-Jahr freuen sich (fast) alle Pflanzen über einen ausgewogenen Startdünger, z. B. einen Bio-Langzeitdünger, den du direkt ins Pflanzloch gibst. Nur Kichererbsen benötigen keinen Dünger, sie sind wie alle Hülsenfrüchte in der Lage, Stickstoff aus der Luft zu binden und sich selbst zu versorgen.

DAS ALLERBESTE AUS ALLER WELT

Die heute so bekannte wie beliebte Mittelmeerküche hat ihren Ursprung überall auf der Welt, nur – bis auf wenige Ausnahmen – nicht im Mittelmeerraum.

Früh verwendet wurden die aus der Türkei kommenden Kichererbsen und die aus Afrika stammenden Okras. Erst im Mittelalter gesellten sich Basilikum und Auberginen (beide aus Indien) dazu, noch später Zucchini, Paprika und Tomaten, die ihren Ursprung in Süd- und Mittelamerika haben. Die Bewohner*innen der Mittelmeerländer hatten wohl aufgrund ihrer Jahrtausende zurückreichenden Erfahrung als Seefahrer und Händler weniger Berührungsängste mit neuem Gemüse als die an Kraut und Rüben gewöhnten Mitteleuropäer*innen. So wurde in Italien bereits Mitte des 16. Jahrhunderts Tomatensauce zubereitet, während die Tomate in vielen anderen europäischen Ländern als giftig galt und daher nur als Zierpflanze angebaut wurde.

Heute sind Auberginen, Paprika und Tomaten aus der Mittelmeerküche nicht mehr wegzudenken, genauso wenig wie Zucchini oder Basilikum.

Kichererbsen waren bereits im alten Rom bekannt und wurden dort *cicer* (dt. Erbse) genannt. Die deutsche Übersetzung Kichererbse hat also nichts mit der vergnügten Stimmung des Namensgebers zu tun, sondern wurde vom lateinischen Begriff für Erbse abgeleitet. Kichererbsen sind für ihre Zubereitung als Hummus und Falafel bekannt, sie passen aber auch in Curry-Gerichte oder Salate. Als Eiweißlieferant sind sie eine vollwertige Alternative für Vegetarier*innen und Veganer*innen, zudem sind sie reich an Eisen, Folsäure, Zink und verschiedenen Mineralstoffen.

Achtung:

Wie Grüne Bohnen enthalten Kichererbsen den Giftstoff Phasin. Beim Kochen wird die giftige Substanz abgebaut.

Aubergine, auch Eierfrucht oder Melanzani, findet in den Mittemeerländern weite Verbreitung und wird je nach Region zu landestypischen Speisen verarbeitet. Da sie über relativ wenig Eigengeschmack verfügt, lässt sie sich mit zahlreichen Zutaten kombinieren. In Frankreich ist die Aubergine wichtiger Bestandteil von Ratatouille, in Griechenland von Moussaka, in der Türkei wird sie gerne gefüllt zubereitet und in Italien findet sie in Parmigiana di Melanzane oder in Lasagne Verwendung. Die in Scheiben geschnittenen Auberginen werden vor der Weiterverwendung gesalzen und eine Zeit lang stehen gelassen. Das Salz entzieht dem Gemüse Bitterstoffe. Eine weitere beliebte Zubereitung sind gegrillte Auberginenscheiben oder Aufstriche. Auberginen enthalten neben Ballaststoffen zahlreiche Vitamine und Mineralstoffe.

Achtung:

Auch Auberginen sind roh giftig, sie enthalten Solanin, das beim Erhitzen abgebaut wird.

Die beliebte, aus Mexiko stammende **Zucchini** ist eine Weiterentwicklung des Gartenkürbisses, eine der ältesten Kulturpflanzen überhaupt. Auf einer Pflanze befinden sich männliche und weibliche, leuchtend gelbe Blüten. Die Bestäubung erfolgt durch Bienen, Hummeln und andere Insekten. Du verwendest vorwiegend die Früchte, aber auch die männlichen Blüten können, z. B. gefüllt, gegessen werden. Zucchini sind roh und gekocht genießbar. Ihre Zubereitungsmöglichkeiten sind vielfältig, z. B. gegrillt, gefüllt, in Teig ausgebacken, als Beilagengemüse, als saftiger Zucchinikuchen und vieles mehr.

Achtung:

Aus eigentlich ungiftigen Zucchini kann ein giftiges Gemüse werden. Beim Anbau selbst geernteter Samen kann sich der züchterisch entfernte Giftstoff Cucurbitacin durch Rückkreuzungen wieder in der Frucht anreichern. Auch bei schlechten Wachstumsbedingungen, z. B. Trockenheit, erhöht sich der Gehalt an Cucurbitacin. Die mit dem Giftstoff angereicherten Früchte schmecken bitter. Wichtig: Koste vor der Zubereitung ein kleines Zucchinistück. Schmeckt es bitter, entsorge die ganze Frucht. Das Gemüse zu kochen, hilft hier nicht, da Cucurbitacin beim Erhitzen nicht zerfällt. Die Vergiftungssymptome sind schwerwiegend: Übelkeit, Erbrechen, Schädigungen der Darmwand bis hin zu lebensbedrohlichen Zuständen.

Okras werden auch Gemüseeibisch genannt und gehören zur Familie der Malvengewächse. Ein weiterer Name ist Gombofrucht. Ausgehend von Äthiopien verbreiteten Okras sich rasch Richtung Mittelmeer und sind dort eine beliebte Gemüsezutat, vorwiegend in der türkischen und griechischen Küche. Mit Okras bereitest du – meist in Kombination mit Tomaten, Paprika und Reis – Eintöpfe, Aufläufe, Suppen oder Beilagengemüse zu. Herausstechend ist ihr sehr hoher Gehalt an Vitamin C, weiters enthält Okra B-Vitamine, Kalium und Calcium.

Auch **Paprika** hat die mediterrane Küche bereichert – und so finden wir ihn in Gerichten wie Ratatouille, als gefüllten Paprika, als Eierspeise in Kombination mit Tomaten (Menemen), in Tortillas, gegrillt oder eingelegt. Wie Okras enthält Paprika sehr viel Vitamin C, dazu kommen Carotin, B-Vitamine und Mineralstoffe. Je roter, desto süßer ist der Paprika, denn mit der Reife steigt sein Zuckergehalt.

Kein Gemüse wird so eng mit einer Nation verbunden wie die **Tomate** mit Italien. Das Land hat sich alle Ehre verdient, denn es sorgte für die Verbreitung der gemüsigen Frucht rund um den Globus. Heute sind Tomaten das weltweit am meisten angebaute und konsumierte Gemüse.

Fun Fact:

Ist die Tomate nun ein Gemüse oder eine Frucht? Botanisch gesehen essen wir mit der Tomate eine Frucht, doch 1893 entschied der Oberste Gerichtshof der Vereinigten Staaten, dass es sich bei der Tomate – aufgrund ihrer landläufigen Verwendung – um ein Gemüse handelt. Zum Gerichtsverfahren kam es so: Ein findiger Gemüsehändler wollte Steuern sparen, die in New York für die Einfuhr von Gemüse, aber nicht von Obst eingehoben wurden. Er deklarierte Tomaten als Obst und löste damit ein jahrelanges Gerichtsverfahren quer durch alle Instanzen aus.

In der mediterranen Küche fehlen Tomaten in fast keiner Speise, als Haupt- oder Nebendarsteller in Form von Aufläufen, Eintöpfen, Gemüsezubereitungen, Saucen, Salaten, Suppen und vielem mehr. Der rote Tomaten-Farbstoff Lycopin ist hitzebeständig und reichert sich in erhitzten Tomatenprodukten sogar an. Lycopin ist ein Carotinoid und wirkt antioxidativ, fängt also freie Radikale ein, und gilt als antikanzerogen sowie vorbeugend gegen Herz-Kreislauf-Erkrankungen. Am meisten Lycopin ist in konzentriertem Tomatenmark enthalten.

Eng verbunden mit Tomaten ist das **Basilikum**, dessen Aroma sofort Urlaubs-Feeling hervorruft. In Pesto Genovese spielt Basilikum die Hauptrolle, es passt aber auch beinahe zu jedem anderen Pastagericht. Für die Gesundheit leisten die im Basilikum enthaltenen Vitamine (A, B und C) und Mineralstoffe (Magnesium, Eisen) einen wertvollen Beitrag.

AUF DER ZIELGERADEN: LASS DEIN RUND-UMS-MITTELMEER-HOCHBEET WACHSEN UND GEDEIHEN

Das sehr wärmebedürftige Gemüse ist zwar etwas anspruchsvoll, dafür freust du dich monatelang über eine regelmäßige Ernte. So bringst du die Pflanzen in Hochform:

Kälteschutz

Stark wechselnde Tag-Nacht-Temperaturen, kühle Tage oder gar Frost schaden dem mediterranen Gemüse. Entsprechend ihrer ursprünglichen Herkunft aus Mittel- und Südamerika, Afrika oder Kleinasien fühlen sich die Pflanzen ab 25 °C und darüber am wohlsten. Ist es zu kalt, stoppen sie ihr Wachstum, bei Frost erfrieren sie.

Tipp:

Setze das Mittelmeer-Gemüse lieber spät als zu früh. 2 Wochen in feucht-kühler Witterung schadet ihm mehr als der Umzug ins Hochbeet Ende Mai. Die Pflanzen holen das Wachstum rasch auf.

Bedecke das Gemüse in der Nacht bis Ende Mai/Mitte Juni mit einem Vlies. Vergiss tagsüber nicht, das Vlies auf die Seite zu schieben, sonst begünstigt die hohe Luftfeuchtigkeit rund um die Pflanzen Pilzerkrankungen und Schimmel.

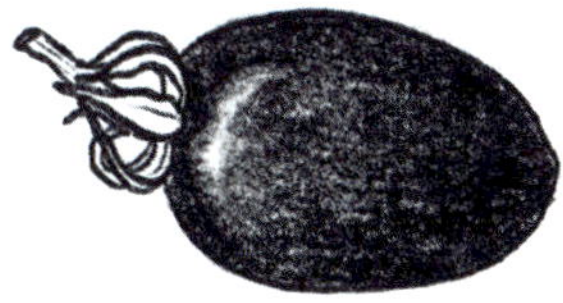

Vereinzeln

Lichte gesäte Kichererbsen auf einen Abstand von 10–15 cm aus.

Anlehn- und Kletterhilfe

Auberginen und Paprika wachsen buschig und entwickeln zahlreiche Seitentriebe. Ihre Stängel stehen zwar stabil, doch je höher die Pflanzen werden und je mehr Früchte sie tragen, umso größer ist die Gefahr, dass die ganze Pflanze umfällt oder einzelne Triebe abbrechen. Kleinere Paprika- und Auberginenpflanzen kannst du einfach am Pflock anlehnen, idealerweise in Hauptwindrichtung. Der Wind drückt die Pflanze Richtung Pflock, in dem sie eine Stütze findet. Auf Nummer sicher gehst du, wenn du die Stängel mit einer weichen Schnur, z. B. aus Jute, am Pflock festbindest. Wiederhole das Anbinden je nach Pflanzenwachstum.

Achtung:

Kontrolliere die Anbindestelle, damit die Schnur die breiter werdenden Stängel nicht einschneidet.

Okras werden unter optimalen Bedingungen über 2 m hoch. In Mitteleuropa erreichen sie diese Höhen kaum, eine Anlehnhilfe schützt die nach oben strebenden Pflanzen dennoch vor dem Umfallen.

Eine Zucchinipflanze braucht normalerweise eine Fläche von mindestens 1 m². Platz sparst du, wenn du aus der Zucchinipflanze eine Kletterzucchini machst. Das geht so: Binde den Haupttrieb am Pflock fest, sobald die Zucchini Blüten und erste Früchte ansetzen. Der Haupttrieb darf nicht zu dünn sein, sonst bricht er. Binde ihn immer unter dem Fruchtansatz an. Sobald die Zucchinifrucht geerntet ist, wird der nächste Abschnitt vom Haupttrieb angebunden, darüber sind neue Früchte und Fruchtansätze. Entferne von der etwas größeren Pflanze die alten, unteren Blätter. Alle Blätter oberhalb der Früchte bleiben auf der Pflanze, denn diese sammeln mit Hilfe der Photosynthese Zucker und Nährstoffe. Durch das Entfernen der alten Blätter geht mehr Energie in die Entwicklung neuer Fruchtansätze, zudem gelangt mehr Sonne zu den Früchten.

Tipp:

Verwende eine reißfeste, kräftige Schnur zum Anbinden, denn die Zucchinipflanze wird mit der Zeit ziemlich schwer. Gut eignet sich eine Mullbinde, wie du sie auch zum Verarzten kleiner Verletzungen nimmst. Sie ist breit, weich, gleichzeitig reißfest und schnürt den Zucchinistängel nicht ein.

Tomaten brauchen jedenfalls eine Stütze, sonst brechen ihre Triebe oder sie fallen um. Binde sie regelmäßig an Pflöcken oder Tomatenstäben an. Von den im Handel erhältlichen spiralförmigen Metallstäben brauchst du mindestens zwei je Pflanze, um diese ausreichend zu stützen.

Gießen

Kichererbsen sind tolerant gegenüber Trockenheit und brauchen erst dann Wasser, wenn die Erde schon einige Tage ausgetrocknet ist. Ihre langen Pfahlwurzeln reichen weit nach unten, je nach Höhe des Hochbeets können sie sich aus tiefer liegenden Schichten mit Wasser versorgen.

Ihre Nachbarn, Melanzani und Zucchini, haben hingegen einen hohen Wasserbedarf. Beim Gießen musst du dir keine Gedanken über die richtige Wasserverteilung machen, denn das Fruchtgemüse entnimmt das meiste Wasser für sich, für die Kichererbsen bleibt nicht mehr viel übrig.

Den größten Wasserbedarf haben Aubergine, Zucchini und auch Paprika in der Zeit des Fruchtansatzes und des Fruchtwachstums, also kurz nachdem die Blüten erscheinen. Wassermangel führt zum Abwerfen der Blüten und Fruchtansätze. Größere Zucchinifrüchte werden bei Wassermangel bitter, Paprika dünnwandig und rissig.

Die stark wachsenden Okras brauchen regelmäßig und ausreichend Wasser, sowohl für das Wachstum als auch für den Ansatz der Schoten.

Basilikum steht nicht gerne trocken, mag allerdings keine Staunässe. Wassermangel bewirkt vertrocknete oder abfallende Blätter.

Tomaten haben einen etwas geringeren Wasserbedarf, allerdings führt Wassermangel zum Abwerfen von Blüten und Fruchtansätzen.

Für alle Pflanzen gilt: am Anfang eher spärlich gießen, damit sie auf der Suche nach Wasser kräftige Wurzeln entwickeln. Eine Ausnahme bildet Basilikum – bei Wassermangel vertrocknet das noch junge Würzkraut.

Achtung:

Kopfüber ein Wasserschwall? Das geht gar nicht. Mittelmeer-Gemüse ist empfindlich gegen Bewässerung von oben. Auf den feuchten Blättern entstehen Pilzkrankheiten wie Grauschimmel, Mehltau oder Kraut- und Braunfäule. Gieße direkt zu den Wurzeln, die Blätter sollen trocken bleiben. Das Beste: eine Tröpfchenbewässerung (schau auf Seite 116).

Düngen

Kichererbsen versorgen sich als typische Hülsenfrüchte selbstständig mit Stickstoff aus der Luft. Alle anderen Gemüsearten brauchen sehr viele Nährstoffe, die sie in der frisch aufgesetzten Hochbeet-Befüllung finden. Doch sogar im 1. Jahr freuen sich die Pflanzen im Hochsommer über eine Gabe Brennnessel-Jauche – als Dünger und zur Pflanzenstärkung.

Achtung bei Tomaten:

Stickstoff- und Kaliumüberschuss verdrängt Kalzium, die Folge ist die gefürchtete Blütenendfäule. Diese zeigt sich in großen braunen Stellen an der Spitze der Tomatenfrüchte. Mit etwas Algenkalk rund um die Tomaten beugst du einseitiger Nährstoffversorgung vor.

Versorge das Gemüse ab dem 2. Hochbeet-Jahr beim Pflanzen mit ausgewogenem Langzeitdünger und ab Mitte Juni regelmäßig mit Flüssigdünger, z. B. in Form von Brennnessel-Jauche, Komposttee oder Bio-Dünger. Düngeintervall: alle 2–3 Wochen.

Spezielle Zuwendung

Zucchini sind anfällig gegenüber Mehltau. Mit dem Entfernen befallener Blätter unterbindest du die Ausbreitung des gefährlichen Pilzes. Besprühe die Zucchiniblätter ab August alle 2 Wochen vorbeugend mit Schachtelhalmextrakt (Seite 101). Auch wenn der Mehltau bereits da ist, hilft der Ackerschachtelhalm-Auszug. Behandle die Blätter alle 2 Tage mit einer Gabe Ackerschachtelhalm-Auszug und wiederhole die Behandlung 3–4-mal, danach wöchentlich. Benetze die Blätter an der Ober- und Unterseite.

Mit dem Entfernen der ersten Blüten und Fruchtansätze bei Auberginen und Paprika förderst du die Verzweigung und den späteren Ertrag. Kürze bei Auberginen den gut entwickelten Haupttrieb ein. Es wachsen weitere Nebentriebe, in deren Blattachseln neue Früchte entstehen. Lichte im Hochsommer abgetragene Nebentriebe aus, damit mehr Licht zu den Früchten kommt. Achtung: nicht zu viel auf einmal entfernen, sonst bekommen die Früchte Sonnenbrand. Schneide ab August für bessere Luftzirkulation die unteren Blätter ab. Dies verhindert die Anfälligkeit gegenüber Pilzkrankheiten. Zudem steckt die Pflanze ihre Energie in die Ausreifung der Früchte. Gehe bei Paprika genauso vor, sei allerdings sparsamer beim Entfernen der Seitentriebe. Sowohl Aubergine als auch Paprika sind wenig anfällig gegenüber Krankheiten. Das Abstoßen von Blüten oder kleinen Früchten liegt vorwiegend an wechselnden Umweltbedingungen, also stark schwankenden Temperaturen, Trockenheit oder zu hoher Feuchtigkeit. Spinnmilben und Blattläuse bekommst du mit dem Einsatz von Nützlingen rasch in den Griff.

Geize die Tomaten aus, sobald die ersten Seitentriebe in ihren Blattachseln entstehen. Die Geiztriebe müssen noch klein sein, sonst verletzt du die Tomatenpflanze und es können Krankheitserreger eindringen. Mit dem Ausgeizen erziehst du die Pflanzen zu einem geraden, nach oben strebenden Wuchs – ein Vorteil im beengten Hochbeet.

Tipps:

Verwende die ausgegeizten Triebe als Mulch, direkt unter den Tomatenpflanzen. Oder lege sie an anderer Stelle zwischen Kohlgemüse – der Geruch der Tomatenblätter und -triebe verwirrt zahlreiche Kohlschädlinge.
Du hast einen Geiztrieb übersehen? Dann ziehe ihn wie einen zweiten Haupttrieb, denn an ihm wachsen weitere Früchte. Binde ihn an einem eigenen Pflock an und geize die an ihm entstehenden Seitentriebe aus.

Schneide ab Mitte/Ende Juli die unteren Blätter der Tomaten ab. Das beschleunigt den Reifeprozess, da die Tomatenpflanze ihre Energie vermehrt in die Fruchtentwicklung steckt.

Seit einigen Jahrzehnten macht eine Tomatenkrankheit den Freilandgärtner*innen das Leben schwer: die Kraut- und Braunfäule (Seite 107). Da die Übertragung bei Regen erfolgt, schützt du deine Tomaten am besten mit einem am Hochbeet montierten, transparenten Dach (z. B. aus Plexiglas). Einfacher, aber genauso effektiv sind wasserundurchlässige, transparente Tomatenhauben, die du vor angesagtem Regen über die Tomaten stülpst. Bei Schönwetter wieder entfernen.

AB INS FINALE: AUF DIE PLÄTZE, ERNTE, LOS!

Kichererbsen werden von Mitte/Ende Juli bis August reif. Je wärmer und trockener es ist, desto eher beginnt die Ernte. Aus violetten, weißen oder rosa Blüten werden kleine, grüne, behaarte Hülsen, in denen 1–3 Kichererbsen sind. Ernte die ganze Pflanze, wenn die Hülsen gelb sind, und hänge sie kopfüber zum Trocknen auf. Zum Teil fallen die Kichererbsen aus den Hülsen, den Rest löst du ähnlich wie Erbsen oder Bohnen aus. Erst wenn die Hülse komplett trocken ist, sind die Erbsen reif.

Achtung:

Kichererbsen sind in rohem Zustand giftig. Mehr dazu liest du auf Seite 154.

Bereits Ende Juli werden die ersten **Zucchini** reif. Die Ernte der noch kleinen Früchte (15–20 cm Länge) hat mehrere Vorteile:

- Du kannst die ganze Frucht samt Schale und Samenansätzen verzehren.
- Das Fruchtfleisch ist zart und bekömmlich, bei größeren Zucchini wird es mehlig und fest.
- Die Pflanze bildet rasch neue Früchte nach.

Bei großen Zucchini musst du die Kerne und meist auch die harte Schale entfernen. Zudem steckt die Pflanze ihre ganze Energie in die eine Frucht und ist rascher erschöpft.

Achtung:

Zu große, schwere Früchte können die Kletterzucchini brechen.

Schneide die Zucchini bei der Ernte mit einem scharfen Messer samt 2–3 cm Stielansatz ab.

Auberginen, Paprika und Tomaten liefern ab Juli bis Ende September/Anfang Oktober laufend Früchte. Auberginen sind reif, kurz nachdem ihre glänzende Farbe matt wird. Fruchtfleisch und Kerne sind weiß, braunes Fruchtfleisch ist ein Hinweis auf Überreife. Die Reife von Paprika erkennst du, wenn sie ihre sortentypische Farbe annehmen. Aber auch die Ernte von Vorstufen, z. B. grün oder gelb, ist möglich, dann enthalten die Paprika mehr Säure und schmecken erfrischender.

Tipp:

Schneide Auberginen und Paprika mit einem Messer oder der Schere samt einigen Zentimetern Stiel und Kelch ab, um die Pflanze nicht zu verletzen.

Achtung:

Auch Auberginen sind in rohem Zustand giftig, verzehre sie daher nur gekocht, gegrillt oder gebraten.

Die Ernte von Tomaten ist denkbar einfach: Pflücke die reifen Früchte einfach ab. Grüne Tomaten sind unreif (Ausnahme: eine grüne Sorte, z. B. ‚Green Zebra'), reifen aber auf der Fensterbank gut nach.

Basilikum ist eine Prinzessin, wenn du es falsch erntest. Das Abzupfen einzelner Blätter mag es gar nicht, es zieht sich beleidigt zurück und geht ein. Mit der richtigen Erntetechnik machst du aus deinen kleinen Pflänzchen große, standhafte Büsche. Zwicke dazu die Triebspitzen kurz vor der Blüte direkt über einem Blattpaar ab. Daraus entstehen neue Verzweigungen und Blätter, von denen du wieder vor der Blüte erntest. Das Basilikum wächst nicht nur buschiger, es ist auch aromatischer, denn die für die Blütenbildung notwendigen Stoffe bleiben in den Blättern erhalten.

Tipp:

Ernte Basilikum an sonnigen Tagen. Das typische Basilikumaroma wird durch ätherische Öle hervorgerufen, die Basilikum vor Sonnenbrand schützen. Je sonniger es ist, desto aromatischer ist Basilikum also.

Die **Okra**-Ernte beginnt Mitte August. Je heißer und sonniger der Sommer ist, umso üppiger fällt die Ernte aus. Nach der Blüte entstehen kantige grüne Schoten mit längs gerichteten Furchen. Ernte diese einige Tage nach der Blüte in unreifem Zustand. Es entstehen neue Blüten und anschließend Schoten, die du nach und nach erntest. Okras kannst du roh essen, besser schmecken sie nach dem Kochen.

Nachkultur nach deinem Rund-ums-Mittelmeer-Hochbeet:

- Pflanzen aus dem Ach-kann-nicht-immer-Winter-sein-Hochbeet (Seite 216), immer dann, wenn in einer Reihe ein Platz frei wird.

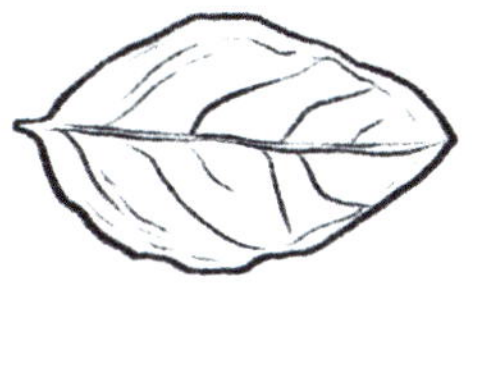

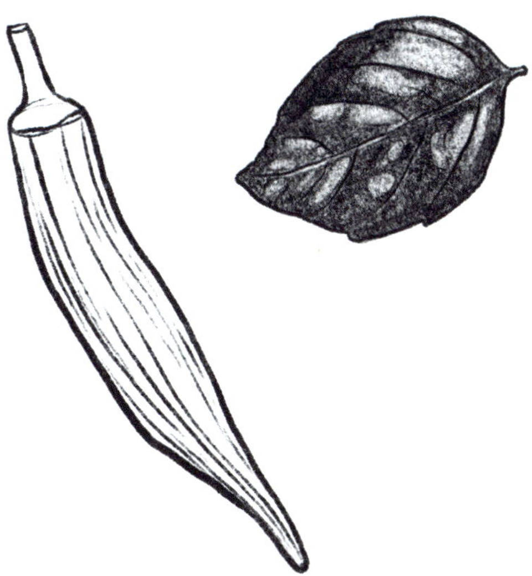

Ajvar

Die Herkunft von Ajvar ist nicht ganz klar, mehrere Länder reklamieren die fruchtige Paprikapaste als heimisches Nationalgericht, darunter Kroatien genauso wie Serbien oder Albanien. So bereitest du sie zu:

Zutaten:

500 g rote Paprika
1 Aubergine
1 Zwiebel
2 Knoblauchzehen
1 EL Olivenöl
1 EL Tomatenmark
1 Schuss Apfelessig
Salz
ev. etwas Chilipulver

Zubereitung:

1 Halbiere und putze Paprika und die Aubergine, lege sie auf ein Backpapier und brate sie 15 Minuten bei 180 °C Heißluft im Backofen. Ziehe nach dem Braten die Haut ab, sie löst sich jetzt leicht vom Gemüse.

2 Schneide Zwiebel und Knoblauch in kleine Stücke und brate sie im Olivenöl goldbraun an.

3 Schneide die abgekühlten Paprika und die Aubergine in kleine Stücke und füge sie dazu.

4 Würze mit Tomatenmark, Apfelessig und Salz und lasse das Gemüse bei kleiner Flamme 5 Minuten köcheln. Regelmäßig umrühren, damit es nicht anbrennt.

5 Zum Abschluss kannst du nach Geschmack mit Chili würzen.

Ajvar isst du direkt oder füllst es noch heiß in Gläser. Es passt zu Fleisch- und Reisgerichten, in Ratatouille, aufs Weißbrot oder zu Nudeln.

Gebackene griechische Zucchini im Teigmantel

Zutaten:

4 kleine Zucchini
200 g Kräuter-Schafskäse
3 Eier
1/2 l Bier
ca. 150–200 g Mehl
Salz

Olivenöl zum Ausbacken
Zitronensaft nach Belieben

Zahnstocher

Zubereitung:

1 Wasche die Zucchini gründlich und schneide sie der Länge nach in ca. 0,5 cm dicke Scheiben. Schneide den Kräuter-Schafskäse in dünne Scheiben, belege je einen Zucchinistreifen damit und decke ihn mit einer zweiten Zucchinischeibe ab. Fixiere die beiden Zucchini mit Zahnstochern.

2 Trenne die Eier und mixe das Eigelb mit Bier und Mehl. Gib das Mehl nach und nach in das Ei-Bier-Gemisch, der Teig soll noch flüssig sein. Schlage das Eiweiß mit etwas Salz zu Schnee und hebe es vorsichtig unter die Eiermasse.

3 Tauche die gefüllten Zucchinischeiben in den Teig und backe sie in Olivenöl aus. Beträufle sie nach Geschmack mit Zitronensaft.

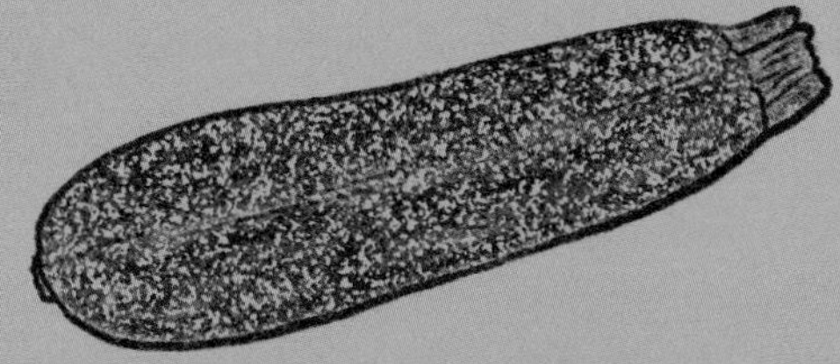

DAS SCHATTENPLATZ-HOCHBEET

Dein Garten oder Balkon geizt nicht mit schönen Plätzchen, nur die Sonne lässt sich leider selten blicken? Dann ist das Schattenplatz-Hochbeet genau das Richtige für dich: Mangold, Pastinaken, Schalotten, Rosenkohl, Blutampfer und einiges mehr verstecken sich lieber vor der Sonne und wachsen im Schatten dafür umso besser.

Ab dem 1. Hochbeet-Jahr möglich, ideal ab dem 2. Hochbeet-Jahr

Das kommt ins Schattenplatz-Hochbeet

April

Als Samen:

- **Pastinaken:** z. B. ‚Schleswiger Schnee', ‚Halblange Weiße';
- **Mangold:** z. B. ‚Tre Colori' (bunt), ‚Lucullus' (weiß), ‚Feurio' (bunt), ‚Jessica' (weiß, winterfest);
- **Schwarzwurzeln;**
- **Blutampfer**

Als Steckgut:

- **8 × Schalotten**

Als Jungpflanzen:

- **2 × Rosenkohl:** z. B. ‚Groninger'

VORBEREITUNGEN

Mit Ausnahme von Rosenkohl sind alle Pflanzen Mittelzehrer und fühlen sich daher im 2.–3. Jahr nach der frischen Hochbeet-Befüllung sehr wohl. Du willst das Gemüse in ein frisches Hochbeet setzen? Das ist kein Problem, wandle dafür einfach die Befüllung ein wenig ab. Die meisten Gemüsearten im Schattenplatz-Hochbeet haben lange Wurzeln und müssen daher einen tiefgründigen, lockeren Boden mit ähnlichen Nährstoffverhältnissen auffinden. Die Erdschicht sollte mindesten 30, besser 40 cm tief sein. Lasse Füllmaterial weg, das sofort und in großen Mengen Nährstoffe liefert, z. B. Tiermist oder frischen Kompost. Mische stattdessen abgelegten Kompost mit Bio-Erde und fülle das Gemenge ins Hochbeet. Die Füllung darunter bleibt klassisch, also mit Strauchschnitt, Laub, Grasschnitt und alter Erde.

STARTSCHUSS FÜR DAS SCHATTENPLATZ-HOCHBEET

Beginne im April so früh wie möglich mit der Aussaat und Bepflanzung, die Erde im Hochbeet muss ein wenig erwärmt sein. Das Gemüse in deinem Schattenplatz-Hochbeet ist zwar – was Wärme anbelangt – genügsam und keimt schon ab 3–5 °C. Die optimalen Keimtemperaturen liegen jedoch wesentlich höher (je nach Gemüse zwischen 15 und 25 °C). Mit Hilfe eines Frühbeet-Aufsatzes hältst du das Saatbeet für die Keimlinge wohlig warm.

Säe **Pastinaken** in eine 40 cm breite Reihe dünn aus. Die Samen kommen etwa 1–2 cm in die Erde. In die nächste, ebenfalls 40 cm breite Reihe streust du die **Mangold**samen im Abstand von 4–5 cm in die Saatrille. Die Saattiefe liegt bei 2–3 cm.

Noch mehr Platz braucht **Rosenkohl**, nämlich rundum 50 cm. Steht er zu eng, nehmen sich die Pflanzen nicht nur gegenseitig Nährstoffe weg, sondern behindern sich auch im Wachsen. In die Reihe passen 2 Stück Rosenkohl, diese setzt du am besten bereits als Jungpflanzen ein.

Lege die beige-braunen, nadelförmigen Samen von **Schwarzwurzeln** 2 cm tief und mit 3–4 cm Abstand in die Erde. Die Reihenbreite beträgt 30 cm.

Stecke daneben die kleinen **Schalotten**-Zwiebelchen in jeweils ca. 12 cm Abstand in die 20 cm breite Reihe. Die Spitzen der Steckzwiebeln zeigen nach oben und lugen gerade noch aus der Erde hervor.

In die letzte, 20 cm breite Reihe kommt **Blutampfer**. Er ist ein Lichtkeimer, bedecke ihn daher nur mit sehr wenig Erde.

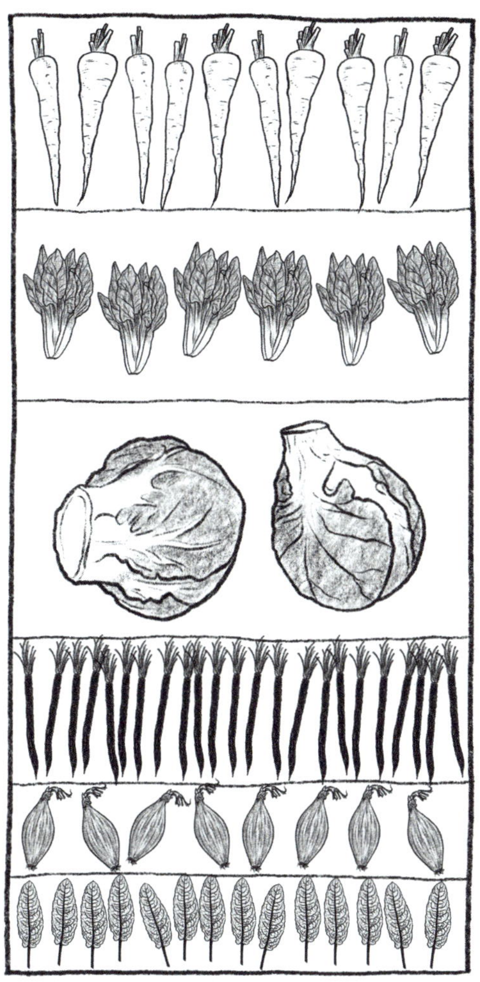

Da du im April so bald als möglich mit dem Schattenplatz-Hochbeet loslegst, bleibt keine Zeit für eine frisch angebaute Vorkultur. Mit stehen gebliebenem Gemüse vom Ach-kann-nicht-immer-Winter-sein-Hochbeet (Seite 216) schaffst du dennoch eine erste Frühlings-Ernte.

DU WILLST JUNGPFLANZEN SELBST VORZIEHEN? SO GEHT'S:

Ziehe **Rosenkohl** ab Anfang März vor. Lege in zwei mit Aussaaterde gefüllte Saatgefäße jeweils 2 Samen in 1–2 cm Tiefe. Gieße diese vorsichtig mit einem schwachen Sprühstrahl.

Saat und Keimlinge gießen:

Gehe beim Gießen von frisch gesäten Samen und kleinen Keimlingen sehr behutsam vor. Ein ungebremster Wasserschwall aus der Gießkanne spült die Samen durcheinander oder tiefer in die Erde. Kleine Keimlinge werden durch einen direkten, zu festen Wasserstrahl verletzt oder aus der Erde gehoben, die Folge: Ihre Wurzeln verlieren den Halt. Besprühe deine frisch gesetzten Sämlinge im Haus mit einer Sprühflasche, wie sie auch zum Bügeln verwendet wird.

ETWAS STARTDÜNGER GEFÄLLIG?

Lediglich Rosenkohl ist ein Starkzehrer und braucht ab dem 2. Hochbeet-Jahr zusätzlichen Startdünger. Das restliche Gemüse kommt mit den Nährstoffen gut aus, mische erst am dem 4. Hochbeet-Jahr Bio-Dünger unter die Erde.

Pflanzabstände:

Pastinaken: 1 Reihe, 40 cm breit, reihig säen, auf 10–12 cm vereinzeln
Mangold: 1 Reihe, 40 cm breit, Saatabstand 4–5 cm, auf 10–15 cm vereinzeln
Rosenkohl: 1 Reihe, 50 cm breit, 2 Stück
Schwarzwurzeln: 1 Reihe, 30 cm, Saatabstand 3–4 cm, auf 8–10 cm vereinzeln
Schalotten: 1 Reihe, 20 cm breit, 8 Stück
Blutampfer: 1 Reihe, 20 cm breit, reihig säen

DIESES GEMÜSE STELLT DEN SCHATTEN IN DEN SCHATTEN

Gemüse braucht zum Wachsen Wasser, Nährstoffe und: Licht. Doch nicht jedes Gemüse tickt gleich. Während Gemüsearten wie Paprika, Tomaten oder Melonen nicht genug Sonnenstrahlen bekommen können, verkrümelt sich anderes Gemüse lieber auf halbschattige oder schattige Plätze. Seine verwandten Wildarten haben ihren Ursprung im lichten Schatten von Bäumen und Sträuchern oder gedeihen im Unterholz von Wäldern. Zu viel Sonne schadet ihnen sogar. Sie erleiden Verbrennungen an den Blättern, leiden unter zu viel Verdunstung und stellen das Wachstum ein. Die heißen Sommer der letzten Jahre haben gezeigt, dass Lauch, Kohlgewächse oder Sommersalate einfach „stehen" bleiben und erst wieder im kühleren Herbst weiterwachsen.

Extra-Bonus:

Im Halbschatten oder Schatten musst du weniger gießen, die Erde bleibt länger feucht. Gleichzeitig müssen die Pflanzen bei geringerer Sonneneinstrahlung weniger verdunsten – sie atmen förmlich auf. In deinem Schattenplatz-Hochbeet wächst Gemüse, das im Halbschatten und sogar auf einer Nordseite gut gedeiht.

Pastinake ist eines der ursprünglichsten Gemüse, ihre Heimat ist Mitteleuropa. Bis zur Einführung der Kartoffel gehörte die Pastinake zu den Grundnahrungsmitteln, wurde dann verdrängt und erfreut sich mittlerweile wieder großer Beliebtheit. Sie enthält neben zahlreichen Vitaminen auch Zink und ist reich an Kohlehydraten – darum sättig die Pastinake sehr gut. Beliebt ist das vielfältige Gemüse als Suppe, Ofengemüse, Püree, Beilage oder in Aufläufen.

Von **Mangold** gibt es zahlreiche Sorten, einfarbig oder bunt, als Blatt- oder Stielmangold und sogar winterhart. Die großen Blätter von Mangold sind chlorophyllreich und gleichen damit Lichtmangel gut aus. Mangold ist eng mit Spinat verwandt, kann im Gegensatz zu diesem jedoch (fast) das ganze Jahr hindurch geerntet werden. Gekocht, passiert und mit etwas Schlagsahne versehen, kommt er geschmacklich dem Spinat sehr nahe. Mangold enthält neben zahlreichen Vitaminen und Mineralstoffen auch Oxalsäure, allerdings in wesentlich geringeren Mengen als Rhabarber oder Blutampfer. Wenn du Probleme mit Nieren- oder Gallensteinen hast, solltest du ihn dennoch nur gelegentlich essen. In den älteren Blättern ist der Oxalsäuregehalt höher.

Rosenkohl ist die zarteste Variante aller Kohlgewächse. Seine kleinen Röschen gewinnen das meiste Aroma, wenn sie einmal durchgefroren sind. Es besteht also keine Eile bei der Ernte. Rosenkohl ist nicht nur reich an Vitaminen und Mineralstoffen, sondern enthält auch Antioxidantien, die vorbeugend gegen Zellschäden wirken. Schneide die kleinen Röschen vor dem Kochen kreuzweise ein, dann werden sie schneller weich.

Schwarzwurzeln werden auch als „Spargel des Winters" bezeichnet. Ihre (geschälten) Wurzeln sehen ihm nicht nur ähnlich, auch ihr Geschmack erinnert ein wenig an Spargel. Schwarzwurzeln sind sehr kalorienarm, aber reich an Ballaststoffen. Sie enthalten den Stoff Inulin, der regulierend auf den Blutzucker wirkt. Bekannt ist Schwarzwurzelsalat, aber auch als Suppe, Gemüse oder Sauce kannst du die langen Wurzeln zubereiten.

Schalotten gelten als die „kleinen" Verwandten der Speisezwiebel. Im Geschmack sind sie milder und süßer und werden darum auch in der gehobenen Gastronomie verwendet. In der Alltagsküche passen sie gut in Salate oder aufs Butter-/Schmalzbrot. Sie sind – ähnlich der Zwiebel – voller Vitamine und Mineralstoffe (Provitamin A, B, C, Eisen, Jod, Kalzium) und enthalten schwefelartige Verbindungen, die keimhemmend wirken.

Blutampfer ist eine Vitamin C-reiche Ergänzung zu Salaten oder passt gekocht in Suppen, Aufläufe, Saucen und viele andere Speisen. Sei allerdings sparsam mit seiner Verwendung, denn er enthält reichlich Oxalsäure, auch in den jungen Blättern. Ältere Blätter werden ungenießbar, der hohe Gehalt an Oxalsäure führt zu Magenverstimmungen und -reizungen.

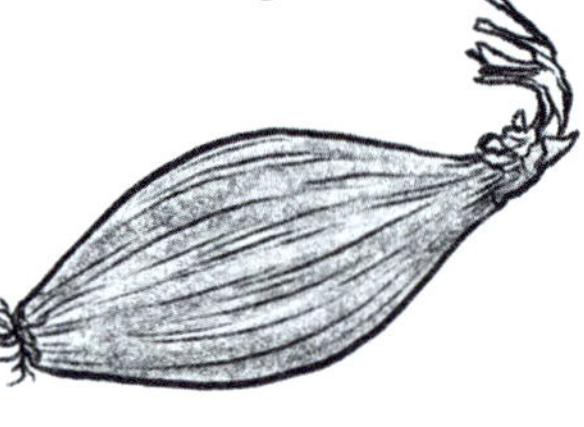

AUF DER ZIELGERADEN: LASS DAS SCHATTENPLATZ-HOCHBEET WACHSEN UND GEDEIHEN

Das meiste Gemüse in deinem Hochbeet gedeiht sehr unkompliziert, gelegentlich braucht es jedoch ein wenig Zuwendung.

Kälteschutz

Ein Vlies oder Frühbeet-Aufsatz fördern im April das Auflaufen und die Entwicklung der Jungpflanzen. Insgesamt sind die Pflanzen in deinem Schattenplatz-Hochbeet jedoch recht unempfindlich gegenüber Kälte. Schütze im Herbst vor allem das Wurzelgemüse mit einer dicken Mulchschicht vor dem Durchfrieren der Erde.

Gießen

Pastinaken, Schwarzwurzeln und Blutampfer keimen nur bei ausreichender Bodenfeuchtigkeit. Halte die Erde in der Keimphase stets feucht. Blutampfer – der nahe mit dem wilden Sauerampfer verwandt ist – kommt ursprünglich aus feuchten Auwäldern und liebt daher regelmäßige Wassergaben, aber keine Staunässe. Trockenheit während der Blatt-, Wurzel- und Röschenbildung macht auch den anderen Pflanzen zu schaffen. Wurzeln stellen das Wachstum ein, Blätter von Mangold und Blutampfer bekommen braune Ränder und Rosenkohl bildet erst spät und dann nur kleine Röschen.

Tipp:

Gieße ab Mai nur alle 2–3 Tage, dafür durchdringend. Alle Gemüsearten (bis auf Schalotten) treiben ihre Wurzeln sehr weit in die Tiefe und können sich von dort Wasser holen. Tägliches Gießen macht die Pflanzen hingegen faul, die Wurzeln bleiben kurz. Ausnahme: Hitzesommer mit 30 °C und mehr, an diesen Tagen unbedingt täglich gießen.

Vereinzeln

Lichte Pastinaken schrittweise aus, zuerst auf 4–5 cm und in einem zweiten Durchgang auf 10–12 cm. Die Samen von Mangold sind – wie bei Roter Bete – Samenknäuel, d. h. aus einem Samen entstehen mehrere Pflanzen. Lasse alle 10–15 cm eine Mangoldpflanze stehen, denn Mangold wird groß und braucht rundum ausreichend Platz. Schwarzwurzeln benötigen je Pflanze 8–10 cm Freiraum. Vereinzele Blutampfer auf 5–8 cm.

Tipp:

Verbinde das Auslichten von Blutampfer und Mangold mit Genuss: Die jungen Blätter passen in jede Salatschüssel.

Düngen

Rosenkohl ist eine hungrige Pflanze und benötigt zusätzlich zum Startdünger 2–3 weitere Düngergaben, z. B. mit Brennnessel-Jauche oder biologischem Flüssigdünger. Die anderen Pflanzen sind genügsamer und gedeihen im gut vorbereiteten Hochbeet optimal.

Spezielle Zuwendung

Wie alle Pflanzen aus der Familie der Kohlgewächse leidet auch Rosenkohl unter den Attacken zahlreicher Schädlinge. Abhilfe und Vorbeugung Nummer 1: das Insektenschutznetz.

Lasse das Insektenschutznetz durchgehend auf den Rosenkohlpflanzen. Die ungebetenen Gäste halten bereits im Frühling Einzug mit Erdflöhen, im Sommer erscheinen Kohltriebrüssler oder Rapsglanzkäfer im Hochbeet und irgendwann im Spätherbst tummeln sich dann Kohlweißlinge.

Die Blätter von Pastinaken, Schwarzwurzeln und Mangold sind – auch im warmen Hochsommer – Opfer von Mehltau. Behandle sie vorbeugend alle 2–3 Wochen mit Ackerschachtelhalm-Extrakt.

Schalotten sind sehr widerstandsfähig, lediglich die Zwiebelfliege kann ihnen zu schaffen machen. Hier hilft zur Vorbeugung auch das Insektenschutznetz.

AB INS FINALE: AUF DIE PLÄTZE, ERNTE, LOS!

Dein erstes Erntegemüse ist **Mangold** und das vom späten Frühling – ab Ende Mai/Anfang Juni – bis zum Winter und darüber hinaus. Ernte die äußeren Blätter und Stiele ab 10–15 cm Größe. Kleine Mangoldblätter kannst du auch roh essen, z. B. im Salat, größere schmecken in Streifen geschnitten und gedünstet als einfache Zuspeise oder verarbeitet zu den verschiedensten Gerichten, z. B. als Eintopf, Curry, Lasagne, Knödel oder Risotto.

Achtung:

Das Pflanzenherz, also das innere „Herz" des Mangolds, soll stehen bleiben, dann wachsen immer neue Blätter nach.

Winterharte Sorten, z. B. ‚Jessica', erntest du sogar den ganzen Winter hindurch.

Ab Juni beginnt die **Blutampfer**-Ernte. Pflücke die jungen, noch zarten äußeren Blätter ab. Sie schmecken säuerlich erfrischend, aber milder als Sauerampfer.

Tipp:

Blutampfer ist mehrjährig und absolut winterhart. Verwende ihn wahlweise einjährig oder lasse ihn für das Folgejahr im Hochbeet.

Das Laub der **Schalotten** verfärbt sich ab Juli braun, das ist ein Zeichen für die bevorstehende Ernte. Schalotten wachsen, indem sich rund um die zentrale Hauptzwiebel 5–8 weitere kleine Zwiebeln entwickeln. Ziehe die Zwiebeln aus der Erde und lasse sie noch einige Tage zum Abtrocknen im Beet liegen. Löse die Zwiebeln vom dürren Laub, so sind sie sehr gut lagerbar.

Tipp:

Schalotten sind mehrjährig; wenn du die zentrale Zwiebel im Hochbeet lässt, wachsen im nächsten Jahr neue Schalotten.

Rosenkohl hat im Frühling und Herbst die größten Wachstumsschübe. In heißen Sommern stockt er, denn die Hitze macht ihm zu schaffen. In kühlen, feuchten Sommern wirst du dich über eine größere Ernte freuen. In den Blattachseln von Rosenkohl entstehen – entlang des Stammes – kleine, kompakte Röschen, geschützt und beschattet von großen, dunkelgrünen Blättern. Am Ende des Stamms entspringen aus der Terminalknospe immer kleiner werdende, nach innen gebogene Blätter.

Achtung:

Rosenkohl ist ein zweijähriges Gemüse, im Folgejahr entstehen aus den Röschen gelbe Blüten. Dann ist eine Ernte nicht mehr möglich.

Die Ernte von Rosenkohl startet im September/Oktober und ist den ganzen Winter möglich. Rosenkohl ist extrem frosthart und gehört damit zu den beliebtesten Wintergemüsearten. Pflücke die Röschen von unten beginnend nach und nach vom Stamm ab. Die unteren Röschen sind zuerst reif, die oberen reifen etwas später nach.

Tipp:

Lasse deinen Rosenkohl einmal durchfrieren, bevor du ihn erntest. Der Frost erhöht das Aroma des zarten Mini-Kohls.

Die Entwicklungszeit von **Pastinaken** ist mit etwa 180 Tagen sehr lange. Im Laufe des Sommers wächst an der Erdoberfläche eine blattreiche Rosette, die die unterirdische Wurzel mit ihren Assimilaten versorgt. Pastinakenwurzeln werden bis zu 40 cm lang. Ziehe die winterharten Wurzeln nach Bedarf zwischen Oktober und Februar des Folgejahres aus der Erde.

Eine ähnlich lange Zeitspanne vergeht, bis aus den kleinen **Schwarzwurzel**samen die 25–30 cm langen, schwarzen Wurzeln entstehen. Die Blätter der Schwarzwurzel sind – wie bei Pastinaken – rosettenartig angeordnet, allerdings zarter und lanzettförmig. Ernte Schwarzwurzeln ab September/Oktober sehr vorsichtig, denn die Wurzeln brechen leicht. Eine kleine Gartenschaufel oder ein stabiler Kochlöffel sind hilfreiche Erntegeräte zum Herausheben der schwarzen Wurzeln. Da Schwarzwurzeln mehrjährig und unempfindlich gegen Fröste sind, ist die Ernte den ganzen Winter hindurch möglich.

NOCH MEHR SCHATTENGEMÜSE

Das Gemüse aus deinem Schattenplatz-Hochbeet geht, der Schatten bleibt. Keine Sorge, es gibt noch viel mehr schattenverträgliches Gemüse für viele weitere Hochbeet-Jahre. Hier ein Überblick über alle für den (Halb-)Schatten geeigneten Gemüsearten und Kräuter:

GEMÜSE	KRÄUTER
Asia-Gemüse	Borretsch
Blutampfer	Brunnenkresse
Bohne	Dill
Brokkoli	Kapuzinerkresse
Chinakohl	Kerbel
Erbse	Kresse
Feldsalat	Petersilie
Grünkohl	Schnittlauch
Karotte	Schnittknoblauch
Kohl	Waldmeister
Kohlrabi	Zitronenmelisse
Radieschen	
Rettich	
Rosenkohl	
Rote Bete	
Rote Melde	
Rotkohl	
Rucola	
Salat (alle Arten und Sorten)	
Schwarzwurzel	
Spinat	
Weißkohl	
Zuckerhut	

Mangoldnocken

Zutaten:

400 g Mangold
500 g Mehl
2 Eier
2 Schalotten
250 g Schafkäse
250 ml Wasser
1 EL Olivenöl
Salz, Pfeffer

Zubereitung:

1 Entstiele den Mangold und koche die Blätter 1–2 Minuten in leicht wallendem Wasser. Gieße das Wasser ab und drücke den Mangold, nachdem er ein wenig abgekühlt ist, gründlich aus. Breite ihn danach auf einer Küchenrolle aus, damit die Blätter noch besser abtrocknen.

2 Bereite in der Zwischenzeit den Nockenteig zu. Vermische dafür Mehl, Eier, Salz und knapp 250 ml Wasser zu einem glatten Teig. Ist der Teig zu fest, gib noch etwas Wasser zu. Der Teig soll jedoch keinesfalls zu weich werden.

3 Schneide den Mangold in kleine Stücke und mische ihn unter den Teig.

4 Forme aus der Masse mit einem Löffel Nocken und lass sie ca. 4 Minuten leicht wallend in Salzwasser kochen. Die Nocken sollen innen noch einen „Biss" haben. Gieße die Nocken in ein Sieb und lasse sie etwas abtropfen.

5 Schneide die Schalotten und den Schafskäse in kleine Würfel und röste die Schalottenwürfel in etwas Olivenöl goldgelb an. Gib den Schafkäse dazu und rühre so lange, bis er geschmolzen ist. Mische die Nocken unter und würze alles mit Salz und Pfeffer.

Pastinakenpüree

Zutaten:

400 g Pastinaken
2 EL Butter
100 ml Milch
Salz
Muskatnuss

Zubereitung:

1 Schneide die Pastinaken zunächst in kleine Würfel. Koche diese anschließend ca. 5–10 Minuten weich. Gieße das Kochwasser ab und püriere die Pastinaken mit einem Passierstab.

2 Erwärme die Milch und löse die Butter darin auf. Mische die Flüssigkeit mit den pürierten Pastinaken und würze das Püree mit Salz und Muskatnuss.

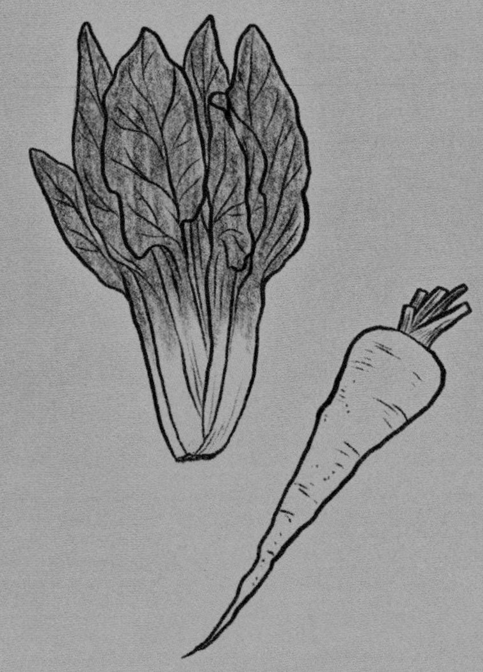

DAS SÜSSE-FRÜCHTCHEN-HOCHBEET

Frisch und fruchtig, pur im Obstsalat, püriert im sommerlichen Drink oder zum Snacken zwischendurch: Mit diesem Mix bleibt deine Naschlade auf jeden Fall geschlossen, denn deinen süßen Gaumen verwöhnst du mit der Ernte aus deinem Süße-Früchtchen-Hochbeet.

Bevor es losgeht:

Da du Mitte Mai mit der Bepflanzung beginnst, hast du ausreichend Zeit für Vorkulturen. Sowohl das

- Sofort-losernten-Hochbeet (Seite 130) als auch
- das Bunte-Frühlingsvitamine-Hochbeet (Seite 136)

passen gut vor deinen Obstgarten.

Ideal für das 1. Hochbeet-Jahr

Das kommt ins Süße-Früchtchen-Hochbeet:

Mitte Mai

Als Jungpflanzen:

- **1 × Melone:** z. B. Zuckermelone: ‚Mango-Melone', ‚Petit gris de Rennes', ‚Charentais', Honigmelone: ‚Tendral negro tardio', Wassermelone: ‚Sugar Baby';
- **3 × Klettererdbeeren:** z. B. ‚Hummi®Kletter-Toni', ‚Hummi®Meraldo', ‚Parfum Freeclimber®', ‚SuperStar';
- **8 × Erdnüsse;**
- **1 × Stevia;**
- **1 × Ananassalbei;**
- **1 × Andenbeere:** z. B. ‚Schönbrunner Gold';
- **8 × Erdmandeln**

VORBEREITUNGEN

Bis auf die Erdnüsse sind alle Pflanzen Stark- bzw. Mittelzehrer. Besonders Melonen, Erdbeeren und Physalis sind ausgesprochen hungrig. Ein frisch aufgesetztes Hochbeet – soweit vorhanden auch mit Tiermist – bietet die besten Voraussetzungen. Versorge das Hochbeet ab dem 2. Hochbeet-Jahr mit einer ordentlichen Ladung frischen Komposts, frischer Bio-Erde und arbeite zusätzlich einen biologischen Langzeitdünger ein.

Erdnüsse brauchen einen lockeren Boden. Mische also entweder Bio-Erde mit ausreichend Quarzanteil oder etwas Sand unter die zukünftige Pflanzfläche.

Zudem sind die Pflanzen licht- und wärmebedürftig, daher sollte das Hochbeet in voller Sonne und windgeschützt stehen. Ideal ist ein Platz neben einer Mauer oder Hauswand, auf einem Dachgarten oder am Südbalkon. In Hitzesommern mit 35 °C und mehr gedeiht das Obst und Gemüse – bei ausreichender Wasserversorgung – prächtig.

Melonen und Klettererdbeeren brauchen entweder eine Klettervorrichtung, oder sie hängen über den Hochbeetrand und wachsen Richtung Boden. Ein Klettergerüst montierst du am besten an der Nordseite, damit die anderen Pflanzen in deinem Hochbeet nicht beschattet werden. Praktisch ist das Hochbeet neben einer Wand, denn an dieser kannst du ein Gerüst oder Spalier fixieren.

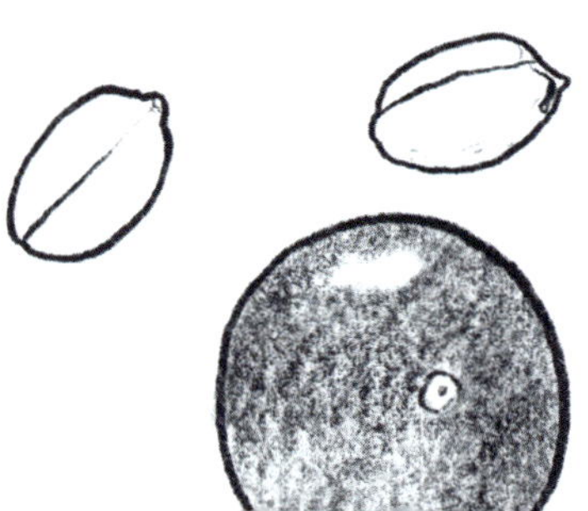

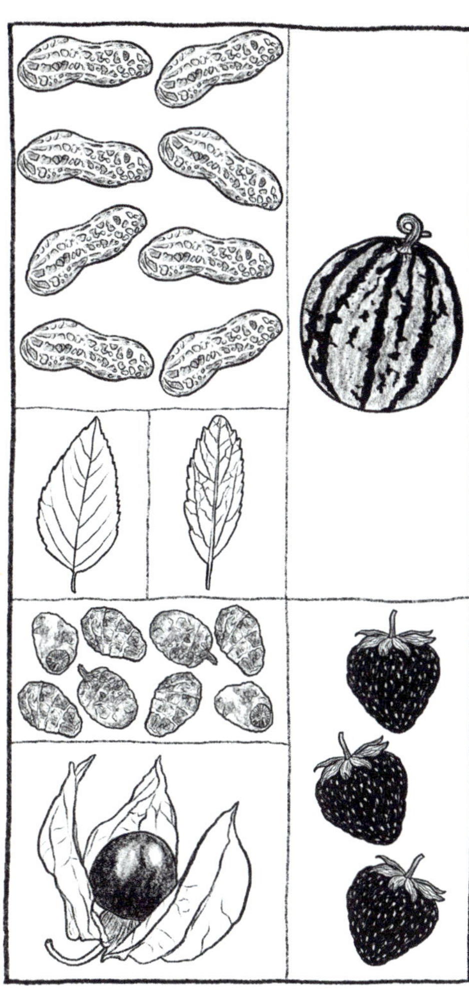

Pflanzabstände:

Erdnüsse: 4 Reihen mit je 30 × 20 cm, 8 Stück
Ananassalbei/Stevia: neben Erdnüsse je 30 × 40 cm, je 1 Stück
Melone: hinter Erdnüsse und Ananassalbei/Stevia 120 × 40 cm, 1 Stück
Erdmandeln: 30 × 60 cm breit, 8 Stück, Pflanzabstand 6–8 cm
Andenbeere: 50 × 60 cm, 1 Stück
Klettererdbeeren: hinter Erdmandeln und Andenbeere 3 Stück verteilt auf 80 × 40 cm

Tipp:

Achte darauf, dass die Sprossen des Gerüsts nicht zu dick und zu weit voneinander entfernt sind. Sind die Balken zu breit, können die Melonenranken sie nicht mehr umschlingen, ein großer Abstand erschwert dir zusätzlich das Anbinden.

Lässt du Melonen und Erdbeeren lieber über den Hochbeetrand nach unten wachsen, dann pflanze sie auf die Südseite deines Beets. So bekommen sie ausreichend Licht.

Achtung:

Bedenke, dass nach unten hängende Pflanzen eine Eintrittspforte für Schnecken sind!

STARTSCHUSS FÜR DAS SÜSSE-FRÜCHTCHEN-HOCHBEET

Du startest ab Mitte Mai mit dem Einsetzen aller Jungpflanzen, je nach Wetterlage sogar 1–2 Wochen später. Die meisten Pflanzen sind extrem frostempfindlich. Verfolge daher den Wetterbericht, bevor du mit der Bepflanzung loslegst.

Setze die **Melonen**-Jungpflanze auf der Längsseite deines Hochbeets in die Mitte eines 120 cm langen und 40 cm breiten Streifens neben das Klettergerüst (nördlich) oder auf die Südseite (ohne Klettergerüst). Je nach Situation tauschen deine Pflanzen also einfach die Seite. Daneben kommen 3 Stück **Kletter- bzw. Hängeerdbeerpflanze**. Verteile sie gleichmäßig auf den verbleibenden 80 cm Länge mit einer Breite von 40 cm.

Pflanze die **Andenbeere** wie auf der Skizze ersichtlich neben die Erdbeeren. Ihr Platz ist 50 × 60 cm groß. Anschließend kommen 8 **Erdmandel**-Jungpflanzen auf einen 30 × 60 cm breiten Streifen in jeweils 6–8 cm Abstand. Von Erdmandeln könntest du auch Samen säen, mit vorgezogenen Jungpflanzen kommst du jedoch früher und zuverlässiger zur Ernte.

Die beiden Kräuter **Stevia** und **Ananassalbei** bekommen jeweils 30 × 40 cm Platz. Zum Schluss setzt du 8 Stück **Erdnuss**-Jungpflanzen ins Hochbeet. Achte darauf, dass sie auf die Fläche mit dem untergemischten Sand kommen, damit sich später die Erdnüsse leicht in den Boden graben können.

DU WILLST JUNGPFLANZEN SELBST VORZIEHEN? SO GEHT'S:

Beginne Ende Februar mit der Vorkultur von Stevia und Ananassalbei. Beide Kräuter haben eine lange Entwicklungszeit. Sie sind Lichtkeimer, decke sie daher bei der Pflanzung nicht mit Erde zu. Säe jeweils einige wenige Samenkörner in einen größeren Topf und lichte sie später aus. Baue Mitte März die Andenbeere an, die Vorzucht von Erdnüssen und Erdmandeln beginnt Anfang April. Erdnuss-Samen gibt es in Spezial-Sämereien oder z. B. in Zoofachgeschäften als Tierfutter. Wichtig ist, dass du rohe Erdnüsse verwendest. Die Erdnüsse, die es im Lebensmittelhandel in der Schale zu kaufen gibt, sind geröstet und keimen nicht mehr.

Tipp:

Weiche Erdnüsse und Erdmandel-Samen 12–24 Stunden in Wasser ein, dann keimen sie schneller.

Lege je 2 Erdnuss-Samen in 4 cm Tiefe in insgesamt 8 Töpfe. Nach etwa 1–3 Wochen keimen die Samen. Vereinzle sie nach 2–3 Wochen.

Baue die Erdmandeln wie die Erdnüsse an, also in insgesamt 8 Pflanzgefäße je 2 Samen in 3–4 cm Tiefe. Lichte sie 2–3 Wochen nach dem Keimen aus.

Am schnellsten wächst die Melone heran, sie ziehst du erst ab Mitte April vor. Säe 2 Samen in einen Topf mit mindestens 9 cm Durchmesser 2–3 cm tief aus. Lasse nach dem Keimen das kräftigere Pflänzchen stehen, es übersiedelt später ins Hochbeet.

Wichtig:

Alle Pflanzen sind schon bei der Keimung extrem wärmeliebend. Stelle die Töpfe an einen warmen Ort mit ca. 25 °C, z. B. zur Heizung, in einen Wintergarten oder ein Glashaus. Sobald sie gekeimt sind, brauchen sie es sehr hell und sollten entweder direkt unter einem Glasdach/Dachflächenfenster oder zumindest südseitig neben einem Fenster stehen.

Klettererdbeeren sind spezielle Züchtungen und als Samen kaum erhältlich, zudem ist die Anzucht langwierig und extrem mühsam. Greife hier auf Jungpflanzen zurück.

ETWAS STARTDÜNGER GEFÄLLIG?

Melonen, Erdbeeren und Andenbeeren brauchen als Starkzehrer viele Nährstoffe. Versorge sie daher bereits ab dem 2. Hochbeet-Jahr mit einer Portion Startdünger.

SOMMERHEISSER FRUCHTGENUSS

Der Sommer wird immer heißer, der Herbst länger, der Regen weniger. Während so manches altbekanntes Gemüse mit dem neuen Klima nicht mehr zurechtkommt, blühen die Pflanzen in deinem Süße-Früchtchen-Hochbeet wortwörtlich auf, denn sie stammen (fast alle) aus tropisch-heißen Winkeln dieser Erde.

Melonen und Erdmandeln kommen ursprünglich aus Afrika, Andenbeeren, Erdnüsse und Stevia aus Südamerika und Ananassalbei aus Südeuropa. Lediglich Erdbeeren entwickelten sich aus den in Mittel- und Nordeuropa beheimateten Walderdbeeren, sind aber im Gegensatz zu ihren kleinen „Geschwistern" sonnenhungrig und wärmebedürftig.

Melonen werden in Wassermelonen, Zuckermelonen und Honigmelonen unterteilt, wobei Honigmelonen streng genommen zu den Zuckermelonen zählen. Wassermelonen brauchen noch mehr Wärme als Zuckermelonen – entscheide dich in eher kühleren Gegenden daher besser für Zuckermelonen und frühreife Sorten. Melonen bestehen zu fast 85 % aus Wasser, enthalten viel Vitamin C, Kalium und Phosphor. Trotz ihres Zuckergehalts von mehr als 10 % sind sie kalorienarm (36 kcal/100 g) und damit ein erfrischender süßer Snack. Melonen passen in Bowls, Fruchtsalat, Smoothies oder Sorbets.

Klettererdbeeren waren zum Zeitpunkt ihrer Erfindung in den frühen 50er-Jahren des vorigen Jahrhunderts eine Riesensensation. Statt wie bisher große Flächen für eine ansehnliche Ernte zu verbrauchen, reichte ein größerer Topf und Platz nach oben. „Erfunden" und patentiert wurden die Klettererdbeeren von einem Gärtnermeister aus Stuttgart namens Reinhold Hummel. Der Name „Klettererdbeeren" ist etwas verwirrend, denn sie klettern nicht selbständig. Eine Mutterpflanze bildet lange Ausläufer, die ebenso blühen und Früchte tragen. Die Ausläufer werden an einer Kletterhilfe angebunden oder wachsen über den Gefäßrand nach unten.

Gut zu wissen:

Jede Erdbeerpflanze bildet Ausläufer, die sogenannten Kindeln. Der Unterschied von Klettererdbeeren liegt darin, dass sie bereits im 1. Jahr Blüten und Früchte tragen, während die Kindeln „normaler" Erdbeeren erst im Folgejahr Früchte liefern.

Erdbeeren sind mehrjährig, im Hochbeet kannst du sie auch einjährig anbauen und anschließend umtopfen. Oder du reservierst ein fixes Plätzchen für deine Erdbeeren und setzt rundherum jährlich neue Pflanzen ein. Die Verwendung der Erdbeeren ist vielseitig, du kannst ganz einfach von der Pflanze naschen, die roten Früchte zum Backen verwenden, zuckersüße Desserts mit ihnen kreieren, sie zu Marmelade einkochen oder den knackigen Sommersalat mit ihnen aufpeppen.

Die **Andenbeere**, oft auch als Physalis bezeichnet, ist eng verwandt mit Tomatillos, aber auch mit Tomaten. Das Nachtschattengewächs bildet zunächst wunderschöne gelbe Blüten mit schwarzem Zentrum. Daraus entstehen gelb-orange Früchte, die von einer lampionförmigen Hülle umgeben sind. Physalis sind im Gegensatz zu Tomatillos Selbstbefruchter und können daher allein stehen. Du kannst die Beeren als Dekoration für Cocktails verwenden, sie schmecken aber auch in Fruchtsalaten und Desserts.

Erdmandeln verfügen über einen hohen Ölgehalt und werden daher auch als Ölpflanze verwendet. Die in der Erde wachsenden Knollen haben einen nussigen Geschmack und eignen sich darum – roh oder geröstet – auch als köstliche Knabberei. Geröstet und blanchiert lässt sich die braune Außenhaut ganz einfach entfernen.

Stevia, auch Süßkraut oder Honigkraut genannt, verschafft selbst abgehärteten Naschkatzen einen Süßschock. Zumindest, wenn du mehr davon verwendest – denn das Steviakraut hat ungefähr die 30-fache Süßkraft von Rübenzucker. In ihrer Heimat in Mittel- und Südamerika wurde die Pflanze von der indigenen Bevölkerung zum Süßen von Tee verwendet, hierfür reichen 1–2 Blätter für eine große Kanne. Das Kraut kannst du roh oder getrocknet verwenden – allerdings immer nur sparsam, da ein Zuviel nicht mehr angenehm schmeckt.

Tipp:

Der Vorteil von Stevia gegenüber anderen Süßungsmitteln ist vor allem, dass Stevia keine Kalorien hat und weder Karies verursacht noch den Blutzuckerspiegel durcheinanderbringt.

Sein Name ist Programm: **Ananassalbei** schmeckt und riecht nach frischer Ananas und verleiht jedem Gericht eine karibisch-fruchtige Note. Verwenden kannst du die Blätter und die scharlachrot leuchtenden Blüten. Schneide Ananassalbei klein und verwende ihn für Desserts, in Tees oder Salaten.

Erdnüsse sind keine Nüsse, sondern Hülsenfrüchte und daher verwandt mit Erbsen und Bohnen. Wie diese sind sie in der Lage, durch eine Symbiose mit bestimmten Bakterien, den Knöllchenbakterien, Luftstickstoff zu binden und sich damit quasi selbst zu ernähren. Darum brauchen sie keine zusätzliche Düngung. Der englische Begriff „peanut" bedeutet übersetzt übrigens „Erbsen-Nuss" (pea-nut) und gibt damit einen Hinweis auf ihre botanische Herkunft.

Erdnüsse verfügen über eine weitere botanische Besonderheit. An ihren gelben Blüten entstehen nach der Befruchtung kleine Fruchtknoten, die sich mit Hilfe des länger werdenden Blütenstiels zu Boden senken und in die Erde einbohren. Diesen Vorgang nennt man auch Geokarpie oder Erdfrüchtigkeit. Die im Boden heranreifenden Erdnüsse sind also keine Wurzeln, sondern tatsächlich Früchte. Erdnüsse werden geröstet genossen, denn so entfalten sie ihr Aroma am besten. Auch die in der Schale angebotenen Erdnüsse sind geröstet.

AUF DER ZIELGERADEN: LASS DEIN SÜSSE-FRÜCHTCHEN-HOCHBEET WACHSEN UND GEDEIHEN

Für eine reiche Ernte brauchen deine Naschereien aus dem Hochbeet etwas Hilfe, dafür freust du dich umso mehr über viele süße Früchte und Knabbereien.

Anlehn- und Kletterhilfe

Die Ranken der Melone sind umgebildete Blattorgane und dienen der Pflanze zum Empor- und Seitwärtsklettern an einer Stützhilfe. Die Rankhilfe braucht also senkrechte und waagrechte Streben, die nicht zu weit voneinander entfernt sind (ca. 10–15 cm Abstand sind ideal). Leite die Melone vom Start weg Richtung Rankhilfe, sonst breitet sie sich im Hochbeet aus und klammert sich an anderen Pflanzen fest. Fädle verirrte, längere Triebe in die Rankhilfe ein.

Klettererdbeeren klettern – anders als ihr Name es vermuten lässt – nicht von allein. Ihre Triebe sind Ausläufer der Mutterpflanze und benötigen Anleitung. Leite sie daher zum Klettergerüst und binde neue Triebe regelmäßig mit einer weichen Schnur (z. B. aus Jute) fest.

> ***Tipp:***
>
> Du hast kein Klettergerüst und lässt die Pflanzen lieber über den Hochbeetrand nach unten wandern? Auch dafür brauchen sie deine Anleitung, führe die Triebe und Ausläufer in die gewünschte Wuchsrichtung.

Die Andenbeere ist eine aufstrebende, etwa 100–150 cm hohe Pflanze mit ausladendem Wuchs. Ihre Äste fallen zwar nicht um, neigen aber mit der Zeit dazu, sich auf die Seite zu biegen. Stelle der Pflanze daher 2–3 Pflöcke zum Anlehnen oder Anbinden zur Verfügung.

Kälteschutz

Je wärmer, desto besser. Achte darauf, dass du alle Pflanzen erst dann ins Hochbeet setzt, wenn du sicher sein kannst, dass keine Fröste mehr zu erwarten sind, und auch danach sind sie dankbar für Kälteschutz, vor allem in kühlen Nächten. Halte also immer ein Vlies griffbereit, mit dem du die Pflanzen, vor allem in der Anfangsphase, in den Nächten abdeckst.

Gießen

Allen Pflanzen gemeinsam ist, dass sie keine Staunässe mögen. Nasse Füße führen zu Wurzelfäule, Erdmandeln und Erdnüsse werden schimmelig. Eine gute Drainage ist also notwendig und im Hochbeet durch die lockere Befüllung ohnedies vorhanden. Achte beim Balkonhochbeet darauf, dass die Abflusslöcher groß genug sind, damit im Hochbeet kein Wasser „stehen" bleibt.

Das meiste Wasser braucht die Melone, gefolgt von Erdbeeren und der Andenbeeren. In der Zeit von Blütenbildung und Fruchtansatz ist der Wasserbedarf am höchsten. Die Andenbeere darf zwischendurch auch mal 1–2 Tage trockenstehen, ohne Schaden zu nehmen.

Erdnüsse und Erdmandeln brauchen hingegen zu Beginn ihrer Entwicklung mehr Wasser, im Sommer genügt es, wenn du sie alle 2–3 Tage gießt. Die Mischkultur mit Melonen ist daher ideal, denn Melonen saugen mit ihren verzweigten, weit nach unten reichenden Wurzeln das Wasser förmlich an und verhindern zu hohe Feuchtigkeit rund um die Bodennüsse.

Stevia und Ananassalbei sind typische Kräuter und daher recht genügsam. Regelmäßiges Gießen fördert ihr Wachstum.

Düngen

Im 1. Hochbeet-Jahr brauchst du nicht zusätzlich zu düngen, maximal die sehr hungrigen Kletter-Erdbeeren und die Melone freuen sich über eine „Auffrischung“ mit Brennnessel-Jauche oder organischem Dünger. Ab dem 2. Hochbeet-Jahr brauchen Melonen, Erdbeeren und Andenbeeren alle 2–3 Wochen Zusatznahrung. Die restlichen Pflanzen sind genügsamer und freuen sich alle 3–4 Wochen über etwas Zusatzdünger – ausgenommen Erdnüsse, denn sie können sich als Hülsenfrüchte selbst mit Stickstoff versorgen.

Spezielle Zuwendung

Freihängende Melonen können ganz schön schwer werden und im schlimmsten Fall abreißen oder die Ranken vom Gerüst ziehen. Stütze sie daher mit Netzen, Taschen oder ähnlichem.

Melonen sind anfällig für Mehltau. Besprühe sie vorbeugend alle 14 Tage mit Ackerschachtelhalm-Extrakt oder -Brühe. Entferne befallene Blätter umgehend, damit sich die Sporen nicht verbreiten und entsorge sie im Restmüll, um eine Infektion über den Kompost im Folgejahr zu vermeiden.

Ein voller Fruchtbehang von Klettererdbeeren kann dafür sorgen, dass die Pflanzen abrutschen. Befestige sie mit Clips oder Schnüren und wickle die Triebspitzen rund um die Querverstrebungen.

Tipp:

Entferne kurz nach dem Pflanzen der Erdbeeren erste Blüten und Früchte an der Mutterpflanze, dann steckt sie ihre Energie vermehrt in die Bildung von Ausläufern.

Die Ausläufer erreichen Höhen von bis zu 150 cm. Kürze Ausläufer, die nach oben hin keinen Platz mehr haben oder bereits quer durch deinen Garten wandern. Schneide dazu einfach die Triebspitze ab. Wenn du einzelne Blüten entfernst, entwickeln sich die verbleibenden Früchte besser. Entferne im Spätherbst – nach der letzten Ernte – alle Ausläufer. Die Mutterpflanze überwintert und du kannst sie entweder umtopfen oder im Hochbeet lassen. Im Folgejahr treiben neue Tochterpflanzen aus. Nach etwa 3 Jahren ist die Mutterpflanze erschöpft, ersetze sie entweder durch eine neue Mutter- oder eine Tochterpflanze.

Schneide Stevia und Salbei für einen buschigeren Wuchs regelmäßig an den Triebspitzen ab. Sie verzweigen sich besser und wachsen kompakter und gesünder.

Früchte und Nüsse sind nicht nur bei uns Menschen, sondern auch bei manchen tierischen Mitbewohnern beliebt. Abgesehen von knabbernden Insekten naschen Vögel an Erdbeeren und Eichhörnchen buddeln nach Erdmandeln und Erdnüssen. Schütze die Pflanzen entweder mit Netzen oder gönne deinen tierischen Mitbewohnern auch ein wenig deiner Naschfrüchte.

Achtung:

Vogelschutznetze schützen zwar deine Früchte, aber nicht die Vögel. Sie verheddern sich leicht zwischen den großen Maschen. Besser sind Netze mit engen Maschen, wie z. B. ein Insektenschutznetz. Damit sperrst du gleichzeitig alle tierischen Eindringlinge aus.

AB INS FINALE: AUF DIE PLÄTZE, ERNTE, LOS!

Klettererdbeeren sind Dauerträger, ihre Saison erstreckt sich von Juni/Juli bis zum Frost im November. Die Ernte ist kinderleicht: Pflücke die reifen Früchte einfach ab.

Ab Juli beginnt die Ernte der beiden Kräuter **Stevia** und **Ananassalbei**. Schneide dazu jeweils ganze Triebspitzen, aber nie einzelnen Blätter ab. Das Zupfen vereinzelter Blätter schwächt die Pflanze, das Schneiden ganzer Triebe motiviert sie zu einem buschigeren und verstärkten Austrieb.

Ab Mitte/Ende August bis in den September hinein erfolgt die Ernte von Andenbeeren, Melonen und Erdnüssen. **Andenbeeren** sind dann reif, wenn ihre papierartigen Lampionhüllen leicht aufspringen und die Frucht gelb/orange gefärbt ist. Bei **Melonen** ist die Reife etwas schwerer auszumachen. Zuckermelonen sind dann reif, wenn sie ihre sortentypische Farbe angenommen haben und der Fruchtstiel erste Abnabelungserscheinungen zeigt. Bei Wassermelonen erkennst du die Reife am Klopfgeräusch. Klingen sie hohl, sind sie bereit für die Ernte. Weitere Anzeichen sind, wie bei der Zuckermelone, erste Welkerscheinungen des Fruchtstiels. Pflücke die Melone sofort, denn schon kurze Zeit später ist sie überreif.

Sobald die Blätter der **Erdnüsse** leicht gelb werden, dürfen die Nüsse aus der Erde. Grabe vorsichtig mit einer Schaufel nach unten und ziehe Kraut samt Wurzeln aus dem Hochbeet. Die mit jeweils 1–2 Nüssen gefüllten Hülsen hängen noch an den Fruchtstielen. Schneide die Hülsen (je Pflanze sind es 15–25 Stück) mit einer Schere ab, wasche sie gründlich und lasse sie einige Tage in der Sonne (bei Regen im Haus) gut abtrocknen. Sortiere schwarze Hülsen aus, denn sie sind möglicherweise von Schimmelpilz befallen und damit gesundheitsschädlich.

Nüsse und Schimmel:

Nüsse allgemein und Erdnüsse im Speziellen werden oft von Schimmelpilzen befallen. Gefährlich für uns Menschen ist der von den Schimmelpilzen produzierte Giftstoff Aflatoxin, der krebserregend wirkt. Entferne schimmelige Nüsse sofort. Manchmal erkennt man von außen nicht, dass eine Nuss schimmelig ist, aber du schmeckst es. Die Nuss schmeckt dann bitter, spucke sie sofort aus.

Zum Finale kommen die **Erdmandeln** an die Reihe. Ernte sie im Oktober, indem du ganze Pflanzenbüschel aus dem Boden ziehst. An den Wurzeln hängen die rundlichen, 1 cm großen Knollen, je Pflanze etwa 500 Stück. Suche die Erde nach weiteren Knollen ab, denn bereits losgelöste Nüsse verstecken sich gerne und würden im Folgejahr austreiben.

Nachkultur nach deinem Süße-Früchtchen-Hochbeet:

- Pflanzen aus dem Ach-kann-nicht-immer-Winter-Sein-Hochbeet (Seite 216), immer dann, wenn in einer Reihe ein Platz frei wird.

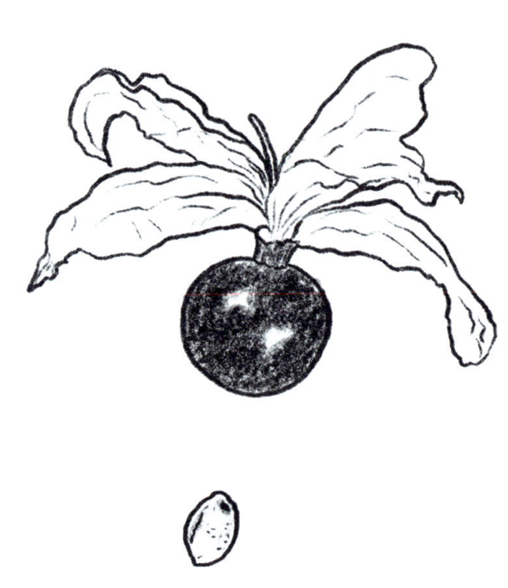

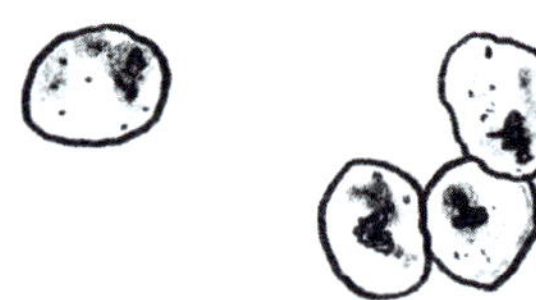

Erfrischende Erdbeer-Melonen-Bowle

Zutaten:

1/2–1 Melone (je nach Größe)
300 g Erdbeeren
1 Flasche prickelnder Sekt (750 ml)
1 Bouteille leichter Weißwein (750 ml)
4–5 Blätter Ananassalbei
1–3 Blätter Stevia

Zubereitung:

1. Schäle und entkerne die Melone, putze die Erdbeeren und schneide die Früchte in kleine Stücke.

2. Gib die Früchte in eine große Schüssel und fülle Sekt und Wein dazu. Schneide die Blätter von Ananassalbei und Stevia in Streifen und füge sie hinzu. Stevia süßt sehr intensiv, würze daher zu Beginn nur mit einem Blatt und ergänze etwas später ein weiteres, falls die Bowle nicht süß genug ist. Ananassalbei unterstricht die fruchtige Note der Bowle.

3. Stelle das Gemisch für einige Stunden in den Kühlschrank, damit alles gut durchzieht.

4. Vor dem Anrichten kommen noch einige Eiswürfel in die Bowle, und dann kann die Party beginnen.

Geröstete Erdnüsse

Zutaten:

1,5–2 l Wasser
50–100 g Salz, nach Geschmack
500 g Erdnüsse, roh und in der Schale

Zubereitung:

1. Bring das Wasser in einem großen Topf zum Kochen und löse das Salz darin auf. Währenddessen wasche die Erdnüsse gut. Nimm den Topf vom Herd und leere die Erdnüsse hinein. Rühre gut um, damit alle Erdnüsse von der Salzlake bedeckt sind und beschwere sie mit einem Teller oder einem verkehrt in den Topf gelegten Deckel. So bleiben die Erdnüsse in der Lake und können nicht nach oben wandern. Lasse das Gemisch mindestens 6 Stunden, besser über Nacht stehen.

2. Gieße anschließend die Lake ab und lege die Erdnüsse in einer Lage auf ein Backblech. Trockne sie bei geringer Hitze (50 °C) für einige Stunden im Backofen (Heißluftfunktion) oder bei Raumtemperatur – hier dauert es noch etwas länger.

3. Nach dem Trocknen werden die Erdnüsse im Backofen bei 180 °C Heißluft für 20–30 Minuten geröstet. Wende die Erdnüsse nach 10 Minuten, eine erste Kostprobe verrät dir, wie lange die Nüsse noch brauchen. Wenn sie knackig schmecken, sind sie fertig geröstet.

Die gerösteten Erdnüsse sind in der Schale für 4–6 Wochen haltbar.

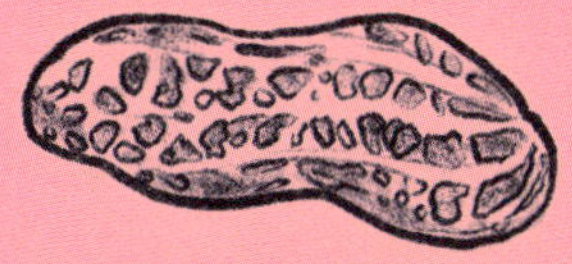

DAS ONE-POT-SUPPE-ODER-EINTOPF-HOCHBEET

Alles in einen Topf? Ob Kartoffeln, Lauch, Karotten oder Wurzelpetersilie: Im Herbst und Winter sind Eintöpfe und Suppen wunderbare Seelenwärmer. In diesem Hochbeet findest du das perfekte Gemüse dafür.

Bevor es losgeht:

Vor der Aussaat/Pflanzung ist in deinem Hochbeet noch Platz für

- das Sofort-losernten-Hochbeet (Seite 130),
- das Ach-kann-nicht-immer Winter-sein-Hochbeet (Seite 216)
- und zum Teil das Bunte-Frühlingsvitamine-Hochbeet (Seite 136).

Ernte bei Bedarf die Pflanzen aus den späteren Wurzelpetersilien- und Wirsingreihen vorzeitig ab.

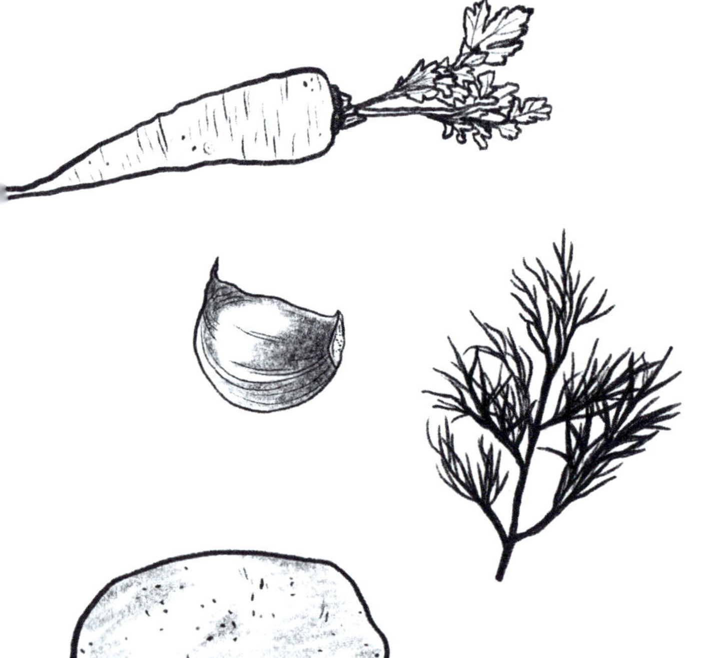

Ab dem 2. Hochbeet-Jahr

Das kommt ins One-Pot-Suppe-oder-Eintopf-Hochbeet:

Mitte/Ende April

Als Samen:

- **Wurzelpetersilie** ‚Halblange'

Als Jungpflanze:

- **3 × Wirsingkohl** ‚Vertus 3', ‚Winterfürst', ‚Langedisjka'

Anfang/Mitte Mai

Als Samen:

- **Dille**;
- **Karotten** ‚Rodelika', ‚Robila' oder ‚Maruschka' (weiß)

Als Jungpflanzen:

- **8 × Lauch** ‚Blaugrüner Herbst', ‚Herbstriesen 2'

Als Steckgut:

- **Knoblauch**

Als Knollen:

- **8 × Kartoffeln:** z. B. ‚Ditta', ‚Heidemarie' (gelb, festkochend), ‚Heiderot' (rot, festkochend), ‚Agria' (gelb, mehlig) und viele weitere Sorten

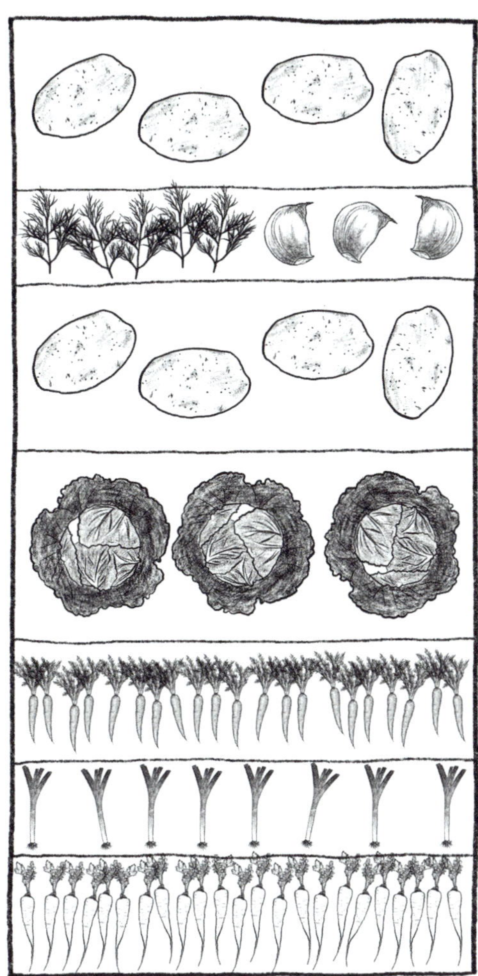

Pflanzabstände:

Kartoffeln: 1 Reihe, 35 cm breit, 4 Stück
Dill/Knoblauch: 1 Reihe, 20 cm breit; Dill reihig säen; Knoblauch 3 Stück
Kartoffeln: 1 Reihe, 35 cm breit, 4 Stück
Wirsingkohl: 1 Reihe, 40 cm breit, 3 Stück
Karotten: 1 Reihe, 25 cm breit, reihig dünn säen
Lauch: 1 Reihe, 20 cm breit, 8 Stück
Wurzelpetersilie: 1 Reihe, 25 cm breit, reihig säen

VORBEREITUNG

Kartoffeln sind zwar Starkzehrer, aber gleichzeitig bewirken zu schnell und direkt verfügbare Nährstoffe, dass viele Blätter, aber wenige Knollen wachsen. In einem frisch aufgesetzten Hochbeet ist das Angebot an sofort verfügbaren Nährstoffen sehr hoch – die Kartoffeln „schießen ins Kraut". Ab dem 2. Hochbeet-Jahr ist das enorme Nährstoff-Angebot bereits reduziert. Zudem ist ein Teil der Befüllung verrottet und der Erde- und Humusteil im Hochbeet gewachsen. Fülle das Hochbeet vor dem Kartoffelanbau mit Kompost und guter Bio-Erde auf, dann sind die Bedingungen für die Kartoffeln ideal.

STARTSCHUSS FÜR DAS ONE-POT-SUPPE-ODER-EINTOPF-HOCHBEET

Mitte/Ende April macht eine Reihe **Wurzelpetersilie** den Beginn. Dieses Gemüse hat die längste Entwicklungszeit. Säe die Samen dünn in die 25 cm breite Reihe etwa 0,5 cm tief aus und bedecke sie mit Erde.

Ungefähr in die Mitte des Hochbeets kommen, wie am Plan ersichtlich, 3 Stück **Wirsingkohl**-Jungpflanzen in eine 40 cm breite Reihe.

Zwischen Anfang und Mitte Mai darf das restliche Gemüse ins Hochbeet.

Kartoffeln benötigen eine Bodentemperatur von mindestens 8 °C, darunter haben sie Startschwierigkeiten und holen die Wachstumsverzögerungen später nicht mehr nach. Mit einem Frühbeet-Aufsatz oder einer schwarzen Folie beschleunigst du die Erwärmung der Erde.

Ziehe im Hochbeet zwei 15 cm tiefe Furchen in zwei jeweils 35 cm breite Reihen, wie auf der Skizze dargestellt. Lege die ausgehobene Erde neben die Furchen, du wirst sie später brauchen. Verteile 4 Stück vorgekeimte Saatkartoffeln gleichmäßig in jeder Furche, mit den Keimsprossen nach oben. Wie du Kartoffeln vorkeimst, kannst du gleich auf der nächsten Seite nachlesen. Bedecke anschließend die Kartoffeln mit einer 5–7 cm dicken Erdschicht.

Säe zwischen die beiden Kartoffelreihen **Dill**samen, bedecke sie nur ganz leicht mit Erde und drücke sie fest. Dill ist ein Lichtkeimer. Stecke zwischen die

Dillsamen 2–3 **Knoblauch**zehen, mit der Spitze nach oben, in 5 cm Tiefe.

Neben den bereits gesetzten Wirsingkohl säst du **Karotten**samen etwa 0,5 cm tief sehr fein aus. Die Breite der Karottenreihe ist 25 cm.

Ziehe in die Mitte der nächsten, 20 cm breiten Pflanzreihe eine 10 cm tiefe Furche. Lege – wie bei den Kartoffeln – die Erde an den Furchenrand. Setze die **Lauch**-Jungpflanzen etwas tiefer als im Topf und bedecke sie mit Erde, so dass die Hälfte der grünen Blätter noch sichtbar ist.

DU WILLST DIE KARTOFFELN VORKEIMEN UND JUNGPFLANZEN SELBST VORZIEHEN? SO GEHT'S:

Vorgekeimte **Kartoffeln** bringen frühere und höhere Erträge, sind widerstandsfähiger gegen Krankheiten und Schädlinge, bilden eine festere Schale und enthalten weniger Nitrat.

- Lege die Saatkartoffeln in geöffnete Eierkartons (je Eifach eine Kartoffel) oder eine mit Zeitungspapier ausgelegte Obst- oder Holzkiste.

> ***Achtung:***
>
> Staple die Kartoffeln nicht, sie müssen in einer Lage liegen.

- Stelle sie ab Ende März/Anfang April für 2–3 Tage in einen warmen Raum mit ca. 20 °C.
- Danach kommen die Kartoffeln an einen hellen, nicht zu warmen Platz (z. B. in den Keller).
- Nach 4–5 Wochen, also Anfang/Mitte Mai haben sich zahlreiche Keime gebildet, nun ist der richtige Zeitpunkt für den Anbau.

Die feinen **Lauch**samen säst du bereits Mitte März dünn in Saatschalen, Blumenkistchen oder upgecycelte Gefäße (z. B. Eisbehälter). Lege je 2 **Wirsingkohl**-Samen ab Mitte März in 3 kleine Töpfe. Verwende für die Vorzucht Aussaaterde. Sie ist weniger nährstoffreich als normale Blumenerde und fördert die Keimlinge in den ersten Lebenswochen. Stelle die Saatgefäße an einen warmen, hellen Ort. Entferne nach 2–3 Wochen das jeweils schwächere Wirsingkohl-Pflänzchen und dünne zeitgleich die zarten Lauchpflänzchen aus – so weit, dass nur mehr alle 2 cm ein Lauch steht.

ETWAS STARTDÜNGER GEFÄLLIG?

Wenn du dein Hochbeet wie oben beschrieben mit Kompost vorbereitest, braucht nur der starkzehrende Wirsingkohl einen Startdünger. Gib beim Anbau einen Löffel Langzeitdünger in jedes Pflanzloch. Mische ab dem 4. Hochbeet-Jahr biologischen, langsam freiwerdenden Langzeitdünger im gesamten Hochbeet gleichmäßig in die Erde – vor allem dort, wo Kartoffeln und Wirsing hinkommen.

WINTERGLÜCK UND WOHLGEFÜHL: MIT DIESEM GEMÜSE WIRD DIR AUCH IM WINTER WARM UMS HERZ

Wenn die Tage kürzer werden und die Temperaturen sinken, gibt es nach einem langen Spaziergang in der frischen Luft nichts Angenehmeres als einen würzigen Eintopf oder eine heiße Suppe. Aus den Zutaten aus deinem One-Pot-Suppe-oder-Eintopf-Hochbeet kannst du zahlreiche One-Pot-Gerichte zubereiten, von bekömmlich-mild bis deftig-würzig.

Gemüse und Gewürze aus deinem One-Pot-Suppe-oder-Eintopf-Hochbeet kannst du ab August/September bis weit in den Winter hinein ernten. Alle Gemüsearten sind gut lagerbar, du kannst sie leicht haltbar machen oder einfach so lange im Hochbeet lassen, bis du sie brauchst.

Hier ein kleiner Überblick, wie du das Gemüse über einen längeren Zeitraum aufbewahrst:

- ***Kartoffeln:*** kühl, trocken und dunkel lagern
- ***Dille:*** einfrieren, zu Kräutersalz verarbeiten

- ***Wirsingkohl:*** bleibt bis zur Verwendung im Hochbeet; kann im Kühlschrank 10–14 Tage gelagert werden; kurz überbrühen und einfrieren
- ***Karotten:*** bleiben bis zur Verwendung im Beet; können im Kühlschrank bis zu 10 Tage gelagert werden; in Sand eingelegt halten sie im Keller 3–4 Monate bei 5–10 °C.
- ***Lauch:*** bleibt bis zur Verwendung im Hochbeet
- ***Wurzelpetersilie:***
  - *Kraut:* bleibt bis zur Verwendung im Beet; einfrieren
  - *Wurzel:* bleibt bis zur Verwendung im Beet; im Kühlschrank; in Sand eingelegt halten sie im Keller 3–4 Monate bei 5–10 °C.

Gut zu wissen:

Achte bei der Sortenauswahl darauf, dass die einzelnen Gemüsearten gut lagerbar bzw. ausreichend frostfest sind. Mit den Sortenvorschlägen auf Seite 77 liegst du auf jeden Fall richtig.

Das wandelbarste aller Gemüse ist die **Kartoffel**. Je nach Sorte kannst du sie für nahezu jede Speise verwenden. Richtig zubereitet, sind Kartoffeln voller Nährstoffe und Vitamine. Während sie als Bratkartoffel oder Pommes mit Fett angereichert werden, lassen sie in Suppen und Eintöpfen ihren positiven Eigenschaften freien Lauf. Von wohlig-wärmender Kartoffelsuppe über Dillkartoffeln bis hin zum feurigen Kartoffelgulasch oder fernöstlich angehauchten Kartoffelcurry bleit die Kartoffel in der Küche schmackhaft und abwechslungsreich.

Karotten, Lauch und **Wurzelpetersilie** ergänzen nicht nur zahlreiche Kartoffelgerichte, sondern lassen sich auch allein oder in Kombination zu Suppen oder bunten Topfgerichten (in Kombination mit Nudeln, Reis, Fleisch …) verwandeln. Die weiße Karottensorte ‚Maruschka' ist besonders sämig, mild und eine interessante Abwechslung.

Dill und **Knoblauch** dienen als Gewürze. Der typische Dill-Geschmack stammt von ätherischen Ölen, die wohltuende Wirkung auf Magen und Verdauung haben. Die Blätter machen Speisen bekömmlicher, die Samen können als Kümmelersatz verwendet werden.

Wirsingkohl beinhaltet schon in 100 g so viel Vitamin C, dass dein Tagesbedarf gedeckt ist. Und er kann noch viel mehr: zu seinen Inhaltstoffen zählen Provitamin A, B-Vitamine, Eisen, Phosphor, Magnesium und Senfölglycoside. 100 g Wirsing enthalten 31 Kalorien, die berühmt-berüchtigte Kohlsuppe steht also nicht umsonst auf vielen Diätplänen.

Tipp:

Der Vitamingehalt ist beim rohen Wirsingkohl am höchsten, durch das Kochen geht ein Teil der Vitamine an das Kochwasser verloren. Allgemein gilt: Je weniger Wasser du verwendest, umso mehr Vitamine bleiben erhalten.

Aus Wirsing zauberst du allein oder zusammen mit den anderen Zutaten aus deinem Hochbeet abwechslungsreiche Eintöpfe und Suppen. Kümmel oder Dillsamen nicht vergessen – sie nehmen dem Kohl die blähende Wirkung.

AUF DER ZIELGERADEN: LASS DAS ONE-POT-SUPPE-ODER-EINTOPF-HOCHBEET WACHSEN UND GEDEIHEN

Das meiste Gemüse in deinem Hochbeet gedeiht sehr unkompliziert, gelegentlich braucht es ein wenig Zuwendung.

Kälteschutz

Ein Vlies oder Frühbeet-Aufsatz schützt vor allem die Kartoffeln in den ersten, kritischen Wochen von der Pflanzung bis zum Auflaufen. Das restliche Gemüse ist – was Kälte anbelangt – sehr unempfindlich.

Ab Spätherbst freuen sich die noch verbleibenden Pflanzen, allen voran Karotten und Wurzelpetersilie über Kälteschutz, vor allem in Form einer dicken Mulchschicht aus Laub, Stroh oder Miscanthus.

Gießen

Je regelmäßiger du Kartoffeln mit Wasser versorgst, umso mehr Knollen setzen sie an. Allerdings sind Kartoffeln empfindlich gegen ständig feuchte Erde und Staunässe. Da das (Gieß-)Wasser im Hochbeet rasch abrinnt, ist die Gefahr von Staunässe allerdings gering. Gieße immer dann, wenn die Erde rund um die Kartoffelpflanzen kurz vor dem Austrocknen ist.

Dill ist genügsam, freut sich aber über regelmäßiges Gießen. Etwas mehr Wasser benötigen Karotten, Lauch und Wurzelpetersilie, sowohl während ihrer „Jugend" also auch später, um lange Wurzeln bzw. Schäfte zu entwickeln.

Knoblauch braucht besonders in der Phase der Knollenbildung, also im späteren Frühling, viel Wasser. Im Sommer steht er hingegen zwischendurch gerne auch mal trocken.

Wirsingkohl ist empfindlich gegenüber Trockenheit. Mangelt es an Wasser, werden die Blätter hart und die Kopfbildung verzögert sich.

Vereinzeln

Dünne die Saatreihen von Karotten und Wurzelpetersilie aus, sobald einige Blätter sichtbar sind. Eine einzelne Wurzel braucht rundum 5–6 cm Platz.

Tipp:

Wie du stufenweise vereinzelst, liest du im Ab-in-die-Bowl-Hochbeet auf Seite 190.

Düngen

Kartoffeln und Wirsing sind Starkzehrer, Karotten, Lauch und Wurzelpetersilie Mittelzehrer, Dill ist als Schwachzehrer sehr genügsam. Das Nährstoffangebot im 2. und 3. Hochbeet-Jahr ist noch ausreichend, wenn du vor dem Anbau Kompost ergänzt hast. Kartoffeln brauchen vor allem zu Beginn, also in der Phase der Blattbildung, viele und vor allem ausgewogene Nährstoffe, also auch Kalium, Phosphor und Magnesium. Unterstütze sie ab dem 4. Hochbeet-Jahr vor dem Pflanzen mit einer zusätzlichen Gabe Langzeitdünger. Sobald erste Blüten erscheinen, wird nicht mehr gedüngt. Jetzt würde der Dünger deinem Ertrag schaden, denn die Kartoffelpflanze nutzt ihn für die Blätter und setzt weniger Knollen an.

Wirsing ist das Gemüse mit dem größten Nährstoffbedarf. Versorge ihn im Sommer (Juni/Juli/August) alle 2–3 Wochen mit etwas biologischem Dünger (z. B. Flüssigdünger, Wurmhumus, Schafwollpellets, Brennnessel-Jauche).

Achtung:

Stelle sicher, dass die Pflanzen während der Düngung gut mit Wasser versorgt sind. Sonst können sie den Dünger nicht aufnehmen und in den einzelnen Pflanzenorganen verteilen. Im schlimmsten Fall kommt es sogar zu Verbrennungen und Pflanzenschäden.

Spezielle Zuwendung

Nach 2–3 Wochen zeigen sich die ersten Kartoffelblätter. Häufle sie mit der beim Pflanzen zur Seite gelegten Erde an. An den Trieben entstehen neue Seitenwurzeln, die wiederum Knollen hervorbringen. Wiederhole das Häufeln 3–4-mal, mit der Zeit bildet sich im Hochbeet ein Damm, der höher als die restliche Erde liegt.

Häufeln bedeutet das Bedecken der Blätter mit Erde, sodass nur noch ein wenig Grün zu sehen ist.

Bedecke die Kartoffeln mit einem Insektenschutznetz, um dem Befall mit Kartoffelkäfern vorzubeugen. Die gefährlichste Pilzerkrankung ist die Kraut- und Knollenfäule, die vorwiegend in sehr nassen und kalten Sommern auftritt. Besprühe die Blätter vorbeugend mit Ackerschachtelhalm-Brühe und vermeide die Nähe zu Tomaten – denn sie sind Überträger dieser Krankheit.

Achtung:

Im Laufe des Sommers blühen die Kartoffeln je nach Sorte weiß, rosa oder violett. Anschließend bilden sie kleine, runde, grüne Beeren, die giftig sind. Gib acht, dass Kinder oder Haustiere nicht davon kosten!

Unter der Erde wachsen aus jeder Saatkartoffel Ausläufer mit weiteren Knollen.

Dill ergänzt die Kartoffeln nicht nur in der Küche, sondern auch im Hochbeet perfekt: Er fördert ihr Aroma.

Auch Lauch wird angehäufelt. Gib regelmäßig Erde um die Blätter, dann entstehen die weißen, kompakten Schäfte.

Bedecke das Gemüse mit einem Insektenschutznetz. So sperrst du viele Kohl-Schädlinge wie die Weiße Fliege, den Erdfloh und Kohlweißling aus, von Lauch, Wurzelpetersilie und Karotten hältst du Läuse fern. Lauch und Karotten schützen sich gegenseitig vor der Möhren- bzw. Zwiebelfliege.

AB INS FINALE: AUF DIE PLÄTZE, ERNTE, LOS!

Gemüse und Kräuter aus deinem One-Pot-Suppe-oder-Eintopf-Hochbeet erntest du ab August/September bis weit in den Winter hinein.

Das **Kartoffel**kraut wird im Spätsommer dürr und braun – das ist das Anzeichen, dass die Ernte naht. Lasse das dürre Kartoffelkraut noch ca. 14 Tage stehen, denn in dieser Zeit reifen die Knollen aus und die Schale wird fester – und damit einfacher zu schälen. Gehe bei der Ernte behutsam vor. Verwende keine spitzen Hacken, damit du die Kartoffeln nicht beschädigst. Die besten Erntegeräte sind deine Hände. Schiebe die Dämme nach und nach auseinander, du wirst viele Kartoffelknollen entdecken. Lege die einzelnen Knollen behutsam in einen Korb oder Kübel.

Jede gesetzte Kartoffelknolle setzt 15–25 weitere Knollen an, du kannst also mit bis zu 200 Knollen Ertrag rechnen.

Knolle gesucht:

Durchsuche das Hochbeet gründlich. Auch weiter unten können sich noch Knollen verstecken. Verbleibende Knollen treiben im Folgejahr aus.

Lagere die Kartoffeln in einem kühlen Keller- oder Vorratsraum, z. B. in einer Holzkiste oder einem Jute-Sack.

Nachkulturen nach Kartoffeln:

- Feldsalat und Spinat

Knoblauch reift bis August, auch seine Blätter werden braun. Grabe die Knollen vorsichtig mit einer kleinen Handschaufel oder deinen Händen aus. Hänge Knoblauch zum Trocknen auf und lagere ihn anschließend dunkel (z. B. in einer Schublade oder einem Papiersäckchen), damit die Zehen nicht erneut austreiben. Kellertemperaturen mit ca. 15 °C sind ideal.

Von **Dill** erntest du sowohl Blätter als auch Samen. Schneide vom frischen Dillkraut den ganzen Sommer hindurch die Spitzen ab, dann wachsen die Pflanzen immer weiter. Das Kraut ist nicht lange haltbar und verliert getrocknet sein Aroma. Zur Konservierung frierst du es am besten ein. Auch als Dillsalz bleibt es lange haltbar. Schichte dazu abwechselnd Meersalz und frisches Dillkraut in ein kleines Glas, verschließe es und bewahre es in einer dunklen Lade auf. Das Salz entzieht dem Dill Feuchtigkeit und nimmt gleichzeitig seinen Geschmack an.

An der Spitze jeder Dillpflanze entsteht eine große, verzweigte Dolde mit zahlreichen gelben Blüten. Diese sind Nahrung für zahlreiche Insekten und locken Bienen, Schwebfliegen, Schlupfwespen und viele andere kleine Helferlein an. Und so erntest du die Samen: Schneide die Blütendolden mitsamt Stiel ab, sobald sich die Blüten braun verfärben. Hänge sie kopfüber auf und lege ein Tuch darunter. Die Samen werden bald reif und fallen hinunter.

Achtung:

Samen direkt von der Pflanze zu ernten, ist kaum möglich. Die kleinen, sprunghaften Samen entwischen dir und fallen zu Boden.

Die Kulturdauer von Wirsing liegt je nach Sorte zwischen 100 und 130 Tagen. Zu Beginn wächst eine große Blattrosette, erst später entsteht der kompakte, typische Kohlkopf. Also keine Sorge, wenn du im Sommer nur Blätter siehst, im Herbst legt der Wirsing noch mal kräftig nach. Da Wirsing extrem frostfest ist, erntest du ihn je nach Bedarf zwischen September und Januar. Schneide den ganzen Kopf mit einem Messer direkt am Strunk ab.

Ein Kohlkopf ist dir zu viel?

Ernte einfach die äußeren Kohlblätter und hebe den Rest für später auf.

Die Ernte von **Karotten, Lauch** und **Wurzelpetersilie** startet im September und ist je nach Witterung den ganzen Winter hindurch möglich. Je kälter es wird, desto aromatischer wird das Gemüse, denn es lagert im Herbst Zucker und Proteine in Wurzeln und Schäfte ein – als Frostschutz und zur Speicherung.

Lauch legt sogar im Winter zu, sobald die Temperaturen über dem Gefrierpunkt liegen.

Die Ernte von Karotten, Wurzelpetersilie und Lauch ist ganz einfach: Ziehe sie vorsichtig aus dem Hochbeet, damit du die Nachbarpflanzen nicht mit ausreißt.

Allgemein gilt:

Ernte nur, wenn es nicht friert. Sonst brechen Wurzeln und Schäfte ab.

Von Wurzelpetersilie kannst du nicht nur die Wurzeln ernten, sondern auch die Blätter. Zupfe sie nach Bedarf ab.

DAS ENTSTEHT AUS DEINEM ONE-POT-HOCHBEET-GEMÜSE:

Klassischer Wirsing-Eintopf

Zutaten:
1 Wirsingkopf
5–7 Kartoffeln, je nach Größe
4 Karotten
2 Petersilienwurzeln
1 Stange Lauch
1 Zwiebel, kleingehackt
2 Zehen Knoblauch, kleingehackt
1 EL Bio-Gemüsebrühe (Pulver)
Kümmel, 1 Lorbeerblatt, etwas Majoran, Salz, Pfeffer
Olivenöl
1–2 EL Sauerrahm
Petersilie (Blätter der Wurzelpetersilie)

Zubereitung:

1 Schäle und schneide das Gemüse (Wirsing, Kartoffeln, Karotten, Petersilienwurzel) in kleine Würfel und den Lauch in feine Ringe.

2 Kleingehackte Zwiebeln und Knoblauch sowie den kleingeschnittenen Wirsingkopf röstest du 3–4 Minuten in Olivenöl an. Füge anschließend das restliche Gemüse dazu und röste alle Zutaten weitere 2–3 Minuten gut durch. Gieße so viel Wasser auf, dass das Gemüse bedeckt ist und würze alles mit der Gemüsebrühe. Dazu kommen noch eine Prise Kümmel und 1 Lorbeerblatt. Lasse den Eintopf bei kleiner Flamme ca. 20 Minuten leicht köcheln, bis das Gemüse weich ist. Gib zur Hälfte der Garzeit noch etwas Majoran dazu.

3 Rühre zum Schluss 1–2 EL Sauerrahm in den Eintopf und bestreue das Gericht mit frisch gehackter Petersilie.

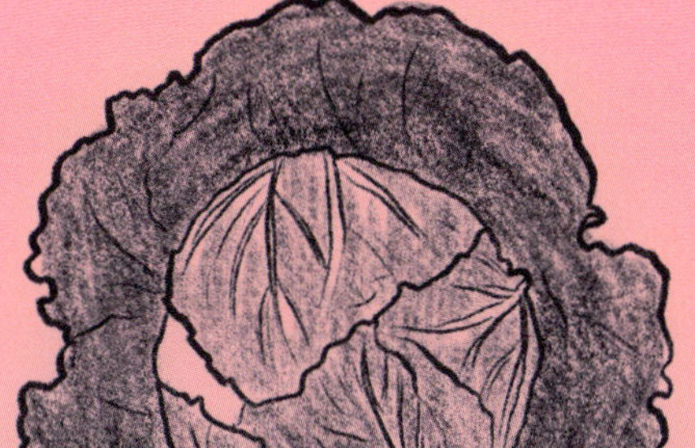

Henrikes Kartoffelsuppe

Zutaten:
500 g Kartoffeln
Kümmel, etwas Majoran, 1 Lorbeerblatt
100 g getrocknete Steinpilze
Petersilie, gehackt
Salz, Pfeffer
Schlagsahne

Vorbereitung:

1 Weiche die getrockneten Steinpilze bereits am Vortag in Wasser ein.

Zubereitung:

2 Schäle und schneide die Kartoffeln in ca. 2 cm große Würfel und gib sie mit Kümmel, Majoran und dem Lorbeerblatt in einen Topf. Koche die Kartoffeln in Salzwasser 15–20 Minuten weich. Die Kartoffeln sollen mit Wasser bedeckt sein. Entferne das Lorbeerblatt und lege einige Kartoffelstückchen auf die Seite. Passiere die Kartoffeln mit einem Pürierstab. Schneide die weichen Steinpilze sehr klein und gib sie mit etwas Einweichwasser zur Suppe. Gieße anschließend so viel Wasser auf, dass eine sämige Suppe entsteht. Mit Salz und Pfeffer abschmecken und die Suppe noch einmal leicht aufkochen lassen. Garniere die Suppe mit einigen Kartoffelwürfeln, einem Schuss Schlagsahne und feingehackter Petersilie.

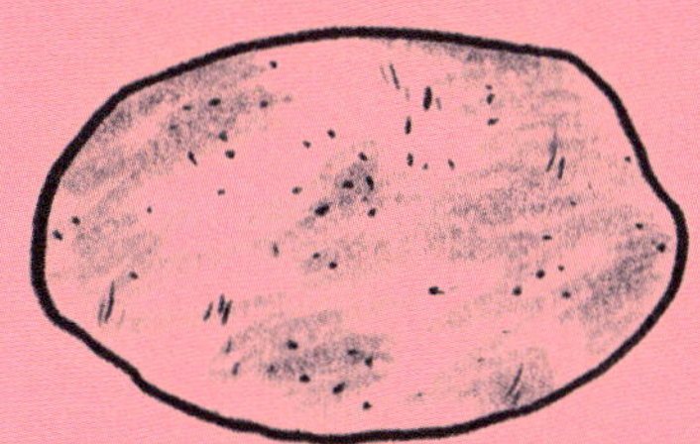

DAS AB-IN-DIE-BOWL-HOCHBEET

Eine Bowl ist das perfekte Gericht: schnell, gesund und frisch – alles in einer Schüssel vereint. Setz dir eine frische, bunte Auswahl für deine Bowl ins Hochbeet – dann heißt es nur noch: Reis kochen, ernten und fertig ist dein Mittagessen.

Ab dem 2. oder 3. Hochbeet-Jahr

Das kommt ins Ab-in-die-Bowl-Hochbeet:

Mitte/Ende April

Als Samen:

- **Rote Bete:** z. B. ‚rote Kugel', ‚Fanal';
- **Karotten:** z. B. ‚Nantaise/Milan', ‚Nantaise 2/ Fanal'

Als Samen oder Jungpflanzen:

- **Sojabohne Edamame:** ‚Green Shell' (frühreife Sorte), ‚Hokkai Green', ‚Summer Shell'

Als Jungpflanzen:

- **2 × Rotkohl:** ‚Rosamund', ‚Granat';
- **1 × Weißkohl:** ‚Golden Acre', ‚Juwanna', ‚Express'.

Unbedingt raschwüchsige Sorten (Frühkohl) wählen.

Mitte Mai

Als Jungpflanzen:

- **1 × Salatgurke:** alle Sorten, z. B. ‚Qualitas', ‚Gergana', ‚Marketmore';
- **2 × Kapuzinerkresse** rankend

Ende Mai

Als Samen:

- **Pflücksalatmischung:** z. B. ‚Misticanza' oder selbstgemischt aus verschiedenen Sommersalaten

VORBEREITUNGEN

Bis auf Gurke, Rot- und Weißkohl sind alle Gemüsearten im Ab-in-die-Bowl-Hochbeet Mittel- bis Schwachzehrer. Sie fühlen sich im 2- oder 3-jährigen Hochbeet wohl. Ist dein Hochbeet bereits stark abgesunken, fülle es mit Bio-Erde und, wenn vorhanden, mit gut abgelegtem Kompost auf, vermeide aber frischen Kompost oder Tiermist. Ab dem 4. Hochbeet-Jahr dürfen auch frischer Kompost oder andere organische Substanzen ins Hochbeet, um der Fruchtbarkeit wieder ein wenig Schwung zu verleihen.

STARTSCHUSS FÜR DAS AB-IN-DIE-BOWL-HOCHBEET

Aussaat und Bepflanzung beginnen je nach Witterung Mitte/Ende April. Ist es noch sehr kühl, starte einfach 1–2 Wochen später oder säe/setze geschützt unter einem Frühbeet-Aufsatz.

Lege in die ersten beiden, je 30 cm breiten Hochbeet-Reihen die Samen von **Edamame** im Abstand von ca. 5–7 cm in die Erde. Die Saattiefe beträgt 3–4 cm. Alternativ kannst du Anfang Mai bereits vorgezogene Jungpflanzen einsetzen.

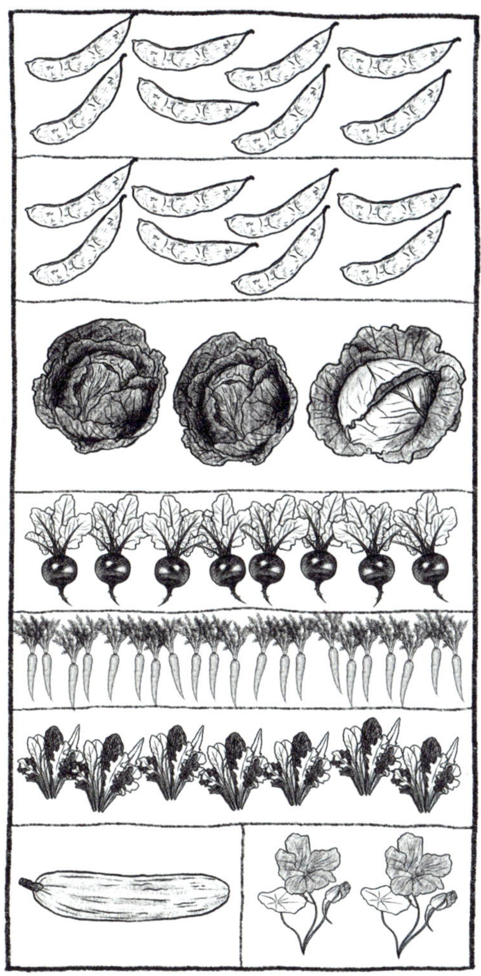

Pflanzabstände:

Edamame: 2 Reihen je 30 cm breit, Abstand von 5–7 cm

Rotkohl/Weißkohl: 1 Reihe, 40 cm breit, Rotkohl 2 Stück; Weißkohl 1 Stück (oder umgekehrt, je nach Vorliebe)

Rote Bete: 1 Reihe, 25 cm, Saatabstand 5–8 cm, auf 8–10 cm vereinzeln

Karotten: 1 Reihe, 20 cm breit, reihig dünn säen

Pflücksalat: 1 Reihe, 25 cm breit, reihig säen

Gurke/Kapuzinerkresse: 1 Reihe; Gurke 30 cm breit, 1 Stück; Kapuzinerkresse 30 cm breit, 2 Stück

Tipp:

Wichtig für einen erfolgreichen Anbau ist die Bodentemperatur, also die Wärme der Erde im Hochbeet. Für Edamame soll sie mindestens 12 °C betragen. Unter einem Frühbeet-Aufsatz wird die Erde schon nach wenigen Sonnenstunden ausreichend warm. Alternativ kannst du auch eine schwarze Folie, z. B. eine Mulchfolie, an sonnigen Tagen direkt auf die Erde legen. Diese erwärmt sich unter der Folie sehr rasch.

In die nächste, 40 cm breite Reihe kommen 3 Stück Kohlköpfe. Je nach Vorliebe **Rotkohl**, **Weißkohl** oder gemischt. Da du nur 3 Pflanzen benötigst, setzt du Jungpflanzen ein. Du könntest den Kohl auch säen, allerdings ist das spätere Vereinzeln der kleinen Keimlinge mit Aufwand verbunden und zudem musst du überschüssige Pflänzchen entsorgen. Wichtig ist, dass du raschwüchsige Sorten wählst (Frühkohl), damit du bereits im Juli/August ernten kannst.

Säe neben die Kohlpflanzen **Rote Bete** in eine 25 cm breite Reihe aus. Lege dazu alle 5–8 cm je 1–2 Samen in 2–3 cm Tiefe und bedecke sie mit Erde. Gleichzeitig dürfen die **Karotten**-Samen ins Hochbeet. Säe die sehr feinen Samen dünn aus. Die Reihenbreite beträgt 20 cm.

Der Platz neben den Karotten bleibt bis Mitte/Ende Mai frei, oder du baust eine Vorkultur an.

Mitte Mai ziehen 1 **Gurke** und 2 Stück rankende **Kapuzinerkressen** ins Hochbeet. Die drei Pflanzen teilen sich eine 30 cm breite Reihe am Rand des Hochbeets, wobei die Gurke in der Reihe 50 cm Platz braucht, die beiden Kapuzinerkresse-Pflanzen kommen mit jeweils 25 cm aus. Zwischen Karotten, Gurken und Kapuzinerkressen sind noch 25 cm Platz. Säe dort gegen Ende Mai eine Pflücksalatmischung aus. Entscheide dich entweder für eine fertige Samenmischung (z. B. ‚Misticanza') oder mische einfach verschiedene Salatsamen, die du zu Hause hast, z. B. Romana-, Pflück-, Kopf- und Eisbergsalate.

Salate sind Lichtkeimer. Drücke die Samen daher nur oberflächlich mit dem Handrücken fest und bedecke sie mit sehr wenig Erde, gerade so viel, dass ihre Wurzeln später Halt finden.

Achtung:

Verwende für deine Salatmischung Marke Eigenbau nur geeignete Sommersalat-Sorten. Im Gegensatz zu Frühjahrs- oder Herbstsalaten sind sie schossfest. Eine Auswahl geeigneter, schossfester Sommersalat-Sorten findest du auf Seite 64.

Tipp:

Vor der Aussaat/Pflanzung im April ist in deinem Hochbeet noch Platz für Gemüse aus

- dem Sofort-losernten-Hochbeet (Seite 130)
- oder überwinterndes Gemüse aus dem Ach-kann-nicht-immer-Winter-sein-Hochbeet (Seite 216).

Vor Gurke, Kapuzinerkresse und Salat passen ab Mitte März gesäte, bunte Salate.

DU WILLST JUNGPFLANZEN SELBST VORZIEHEN? SO GEHT'S:

Die Sojabohne **Edamame** wird als Jungpflanze in Gärtnereien nur selten angeboten – die Vorzucht im Haus ist jedoch ganz einfach. Säe Ende März jeweils 1–2 Samen in ein mit normaler Garten- oder Blumenerde gefülltes Gefäß, z. B. in einen Joghurtbecher, Topf usw. in 3–4 cm Tiefe. Halte das Gefäß stets feucht, denn Edamame braucht zum Keimen ausreichend Wasser. Setze die Jungpflanzen Anfang Mai ins Hochbeet.

Ziehe **Rot- und Weißkohl** ab Anfang/Mitte März vor. Lege in 3 vorbereitete Saatgefäße jeweils 2 × 2 Samen von Rotkohl und 1 × 2 Samen von Weißkohl 1–2 cm tief in normale Gartenerde oder Aussaaterde. Die Anzucht von **Gurke** und **Kapuzinerkresse** beginnt Anfang April mit jeweils 2 Samen pro Pflanzgefäß. Die Saattiefe für Gurke liegt bei 2–3 cm, für Kapuzinerkresse bei 1–2 cm. Halte ab nun die Erde stets feucht. Lasse nach dem Erscheinen der jungen Pflänzchen das jeweils kräftigere im Topf und entferne das schwächere.

Warum kommen immer mehr Samen als benötigt in die Töpfe?

Es kann immer wieder mal vorkommen, dass ein Samen nicht keimt. Der Anbau von 2 Samen je benötigter Pflanze ist also ein „Sicherheitsnetz“. Die überschüssige Pflanze musst du nicht wegwerfen: Setze das Pflänzchen einfach in einen weiteren Topf um und pflanze es an anderer Stelle ein, schenke es weiter oder tausche es auf einer Pflanzentauschbörse.

ETWAS STARTDÜNGER GEFÄLLIG?

Für das meiste Gemüse in deinem Ab-in-die-Bowl-Hochbeet sind die vorhandenen Nährstoffe im 2. oder 3. Hochbeet-Jahr ausreichend. Das besonders hohe Nährstoffangebot im 1. Hochbeet Jahr wäre für Edamame, Karotten, Rote Bete, Salat und Kapuzinerkresse sogar zu viel. Sie reagieren mit schlechtem oder überbordendem Wuchs, lassen ihre Blätter fallen oder blühen vorzeitig.

Weißkohl, Rotkohl und Gurke sind hungrige Pflanzen. Versorge sie daher direkt beim Anbau mit biologischem Langzeitdünger, den du ins Pflanzloch füllst.

AB IN DIE SCHÜSSEL: RUNDUM SATT UND ZUFRIEDEN

Der englische Begriff Bowl bedeutet nichts anderes als Schüssel. Das Gericht Bowl entstand durch Einflüsse aus verschiedenen Weltregionen und Ernährungsformen, besonders aus Hawaii, Japan, Brasilien und der veganen/vegetarischen Ernährung. Eine Bowl bietet in einer Mahlzeit alle für eine gesunde Ernährung benötigten Komponenten und ist ein leichtes, vollwertiges Essen für heiße Sommertage.

Daraus besteht ein Bowl-Gericht:

Kohlenhydrate: Die Basis besteht aus gesunden Getreidearten wie Reis, Hirse oder Quinoa.

Gemüse: Möglichst bunt und abwechslungsreich soll es sein, um dich mit allen benötigten Nährstoffen zu versorgen.

Auch interessant:

Je bunter das Gemüse, desto abwechslungsreicher sind tatsächlich die enthaltenen Pflanzenstoffe und Vitamine. Rotes Gemüse enthält z. B. Anthocyane oder Betacyanen (Rote Bete), orange/gelbe Früchte beinhalten viel Carotin (Provitamin A) und grünes Gemüse ist voll mit Magnesium und Vitamin C.

Eiweiß (Proteine): Eiweiß ist für die fleischlose Küche in Hülsenfrüchten, Tofu, Eiern oder Käse enthalten. Ansonsten darf auch Fleisch oder Fisch in die Bowl.

Dressing: Dieses richtet sich ganz nach deinem Geschmack. Von Erdnuss- über Tahin-Sauce (Sesam) bis hin zu einem schlichten Joghurtdressing ist alles erlaubt.

Gesunde Fette: Sind in Nüssen, Sonnenblumenkernen oder einigen Tropfen Olivenöl enthalten.

Das besondere Extra: Auch das Auge isst mit – hübsche und gesunde Toppings sind Beeren, Blüten oder Sprossen.

So richtest du die Bowl an:

Eine bunte **Salatmischung** bildet die Basis für die Bowl und kommt ganz unten in die Schüssel. Darauf schichtest du das Getreide. Auf das Getreide legst du das Gemüse aus deinem Hochbeet, je nach Geschmack roh oder warm zubereitet.

Rot- und Weißkohl eignen sich, in feine Streifen geschnitten, für den Rohgenuss. Sie sind eine enorme Vitamin-C-Quelle und voller Mineralstoffe wie Kalium, Calcium, Phospor und Magnesium. Dazu kommen zahlreiche sekundäre Pflanzeninhaltsstoffe.

Rote Bete sind nicht nur Muntermacher erster Güte, sondern enthalten auch Eisen, Folsäure, zahlreiche Mineralstoffe und Antioxidantien. Sie passen roh oder gekocht und in Würfeln geschnitten in die Bowl. Gekocht ist Rote Bete feiner im Geschmack und enthält weniger Oxalsäure – ein Stoff, der bei zu großen Mengen die Entstehung von Nierensteinen begünstigen kann.

Karotten passen roh oder gekocht, in Stifte oder Streifen geschnitten, in die Bowl. Ein toller Fischersatz ist Karottenlachs. Karotten enthalten Beta-Carotin, mehrere B-Vitamine und zahlreiche Mineralstoffe.

Gurken bilden neben Salat den grünen Anteil der Bowl. Durch ihren hohen Wassergehalt haben sie kaum Kalorien. Sie enthalten zahlreiche Mineralstoffe und Spurenelemente. Gurken zählen zu den basischen Lebensmitteln.

Das Gemüse ergänzt du mit der Eiweiß-Komponente. Auch dafür wirst du in deinem Hochbeet fündig. Die **Sojabohne Edamame** besteht zu 35–40 % aus Proteinen und gilt damit als vollwertiger Fleischersatz. Zudem enthält sie ca. 20 % Fett, mit einem hohen Anteil an mehrfach ungesättigten Omega-3-Fettsäuren. In der Hülsenfrucht sind auch zahlreiche Vitamine, Mineralstoffe und Spurenelemente enthalten. Sojabohnen müssen vor dem Verzehr gut gekocht werden, denn roh sind sie giftig und somit ungenießbar. Koche sie in den Hülsen und löse danach die Bohnen aus. Die Hülsen selbst kannst du nicht essen.

Anschließend kommen Dressing und die Fettkomponente (z. B. Nüsse) über die Bowl. In ein Kräuterdressing passen z. B. fein geschnittene **Kapuzinerkresse-Blätter**.

Gib zum Abschluss ein Topping auf deine Bowl. Die bunten Blüten der **Kapuzinerkresse** sind nicht nur hübsch anzusehen, sondern schmecken auch hervorragend.

AUF DER ZIELGERADEN: LASS DEIN AB-IN-DIE-BOWL-HOCHBEET WACHSEN UND GEDEIHEN

So unterstützt du das Gemüse in deinem Ab-in-die Bowl-Hochbeet:

Kälteschutz

Edamame benötigen zum Auflaufen in den ersten Lebenstagen einen ausreichend warmen Boden und angenehme Lufttemperaturen. Schütze sie daher zu Beginn mit einem Frühbeet-Aufsatz oder Vlies. Kälteempfindlich sind auch Gurke und Kapuzinerkresse. Nach ihrer Pflanzung Mitte Mai sollte die Zeit der Spätfröste zwar vorbei sein, ein Blick auf den Wetterbericht und Kälteschutz bei angesagten Nachtfrösten ist jedoch immer sinnvoll.

Kletterhilfe

Gurke und Kapuzinerkresse sind kletternde, stark wachsende Pflanzen. Mittig ins Hochbeet gepflanzt, würden sie die ganz Fläche zuwuchern. Da sie am Rand stehen, hast du mehrere Möglichkeiten:

- Lasse die Pflanzen einfach über den Hochbeet-Rand nach unten wachsen.
- Stelle ein Klettergerüst oder eine Rankhilfe zur Verfügung. Die einzelnen Sprossen sollten nicht zu dick sein, denn die zarten Ranken der Gurken können sich nur an dünnen Sprießen festklammern.
- Wie wär's mit einer kreativen Hochbeet-Erweiterung? Stelle z. B. einen Wäscheständer neben das Hochbeet – ein Foto dazu findest du auf Seite 127.

Gießen

Sojabohnen brauchen viel Wasser für gleichmäßiges Auflaufen und Gedeihen, auch in den heißen Sommermonaten. Gieße sie daher regelmäßig und durchdringend. Die Gefahr von Staunässe, gegen die Edamame empfindlich ist, besteht im Hochbeet nicht.

Ebenso hoch ist der Wasserbedarf von Rot- und Weißkohl. Ab Juni, wenn ihre Köpfe entstehen, ist ihr Durst am größten.

Karotten und Rote Bete brauchen in der Keimphase viel Wasser, bei Wassermangel laufen sie unregelmäßig auf.

Gieße Salat regelmäßig. Bei Trockenheit werden seine Blätter zäh und ledrig. Im schlimmsten Fall kommt es sogar zur Notreife, er schießt und beginnt zu blühen. Ab diesem Moment ist Salat ungenießbar.

Notreife:

Pflanzen in Stresssituation (Trockenheit, Hitze, Krankheit etc.) reagieren auf ihre Notlage und beginnen vorzeitig zu blühen und Samen zu bilden. Sie wollen so ihre biologische Aufgabe erfüllen und rasch Nachkommen erzeugen.

Wassermangel bei Gurken verursacht bittere Früchte, frische Blüten- und Fruchtansätze fallen ab. Kapuzinerkresse wird bei Trockenheit sehr scharf.

Der Wasserbedarf im Ab-in-die Bowl-Hochbeet ist insgesamt sehr hoch. Gieße also regelmäßig und viel – besonders praktisch ist eine Tröpfchenbewässerung.

Vereinzeln

Dünne die Saatreihen von Roter Bete und Karotten bei Bedarf aus. Rote-Bete-Samen sind keine einzelnen Saatkörner, sondern Samenknäuel. Es können also je Samen mehrere Keimlinge wachsen. Die Rote-Bete-Pflänzchen sollen in Abständen von 10–12 cm, Karotten etwa 5–6 cm auseinander stehen.

Zu dicht gesäte Rote Bete und Pflücksalat vereinzelst du so: Zupfe einzelne, kleine Pflänzchen aus und gib die jungen Blätter in die Salatschüssel. Sie ergeben einen wunderbaren gemischten Frühjahrs- oder Frühsommersalat.

Stufenweise vereinzeln:

Solange die Keimlinge sehr klein sind, ist es schwierig, die „besten" Pflanzen stehen zu lassen. Gehe einfach schrittweise vor: Zupfe beim ersten Mal die kleinsten und schwächsten Keimlinge aus. Etwa 14 Tage später kommt der nächste Durchgang und weitere 2–3 Wochen später der dritte. Hier erntest du schon kleine Mini-Karotten und Mini-Rüben, die du einfach direkt wegsnacken kannst. Wiederhole das Vereinzeln so lange, bis die Pflanzabstände passen.

Düngen

Zusätzlichen Dünger während der Wachstumszeit benötigen lediglich die 3 Kohlköpfe und die Gurke. Unterstütze die Pflanzen ab Juni alle 2 Wochen mit etwa Flüssigdünger. Durch den Dünger setzen die Gurken mehr Blüten und Früchte an, die Kohlköpfe werden kompakter und wachsen rascher. Alle anderen Gemüsearten kommen gut mit den im Hochbeet vorhandenen Nährstoffen aus.

Spezielle Zuwendung

Rot- und Weißkohl sind leichte Opfer vieler ungebetener Gäste im Hochbeet, wie z. B. Blattläuse oder Kohlweißlingsraupen (mehr dazu kannst du ab Seite 93 nachlesen). Decke sie deshalb vorbeugend mit einem Insektenschutznetz ab. Du solltest Karotten und Kapuzinerkresse unbedingt regelmäßig auf Blattläuse kontrollieren, starker Befall macht sie ungenießbar oder ruiniert die Ernte. Abhilfe schaffst du, indem du Nützlinge, wie z. B. Florfliegen, einsetzt (Seite 97). Besprühe deine Gurke ab Mitte Juni mit Ackerschachtelhalm-Extrakt – so beugst du Mehltau vor und verlängerst die Ernte.

Gurke und Kapuzinerkresse benötigen ein wenig Anleitung beim Ranken. Zeige ihnen den „Weg", indem du die Triebe Richtung Rankgerüst biegst oder sie einfach einfädelst.

AB INS FINALE: AUF DIE PLÄTZE, ERNTE, LOS!

Die Zutaten für deine Bowl werden zwischen Mitte Juli und Mitte August reif.

Die Ernte von **Edamame** startet ungefähr 3 Monate nach dem Anbau. Auf den 80–100 cm hohen, buschigen Pflanzen erscheinen zuerst die weiß/rosa/violetten Blüten und danach grüne, behaarte Hülsen. In jeder Hülse sind 2–3 Sojabohnen enthalten. Sobald die Bohnen in den Hülsen deutlich zu spüren sind, sind sie erntereif. Pflücke die Hülsen einzeln von den Pflanzen und koche sie anschließend 10–15 Minuten in Salzwasser. Die Sojabohnen sind nur in einem sehr kurzen Zeitfenster von 10–14 Tagen bereit für die Ernte, danach werden die Hülsen braun und die Bohnen gelb/braun, trocken und hart. In diesem Zustand werden sie für die Herstellung von Tofu oder anderen Soja-Zubereitungen verwendet. Als Gemüse müssen die Bohnen jedoch noch weich und grün sein. Die gekochten Bohnen kannst du auch portionsweise einfrieren.

Ernte die Köpfe von **Rot- und Weißkohl** je nach Bedarf im Juli/August. Schneide dazu die Köpfe mit einem scharfen Messer direkt am Strunk ab. Dieser bleibt entweder im Hochbeet, dann wachsen weitere kleine Mini-Kohlköpfe nach, oder du entfernst den Strunk, wenn du eine Nachkultur anbaust. Hole das Kohlgemüse im Sommer bei Dauerregen ins Haus, sonst springen die Köpfe auf. Rot- und Weißkohl sind im Kühlschrank einige Wochen haltbar, entferne vor der Anwendung einfach die äußeren Hüllblätter.

Auch **Karotten und Rote Bete** kommen im Hochsommer aus dem Hochbeet. Die Ernte ist ganz einfach: Ziehe die Rüben nach Bedarf und in den benötigten Mengen vorsichtig aus der Erde. Die restlichen Pflanzen bleiben so lange im Hochbeet, bis du sie verwendest. Du kannst Rote Bete und Karotten auch gut lagern: Entferne dafür die Blätter, wasche das Gemüse und lege es in den Kühlschrank, dort hält es ca. 10 Tage, in einem kühlen Keller sogar bis zu 14 Tage.

Achtung:

Blätter auf geerntetem Wurzel- und Knollengemüse entziehen den Wurzeln/Rüben Nährstoffe und Wasser, um weiter zu wachsen. Das Gemüse verrunzelt, wird hart und unbrauchbar. Schneide darum immer die Blätter vor der Lagerung ab.

Ernte **Pflück- und Mischsalate** immer blattweise. Zupfe die äußeren Blätter ab und lasse das Pflanzenherz – botanisch nennt man es Vegetationskegel – stehen. So liefert der Salat immer neue, frische Blätter nach. Die Ernte beginnt Mitte Juli und ist bis Mitte/Ende August möglich.

Die ersten **Gurkenblüten** erscheinen bereits Mitte Juni, sie sind zart und von leuchtend gelber Farbe. Die Früchte werden ab Anfang/Mitte Juli reif. Ernte Gurken regelmäßig, dann setzen sie immer wieder neue Blüten und Früchte an und tragen bis Ende August/Mitte September. Schneide die Früchte immer mit einem Messer oder einer Gartenschere ab, wenn du sie abreißt oder abdrehst, kannst du dadurch die Pflanze verletzen. Im Kühlschrank halten Gurken 1–2 Wochen.

Kapuzinerkresse wächst üppig und lockt mit ihren leuchtenden orangen, gelben oder roten Blüten zahlreiche Insekten und Bienen an. Diese bestäuben im „Vorbeifliegen" gleich die Gurken und sorgen für einen höheren Ertrag. Schneide von Kapuzinerkresse nach Bedarf einzelne Blätter und Blüten ab. Verwende die Blätter der Kapuzinerkresse als Gewürz nur sparsam. Sie enthalten Senfölglycoside, die zwar entzündungshemmend und immunstärkend, bei größerem Konsum jedoch magenreizend wirken.

Nachkultur:

Nach deinem Ab-in-die-Bowl-Hochbeet eignen sich

- das Da-geht-noch-was-Hochbeet (Seite 210)
- und das Ach-kann-nicht-immer-Winter-sein-Hochbeet (Seite 216)

als Nachkultur.

Karottenlachs

Zutaten:
300 g Karotten
1 Noriblatt (Algen), feingehackt
Saft von einer halben Zitrone
2 EL Leinöl
einige Kapern, kleingeschnitten
geräuchertes Meersalz

Zubereitung:

1. Schäle die Karotten und schneide sie mit einem Sparschäler anschließend in dünne Streifen. Dünste diese für 2–3 Minuten in leicht kochendem Wasser, sie sollen noch bissfest sein.

2. Vermische das feingehackte Noriblatt, Zitronensaft, Leinöl, kleingeschnittene Kapern und das geräucherte Meersalz zuerst miteinander und rühre das Gemisch dann unter die abgekühlten Karotten.

Der vegane Karottenlachs passt wunderbar zur Bowl und verleiht ihr ein würziges Fischaroma.

Glasierte Rote Bete

Zutaten:
2 Stück Rote Bete
1 kleine Zwiebel, feingehackt
etwas Olivenöl
1 Schuss Rotwein
1 El Ahornsirup
Salz, Pfeffer, Kümmel

Zubereitung:

1. Koche die Rote Bete mit der Schale für ca. 40–50 Minuten, bis sie weich ist (Gabelprobe). Lasse beim Kochen den Blattansatz und die Wurzel auf der Rübe, dann „blutet" sie nicht aus (d. h. sie verliert ihre rote Farbe nicht beim Kochen). Schneide die weich gekochte Rote Bete in etwa 2 cm große Würfel.

2. Schwitze die feingehackte Zwiebel in etwas Olivenöl an, bis sie goldgelb ist. Lösche die Zwiebel mit einem Schuss Rotwein und einem Esslöffel Ahornsirup ab und gib die Rote-Bete-Würfel dazu. Würze mit Salz, Pfeffer, Kümmel und vermische alle Zutaten. Dünste alles noch einmal für 2–3 Minuten. Die glasierten Rüben kannst du noch warm oder auch abgekühlt als Topping in die Bowl geben.

DAS VON-EVERGREEN-BIS-ABGEFAHREN-KRÄUTER-HOCHBEET

Mach dein Hochbeet zur Kräuterspirale und pflanze von mediterranen Allstars wie Rosmarin, Oregano, Thymian, Salbei und Currykraut bis hin zu Immer-Lieblingen wie Schnittlauch, Petersilie, Majoran und Bohnenkraut alles in ein Beet. Und wenn es noch ein bisschen mehr sein darf, dann halte den VIP-Bereich für Jiaogulan, Thai-Basilikum, Estragon und Anis frei.

Bevor es losgeht:

Dein Kräuter-Hochbeet ist eine Mischung aus Dauerbeet und ein- bis zweijährigen Pflanzen und für jedes „Hochbeet-Alter" geeignet – auch als Nachnutzung eines älteren Hochbeets.

Das kommt ins Von-Evergreen-bis-abgefahren-Kräuter-Hochbeet:

Ende März/Anfang April

Als Samen:

- **Anis;**
- **Petersilie:** z. B. ‚Einfache Schnitt 3' (glatt), ‚Grüne Perle' (gekraust);
- **Schnittlauch**

Mitte Mai

Als Jungpflanzen:

- **1 × Bohnenkraut;**
- **1 × Majoran;**
- **1 × Thai-Basilikum;**
- **1 × Oregano;**
- **1 × Estragon;**
- **1 × Currykraut;**
- **1 × Thymian;**
- **1 × Salbei;**
- **1 × Rosmarin;**
- **1 × Jiaogulan**

VORBEREITUNGEN

Die Ansprüche an ihren Standort sind bei den meisten Kräutern ähnlich. Sie mögen volle Sonne und keinesfalls schwere, verdichtete Lehmböden. Viele der mediterranen Kräuter gedeihen zwar auch auf kargen, nährstoffarmen Böden, dennoch fördern Humus und gesunde Erde Wachstum und Gesundheit der Pflanzen. Befülle dein neues Hochbeet – wenn es direkt zum Dauer-Kräuter-Hochbeet wird – mit einer Mischung aus verdichteten Ästen und Zweigen, Stroh oder Miscanthus, abgelegtem Kompost und Bio-Erde. Mische unter die oberen 20–30 cm einen Sack Quarzsand, damit die Erde locker und luftig bleibt.

Tipp:

Zu viele Nährstoffe – nein, danke! Laub, Grasschnitt, frischer Kompost und Tiermist bleiben draußen, sie geben zu viele Nährstoffe frei.

Ein älteres Hochbeet wandelst du folgendermaßen in ein Dauer-Kräuterbeet um: Entferne alte Pflanzen, Beikräuter und Wurzelreste. Lockere die Erde mit einer Handharke oder Schaufel bis in ca. 30 cm Tiefe. Fülle das Hochbeet mit abgelegtem Kompost, 1 Sack Quarzsand und Bio-Erde auf.

Jiaogulan lässt du entweder über den Hochbeetrand nach unten wachsen oder du montierst vorab eine Klettervorrichtung, z. B. ein Rankgerüst mit stabilen, aber dünnen Sprossen.

STARTSCHUSS FÜR DAS VON-EVER-GREEN-BIS-ABGEFAHREN-KRÄUTER-HOCHBEET

Die Kräuter in deinem Hochbeet sind einjährig, zweijährig und ausdauernd. Die Anordnung der Pflanzen auf der Skizze ist so gewählt, dass in einer Hälfte die Dauerkräuter wachsen, in der anderen die ein- und zweijährigen Pflanzen. Im Folgejahr kannst du wieder neue Kurzzeit-Kräuter anbauen oder zur Abwechslung Gemüse wie Salat, Rettich oder Kohlrabi.

Beginne Ende März/Anfang April mit der Aussaat von Anis, Petersilie und Schnittlauch.

Säe die Samen von **Petersilie** wenig sparsam in eine 25 cm breite Reihe. Streue daneben **Anis** fein in die Erde (Reihenbreite 25 cm). Decke die Samen jeweils mit Erde ab, denn die Kräuter sind Dunkelkeimer. Anis ist einjährig, die daneben wachsende Petersilie zweijährig.

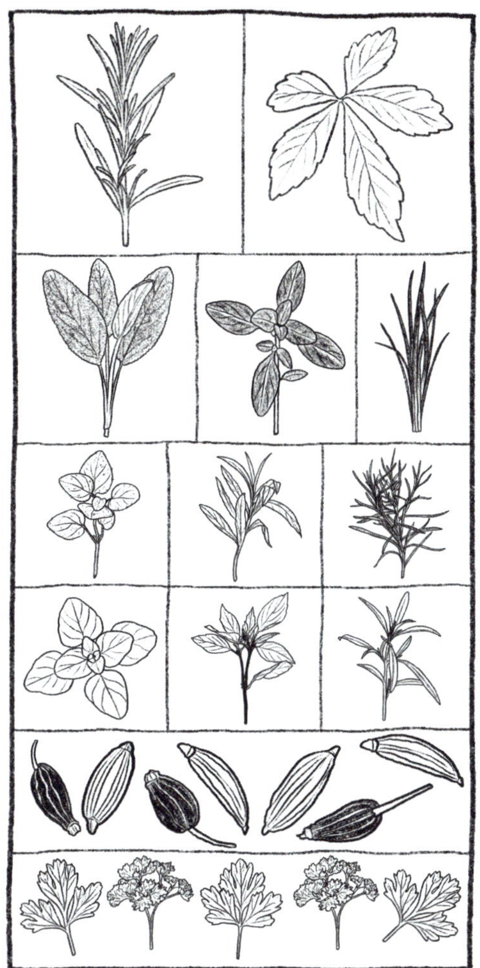

Tipp:

Petersiliensamen keimen langsam und manchmal gar nicht, mit dichter Aussaat bist du erfolgreicher.

Schnittlauch kommt als mehrjährige Pflanze in die andere Hochbeet-Hälfte zu den Dauerkräutern. Säe die Samen wie auf der Skizze dargestellt der Länge nach auf einen 25 cm breiten und 40 cm langen Streifen und decke sie mit Erde ab. Schnittlauch säst du dicht und breitwürfig, denn es dauert eine Weile, bis die zarten, röhrenförmigen Blätter entwickelt sind. Bedecke die Samen mit Erde.

Pflanzabstände:

Rosmarin/Jiaogulan: 1 Reihe, 50 cm breit; für Jiaogulan ein Klettergerüst bereitstellen
Salbei/Thymian/Schnittlauch: 1 Reihe, 40 cm breit; Salbei (40 cm); Thymian (35 cm); Schnittlauch (25 cm)
Oregano/Estragon/Currykraut: 1 Reihe, 30 cm breit
Majoran/Thai-Basilikum/Bohnenkraut: 1 Reihe, 30 cm breit
Anis: 1 Reihe, 25 cm breit, reihig dünn säen; vereinzeln auf 10 cm
Petersilien: 1 Reihe, 25 cm breit, reihig säen

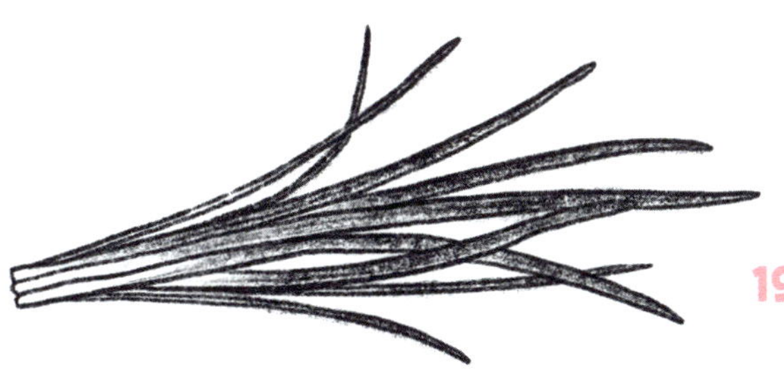

Tipp:

In deinem oder Nachbars Garten wuchert bereits Schnittlauch? Dann mach aus einem Schnittlauchstock einfach zwei. Das geht so: Grabe den Schnittlauch mitsamt Wurzelballen aus und teile ihn. Ziehe dafür mit deinen Händen den Schnittlauchballen sanft auseinander, sodass sich die verflochtenen Wurzeln trennen. Setze die beiden Hälften in frische Erde, bald ist jedes Pflänzchen so groß wie die Mutterpflanze.

Die restlichen Kräuter setzt du Mitte Mai, also nach den Eisheiligen, ins Hochbeet. Auch die eigentlich winterharten Dauerkräuter unterstützt du mit später Pflanzung beim Anwachsen, denn zu früh aus der warmen Stube oder einer Gärtnerei „übersiedelte" Pflänzchen schwächeln nach dem Umzug.

Majoran, **Thai-Basilikum** und **Bohnenkraut** teilen sich eine 30 cm breite Reihe. Alle drei sind einjährig und sehr wärmeliebend.

Daran anschließend kommen **Oregano**, **Estragon** und **Currykraut** gemeinsam in eine Reihe (30 cm Breite). Diese Kräuter sind mehrjährig, wobei Currykraut selbst milde Winter nur mit Schutz übersteht.

Good to know:

Majoran und Oregano sind Büschel mehrerer Einzelpflanzen. Jungpflanzen, die du in der Gärtnerei kaufst, bestehen bereits aus diesen Pflanzenbüscheln, du kannst sie aus dem Topf direkt ins Hochbeet setzen. Vereinzeln ist nicht notwendig.

Neben den mittlerweile sprießenden Schnittlauch pflanzt du **Thymian** und **Salbei**. Der zarter wachsende Thymian bekommt in der Reihe 30 cm Platz, der wuchernde Salbei 50 cm. Die Reihenbreite beträgt 40 cm. Den Abschluss bilden **Rosmarin** und **Jiaogulan**, auch Kraut der Unsterblichkeit genannt. Beide bekommen 50 × 50 cm Platz. Setze Jiaogulan neben die Klettervorrichtung (soweit vorhanden), damit du das Kraut später daran hochleiten kannst. Alle Kräuter der letzten beiden Reihen sind mehrjährig.

DU WILLST JUNGPFLANZEN SELBST VORZIEHEN? SO GEHT'S:

Da du von allen Kräutern jeweils nur eine Pflanze bzw. einen Pflanzenverbund benötigst, lohnt sich das Vorziehen aus Samen nicht. Pro Samensäckchen verwendest du lediglich 2–3 Samen, der Rest bleibt ungenutzt. Eine Ausnahme bilden Majoran und Oregano, denn hier brauchst du mehrere kleine Pflänzchen, die du gebündelt einsetzt. Streue einige Samen zur Vorzucht Anfang März in je einen Topf mit etwa 9 cm Durchmesser und bedecke sie sehr dünn mit Erde, denn sie sind Lichtkeimer. Gieße sie regelmäßig und stelle sie an einen warmen Platz. Vom Topf kannst du die Kräuter später direkt ins Hochbeet setzen.

Eine Alternative ist das Vorziehen aus Stecklingen. Dafür brauchst du Zweige von bereits wachsenden Kräutern, z. B. aus den Gärten deiner Nachbarn, von Freundinnen oder deiner Familie. Die Stecklings-Anzucht klappt mit nahezu jedem mehrjährigen Kraut.

So geht's: Schneide einzelne Kräuter-Zweige ab und zwicke eventuell vorhandene Blüten oder Blütenansätze von den Triebspitzen. Schneide längere Triebe in 8–10 cm lange Stücke und entferne am unteren Ende einige Blätter. Gib die Stecklinge in ein mit 2–3 cm Wasser gefülltes Glas, den kahlen Teil des Stängels nach unten. Nach einigen Tagen bilden sich bereits kleine Wurzeln. Setze die Stecklinge in mit Erde gefüllte Töpfe, sobald die Wurzeln 4–5 cm lang sind, und gieße regelmäßig.

Achtung:

Mit der Stecklings-Anzucht musst du rechtzeitig beginnen, am besten schon im Vorjahr. Die Kräuter brauchen einige Zeit, bis sie gewachsen und bereit für den Umzug ins Hochbeet sind.

ETWAS STARTDÜNGER GEFÄLLIG?

Für die Kräuter brauchst du keinen zusätzlichen Startdünger, die Vorbereitung mit Kompost und Bio-Erde reicht vollkommen.

SPEZIALISTEN FÜR ALLE FÄLLE

In deinem Hochbeet wächst für (fast) alles ein Kraut. Du kannst mit Kräutern jedem Gericht das gewisse Etwas verpassen, brühst dir damit die besten Tees – ganz egal ob erfrischend oder wärmend – und hast immer etwas gegen Erkältungen oder Entzündungen zur Hand. Jedes Kraut hat seine speziellen Eigenschaften und Inhaltsstoffe, in diesem Abschnitt findest du ihre Besonderheiten und Anwendungen.

DER Klassiker unter den Küchenkräutern ist **Petersilie** – und das zu Recht. Als heimisches Würzkraut passt sie in nahezu jede Speise, z. B. in Aufstriche, Suppen, Aufläufe, zu Fleisch-, Nudel- und Reisgerichten und besonders gut zu Kartoffeln. Füge die feingehackten Blätter erst zum Schluss zu deinen Gerichten, denn zu starkes Erhitzen zerstört das in Petersilie reichlich enthaltene Vitamin C. Weitere Inhaltsstoffe sind Zink, Magnesium, Vitamin A und mehrere B-Vitamine. Es gibt glatte und krause Petersiliensorten, die glatten Sorten sind aromatischer, die krausen optisch ansprechender.

Achtung:

In Petersiliensamen ist das ätherische Öl Apiol reichlich enthalten, das Organe wie Herz, Niere oder Leber schädigen kann. Zum Zeitpunkt der Blüte reichert sich Apiol auch in Blättern und Blüten vermehrt an. Darum gilt: Ab beginnender Blüte darfst du Petersilie nicht mehr verwenden.

Der einjährige **Anis** ist ein aromatisches Würzkraut, du verwendest die reifen Früchte (Samen). Diese sind 2–3 mm groß, hellbraun, gerillt und verströmen das typische Anisaroma. Du verwendest Anis zum Brotbacken, für Kekse (ein Weihnachts-Klassiker), aber auch als Gewürz für Suppen, Aufläufe oder zu Gemüse. Der typische Anisgeruch wird durch das ätherische Öl Anethol hervorgerufen, das bakterienhemmend und krampflösend wirkt. Anis ist Bestandteil magenfreundlicher Teemischungen, meist in Kombination mit Kümmel und Fenchelsamen.

Majoran führt beim Einkaufen als Samen oder Jungpflanze manchmal zu Verwirrung. Seine botanische Bezeichnung ist *Origanum majorana*, wodurch es oft zu Verwechslungen mit Oregano kommt. Im Gegensatz zu diesem ist Majoran jedoch einjährig, zumindest in mitteleuropäischen Breiten. Im Mittelmeerraum, wo er ursprünglich herkommt, wächst Majoran mehrjährig. Majoran macht schwere Speisen besser verdaulich, darum passt er gut zu deftigen Gerichten wie Eintöpfen, Braten, Gulasch, aber auch beispielsweise zu Kartoffeln. Majoran wirkt als Tee gegen Einschlafstörungen und Erkältungen, seit jeher bekannt ist seine befreiende Wirkung bei Schnupfen.

Thai-Basilikum ist – wie sein Name verrät – eine Basilikumart, die in Thailand zum Würzen zahlreicher Speisen verwendet wird. Das eigentlich mehrjährige Kraut wächst buschig und strauchförmig, übersteht den mitteleuropäischen Winter jedoch nicht, denn kühle Temperaturen und kurze Tage machen ihm zu schaffen. An der Oberfläche der Blätter sitzen Drüsenhaare, die ätherische Öle abgeben und den intensiven Duft verursachen. Thai-Basilikum schmeckt ein wenig nach Anis und Lakritze und passt gut in Currys und thailändische Fleisch- sowie Gemüsegerichte. Das Thai-Basilikum wird nicht mitgekocht, sonst verliert es sein Aroma.

Bohnenkraut ist einjährig, es gibt jedoch auch eine mehrjährige Form, das Bergbohnenkraut. Die einjährige Variante hat ein zarteres Aroma. Bohnenkraut ist der ideale Begleiter zu allen Bohnengerichten, denn es hat eine verdauungsfördernde und antiblähende Wirkung. Bohnenkraut verleiht den Gerichten einen pfeffrigen Geschmack.

Tipp:

Koche ganze Bohnenkraut-Zweige etwa 10 Minuten lang mit. Dann kommen sie aus dem Topf, sonst werden zu viele Bitterstoffe freigesetzt.

Ein naher Verwandter von Majoran ist der mehrjährige **Oregano**, botanisch *Origanum vulgare*. Vor einigen Jahrzehnten war sein zweiter Name Dost noch geläufiger, was botanisch allerdings nicht ganz korrekt ist, da zur Gattung der Doste auch Majoran zählt. Bekannt ist Oregano vor allem als Pizzagewürz, er passt aber auch zu anderen mediterranen Gerichten wie Nudeln, Fisch, Grillspeisen und Gemüse, wie z. B. Zucchini und Aubergine. Je sonniger und wärmer der Sommer ist, umso intensiver ist sein Aroma, da er mehr ätherische Öle anreichert. Als Tee wirkt Oregano gegen Husten und Entzündungen im Mundraum.

Estragon zählt zu den Artemisiengewächsen und ist eng verwandt mit Beifuß oder Wermut. Estragon ist mehrjährig. Es gibt mehrere Unterarten, den russischen, deutschen und französischen Estragon. Der russische wächst etwas anspruchsloser, ist herber und etwas langweiliger im Geschmack. Sehr ähnlich sind deutscher und französischer Estragon, sie schmecken süßer und lieblicher, haben dafür aber etwas höhere Ansprüche an Temperatur und Wärme. Bekannt ist Estragon als wichtiger Bestandteil von Senf und Essig, in der Küche passt er zu Fleisch- und Fischgerichten, in Saucen, Salate und Aufstriche. Estragon wirkt verdauungsanregend und entzündungshemmend.

Currykraut ist bedingt mehrjährig. In milden Wintern bringst du es mit Kälteschutz ins nächste Jahr und freust dich im Frühling über frische Triebe. Die Blätter von Currykraut sind optisch eine Mischung aus Lavendel- und Rosmarinblättern. Sie sind dünn, lang, spitz zulaufend und glänzen silber-grau. Das Currykraut hat mit der Gewürzmischung Curry nichts zu tun, duftet jedoch intensiv nach Curry, und auch der Geschmack erinnert daran. Currykraut würzt zahlreiche Gerichte, besonders gut passt es zu Reis und in Gemüsecurrys.

Achtung:

Lasse Currykraut nur einige Minuten mitziehen, sonst lösen sich zu viele Bitterstoffe.

Die positiven Wirkungen von **Salbei** werden schon seit der Antike genutzt, auch als Zugabe zu Speisen wird er schon lange geschätzt. Die silbergrünen Blätter harmonieren mit Fisch- und Fleischgerichten, die berühmteste Speise ist Saltimbocca alla Romana. In etwas Butter geschwenkt passt Salbei hervorragend zu Nudeln oder Gnocchi, auch ein Risotto ergänzt er gut. Die Salbeiblätter enthalten ätherische Öle, Gerbstoffe und Flavonoide. Salbei wirkt keimhemmend und hilft bei Zahnfleischentzündungen oder Halsschmerzen.

Tipp:

Salbeitee gegen Halsschmerzen: Überbrühe 2 Teelöffel Salbeiblätter mit 300 ml kochendem Wasser. Lasse den Tee 10 Minuten ziehen. Trinke ihn schluckweise oder verwende ihn zum Gurgeln.

Salbei ist eine mehrjährige Pflanze und mit seinen leuchtend violetten Blüten auch bei Bienen beliebt.

Heilkräftige Wirkstoffe enthält auch der mehrjährige **Thymian**, in Küche und als Arznei fand er schon vor über 4.000 Jahren Verwendung. Als Würzkraut passt Thymian zu allen mediterranen Speisen, auch die mitteleuropäische Küche mit Aufläufen oder Eintöpfen ergänzt er gut. Von Thymian gibt es mittlerweile zahlreiche Züchtungen mit verschiedenen Geschmacksrichtungen, z. B. Zitronenthymian, Orangenthymian, Kümmelthymian, Ingwerthymian und einige mehr. Gut erforscht ist sein beinahe namensgleiches ätherische Öl, das Thymol. Es wirkt gegen Viren und Bakterien sowie schleimlösend und hilft bei Hustenanfällen.

Schnittlauch ist eng verwandt mit Knoblauch, Zwiebel und Lauch. Die mehrjährige Pflanze ist ein klassisches Würzkraut, das in keinem Garten fehlen sollte.

In feine Ringe geschnitten passt er in Suppen, aufs Brot, in Aufstriche oder in den Salat. Schnittlauch enthält roh die meisten Inhaltsstoffe, z. B. Vitamin C, Vitamin B, Karotin, Kalium, Phosphor und Eisen.

Rosmarin galt bis vor einigen Jahren als nicht winterfest, mittlerweile werden fast nur mehr winterharte Sorten zum Kauf angeboten. Die ausdauernde mediterrane Pflanze ist ein beliebtes sommerliches Gewürz und passt zu Grillgerichten aller Art, zu Ofengemüse, Kartoffeln, Käse, Flammkuchen und vielem mehr. Zerkleinere die nadelförmigen Blätter von Rosmarin erst kurz vor dem Kochen, sonst gehen ätherische Öle verloren. Rosmarin wirkt erfrischend und fördert die Konzentration, auch in Form einer Aromatherapie mit Rosmarinöl.

Jiaogulan wird auch Kraut der Unsterblichkeit genannt. Die ausdauernde Pflanze aus der Familie der Kürbisgewächse stammt aus der chinesischen Region Guizhou, wo sie verwildert wächst. Im 15. Jahrhundert fiel Gelehrten auf, dass in dieser Region überdurchschnittlich viele 100-Jährige leben. Nähere Untersuchungen brachten die ungewöhnliche Robustheit der Bevölkerung mit dem regelmäßigen Konsum von Jiaogulan-Tee in Verbindung. Tatsächlich enthält Jiaogulan zahlreiche Inhaltsstoffe, darunter Saponine und Flavonoide, denen in wissenschaftlichen Studien positive Wirkungen nachgewiesen werden konnten. So reguliert die regelmäßige Einnahme von Jiaogulan-Tee den Blutzuckerspiegel und wirkt antioxidativ, cholesterinsenkend und entzündungshemmend. Den Tee kannst du aus frischen oder getrockneten Blättern zubereiten.

Jiaogulan-Tee:

Überbrühe 1 TL Jiaogulan-Blätter mit 250 ml heißem, aber nicht mehr kochendem Wasser (90 °C) und lasse ihn 5 Minuten ziehen. Entferne danach die Blätter und trinke den Tee noch heiß.

AUF DER ZIELGERADEN: LASS DEIN VON-EVERGREEN-BIS-ABGEFAHREN-KRÄUTER-HOCHBEET WACHSEN UND GEDEIHEN

Zu Beginn brauchen deine Kräuter etwas mehr Zuwendung. Sobald sie gut angewachsen sind, sind sie quasi Selbstläufer. Hier ein paar Tipps, wie du ihnen vor allem am Beginn ihr Kräuterleben besser machst.

Vereinzeln

Dünne die Anis-Pflänzchen auf einen Abstand von 10 cm aus, sobald sie 7–8 cm hoch sind. Da Petersilie spärlich keimt, ist das Vereinzeln meist nicht notwendig. Im Gegenteil, säe nach 4–5 Wochen nach, wenn die Samen nur lückenhaft aufgehen.

Kälteschutz

Kälteschutz brauchen die mehrjährigen, aber kälteempfindlichen Kräuter. Decke Rosmarin, Estragon und Currykraut vor winterlichen Kälteeinbrüchen mit einem Vlies ab. Currykraut ist am empfindlichsten, umhülle es zusätzlich mit Reisig oder Stroh. Milde Winter mit leichten Frösten übersteht das Currykraut, starke Kälteeinbrüche leider nicht. Ziehe daher im Sommer bereits Stecklinge, um die Pflanze im Folgejahr zu ersetzen.

Bei späten Kältephasen im Mai/Anfang Juni hilfst du besonders den einjährigen, wärmeliebenden Kräutern Majoran, Thai-Basilikum und Bohnenkraut mit einem Vlies.

Kletterhilfe

Jiaogulan benötigt zu Beginn deine Hilfe, um in die passende Richtung zu wachsen. Führe die Triebe zur Kletterhilfe oder an den Rand des Hochbeets, damit sie nach unten wachsen. Die Pflanze wuchert stark, leite neue Triebe immer wieder in die gewünschte Richtung.

Gießen

Die mediterranen Kräuter lieben es eher trocken, doch Estragon, Schnittlauch, Petersilie, Anis und Jiaogulan sind auf ausreichende und regelmäßige Wassergaben angewiesen. Besonders viel Wasser braucht das stark wuchernde Jiaogulan, Anis schätzt einen feuchten – nicht nassen! – Boden. Gieße diese Kräuter ausgiebig und direkt. Die anderen, noch kleinen Kräuter gießt du zu Beginn regelmäßig, bis sich ihre Wurzeln kräftig entwickelt haben. Später reichen Wassergaben dann, wenn die Erde bis in 3 cm Tiefe ausgetrocknet ist. Vermeide Überkopf-Gießen, besser ist das direkte Gießen zu den Wurzeln.

Tipp:

Urlaub und niemand da, der gießt? Setze Ollas zwischen die Kräuter, fülle sie mit Wasser und fahre beruhigt fort. Die Kräuterwurzeln saugen Wasser aus den Ollas förmlich an – genau in benötigter Menge. Mehr über Ollas liest du auf Seite 113.

Düngen

Die meisten Kräuter sind genügsam und kommen 1–2 Jahre mit den vorab eingefüllten Substraten aus. Dennoch entziehen sie Nährstoffe und brauchen in den Folgejahren Düngung. Gib frische Bio-Erde rund um die Kräuter oder dünge sie im Frühsommer 1–2-mal pro Jahr mit Brennnessel-Jauche bzw. Bio-Dünger. Lediglich Jiaogulan ist ein Starkzehrer, versorge ihn regelmäßig mit Nährstoffen.

Spezielle Zuwendung

Mehrjährige Kräuter neigen zum Verholzen und brauchen daher regelmäßigen Schnitt. Zudem sollen sie nicht zu riesigen Sträuchern heranwachsen, da sie sonst ihre Nachbarspflanzen überwuchern. Bonus beim Verjüngungsschnitt: Du erntest gleichzeitig!

Die Schnittmaßnahmen funktionieren zwar sehr ähnlich, doch jedes Kraut hat seine Eigenheiten und Ansprüche. Hier ein kleiner Überblick über den richtigen Schnitt je Kraut:

Oregano: Schneide ihn im Frühling auf 3–4 cm Höhe zurück.

Estragon: Schneide im Frühling die langen Stängel bodeneben ab, er treibt neu aus.

Currykraut: Schneide im Frühling kranke oder erfrorene Triebe ab.

Salbei: Neigt zum Verholzen, schneide im späten Frühjahr einzelne Triebe bis ins alte Holz zurück und kürze die restlichen Triebe nur ein wenig. Im Folgejahr wechselst du, es werden nun die im Vorjahr wenig gekürzten Triebe ins Holz zurückgeschnitten und die stark geschnittenen Triebe nur wenig gekürzt. Der Verjüngungsschnitt über 2 Jahre schwächt die Pflanze weniger.

Thymian: Kürze seine Zweige im Frühling bis zu ⅔, damit der Strauch nicht verholzt.

Schnittlauch: Regelmäßiges, bodenebenes Schneiden ganzer Halme verjüngt die Pflanze.

Rosmarin: Die Pflanze verholzt rasch, wenn du sie nicht regelmäßig schneidest. Kürze die grünen Triebe jährlich im späten Frühling um ⅓.

Jiaogulan: Schneide im Frühjahr abgestorbene Triebe vom Vorjahr bodeneben ab. Die Pflanze treibt aus verdickten Wurzeln neu aus.

Unliebsame Besucher findest du auf Kräutern selten. Geruch und Geschmack ihrer ätherischen Öle machen Blattläusen und Co. eher den Garaus, darum helfen Kräuter in Mischkulturen dabei, lästige Tierchen von ihren Nachbarspflanzen fernzuhalten. Verirrt sich doch einmal eines zu deinen Kräutern, helfen Nützlinge, z. B. Florfliegen gegen Läuse oder Raubmilben gegen Spinnmilben.

AB INS FINALE: AUF DIE PLÄTZE, ERNTE, LOS!

Die zweijährige **Petersilie** erntest du vorwiegend im 1. Jahr, im Folgejahr nur bis kurz vor der Blüte. Danach werden die Blätter ungenießbar. Die Ernte beginnt ungefähr 3 Monate nach dem Anbau, jedenfalls, wenn die Pflanzen kräftig genug sind. Am ertragreichsten wird Petersilie gegen Ende des Sommers, also ab August/September. Brich jeweils die äußeren Stiele samt

Blättern ab und lasse die inneren Blätter stehen, Petersilie treibt laufend nach. Die Blätter zupfst du vor der Verwendung vom Stängel. Petersilie lässt sich gut einfrieren.

Tipp:

Kleinhacken vor dem Einfrieren? Brauchst du nicht. Friere ganze Blätter ein und zerdrücke sie vor der Anwendung im noch gefrorenen Zustand. Sie zerfallen in viele kleine Teile.

Anis trägt an 40–60 cm hohen Stielen große weiße Doldenblüten, die sich ab August braun verfärben. Schneide die ganze Pflanze ab und lasse die Früchte kopfüber aufgehängt ausreifen. Lege ein großes Tuch darunter, denn wenn Anis reif ist, fallen die Samen darauf. Klopfe hängengebliebene Samen sanft aus den Dolden.

Achtung:

Hänge die Dolden nicht zu spät auf, sonst verlierst du einen Teil der Ernte, da die Samen zu Boden fallen. Zu frühes Abschneiden lässt die Früchte hingegen nicht vollkommen ausreifen. Der richtige Erntetermin erfordert also etwas Fingerspitzengefühl und ist wenige Tage, nachdem sich die Dolden von weiß auf braun verfärbt haben.

Ernte **Majoran** kurz vor der Blüte, dann enthält er das meiste Aroma. Schneide seine Triebspitzen bis zur Hälfte ab, danach verzweigt er sich, es wächst eine weitere Ernte heran. Majoran lässt sich gut trocknen. Im Gegensatz zu vielen anderen Kräutern behält er getrocknet seine volle Würzkraft.

Schneide von **Thai-Basilikum** immer ganze Stiele bis zum nächsten Blattpaar ab, erst danach zupfst du die Blätter vom Stängel. Das Basilikum verzweigt sich weiter, somit verlängert sich die Erntezeit bis weit in den Herbst.

Das meiste Aroma hat **Bohnenkraut** kurz vor oder während der Blüte. Schneide ganze Stängel bis etwa 5 cm über dem Boden ab, dann treiben neue Zweige nach. Zum Trocknen legst du die Triebe auf eine Küchenrolle oder ein Tuch und streifst danach die kleinen Blättchen von den Stängeln.

Tipp:

So erkennst du, dass deine Kräuter bald blühen: Kurz vor der Blüte schwellen an den Triebspitzen oder in den Blattachseln kleine kugelige Knospen an. Ein sicheres Zeichen, dass die Kräuter bald blühen – und somit der beste Zeitpunkt für die Ernte.

Ernte mehrjährige Kräuter in den ersten 1–2 Jahren mit Bedacht. Eine zu umfangreiche Ernte schwächt die jungen Pflanzen, meistens gehen sie ein. Erst ab dem 2. oder 3. Jahr schneidest du die Kräuter nach Bedarf und zum Konservieren.

Ernte frische Triebspitzen und Blätter von **Oregano** vor und während der Blüte, denn hier ist das Kraut besonders würzig. Du kannst sowohl ganze Zweige abschneiden als auch einzelne Blättchen abzupfen. Zum Trocknen schneidest du am besten ganze Zweige ab, hängst sie verkehrt auf und streifst danach die Blättchen ab.

Schneide von **Estragon** frische Triebspitzen, der Erntezeitraum dauert vom Frühjahr bis zum ersten Frost. Am meisten Inhaltsstoffe enthält Estragon – wie die meisten Kräuter – kurz vor der Blüte. Trocknen ist möglich, allerdings verliert das Kraut einiges an Aroma.

Currykraut blüht im Hochsommer zwischen Juli und September, zu dieser Zeit ist das Aroma der Blätter am intensivsten. Neben den Blättern sind die zahlreichen gelb leuchtenden Blüten genießbar, z. B. als Deko auf Salat. Die Ernte der Triebspitzen und Blätter ist ganzjährig möglich.

Tipp:

Ernte Currykraut zum Trocknen im Hochsommer. So fängst du den intensivsten Geschmack ein.

Die **Salbei**ernte ist das ganze Jahr hindurch möglich. Schneide die Triebspitzen so weit ab, dass immer noch einige Blätter des Zweiges am Strauch bleiben, damit der Salbei wieder nachtreibt. Ernte im Winter sparsamer, um Frostschäden zu vermeiden. Salbei lässt sich getrocknet gut konservieren.

Wie bei fast allen Kräutern sind auch bei **Thymian** die geschmacksgebenden Inhaltsstoffe rund um die Blütezeit von Juni bis September am höchsten. Zudem reichert Thymian bei Sonnenschein viele ätherische Öle an, ernte ihn daher am besten an sonnigen Tagen am frühen Nachmittag. Schneide von Thymian ganze Zweige ab. Hänge diese zum Trocknen kopfüber auf, dann lassen sich die kleinen Blättchen leichter abrebeln. Das Thymianaroma bleibt auch im getrockneten Zustand sehr gut erhalten.

Bei der **Schnittlauch**-Ernte schneidest du ganze Halmbüschel knapp über dem Boden ab. Aus dem Wurzelstock wachsen neue Halme. Auch die zartvioletten Blüten von Schnittlauch sind essbar und eine hübsche Salatdeko. Halme mit Blüten sind hingegen hart und ungenießbar.

Tipp:

Entferne regelmäßig Blütenansätze und Knospen, sonst steckt der Schnittlauch seine ganze Energie in die Blütenbildung und bildet weniger essbare Halme.

Schneide von **Rosmarin** Triebspitzen und Zweige bis zur Hälfte ab, der stehenbleibende Trieb verzweigt sich. Rosmarin behält getrocknet sein Aroma, bewahre seine Nadeln kühl und dunkel auf. Zerkleinere die Nadeln erst direkt vor der Anwendung. Die Rosmarinernte ist auch ganzjährig möglich, entnimm im Winter aber nur sparsam und an frostfreien Tagen Triebe, um Kälteschäden zu vermeiden.

Ernte von **Jiaogulan** ganze Fiederblätter. Die Pflanze wuchert stark, du brauchst bei der Ernte nicht sparsam zu sein. Die Blätter lassen sich trocknen, sind dann allerdings etwas herber im Geschmack.

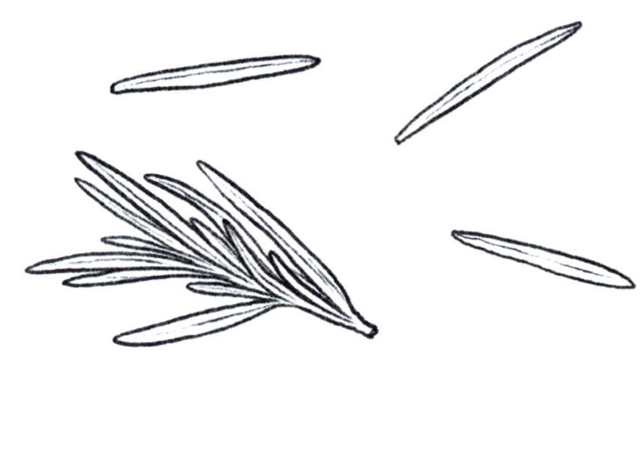

DAS HIER-KREUCHT-UND-FLEUCHT-ES-HOCHBEET

Immer Gemüse im Hochbeet? Es gibt gute Gründe, warum du eine Gemüse-Pause machst oder etwas anderes anpflanzen willst. Ein längerer Urlaub zum Beispiel. Eine Nachnutzung für dein in die Jahre gekommenes Hochbeet. Oder du brauchst etwas Schönes fürs Auge.

Wie wäre es mit pflegeleichten, bunten Blumen? Sie machen kaum Arbeit und du tust Bienen, Hummeln, Marienkäfern, Schwebfliegen, Erzwespen, Schmetterlingen und anderen nützlichen Tierchen etwas Gutes.

Und nicht nur das: Steht das Hochbeet mitten im Garten, bestäuben die angelockten Insekten gleichzeitig Obst und – wenn vorhanden – rundum gepflanztes Gemüse. Im Vorbeiflattern fressen sie Blattläuse, Weiße Fliegen oder Milben von Nutz- und Zierpflanzen.

Tipp:

Manchmal sind in den Samenmischungen nur einjährige, manchmal auch mehrjährige Pflanzen. Achte beim Einkauf auf die Lebensdauer der Blumen, denn wenn du das Hochbeet nur einjährig bunt bepflanzen willst, musst du später die mehrjährigen Pflanzen wieder ausreißen.

SO BEPFLANZT DU DEIN HIER-KREUCHT-UND-FLEUCHT-ES-HOCHBEET

Mit einer fertigen Samenmischung

Die einfachste Variante: Du streust Samen einer fertigen (Wild-)Blumenmischung ins Hochbeet. Diese werden mit verschiedenen, gut aufeinander abgestimmten Blumen unter kreativen wie bezeichnenden Namen angeboten, z. B. als Bienenproviant, Feenwiese, Nützlingsweide, Naturschwärmer, Nützlingsbuffet oder Schmetterlingswiese. Der Anbau erfolgt je nach Herstellerangabe zwischen März und Juli mit verschiedenen Blütezeiten und Blumenarten.

Mit einjährigen Blumen

Diese sind ideal, wenn du ein Jahr lang wenig Zeit oder Lust zum Gemüse-Anbau im Hochbeet hast oder ein älteres Hochbeet sinnvoll bestücken willst. Einjährige Blumen bevorzugen magere, nährstoffarme Substrate, eine alte Befüllung mit Zugabe von etwas Quarzsand bietet gute Voraussetzungen. Je bunter und abwechslungsreicher du das Hochbeet bepflanzt, desto unterschiedlichere Insekten lockst du an.

Diese Blumen baust du als Samen an:

- **Tagetes** (rot);
- **Kornblumen** (blau);
- **Klatschmohn**;
- **Ringelblumen** (gelb/orange);
- **Schmuckkörbchen** (Cosmea, rosa/weiß);
- **Borretsch**;
- **Kornblumen** (weiß oder rosa);
- **Goldmohn**;
- **Kamille**;
- **Zwerg-Sonnenblumen**, z. B. ‚Bambino';
- **Jungfer im Grünen** (*Nigella*).

Tipp:

Wähle für ein möglichst buntes Farbenfest Sorten mit den in Klammern angegebenen Farben.

SO SIEHT DAS EINJÄHRIGE HIER-KREUCHT-UND-FLEUCHT-ES-HOCHBEET AUS

SO LEGST DU DAS EINJÄHRIGE HIER-KREUCHT-UND-FLEUCHT-ES-HOCHBEET AN

Anders als beim Gemüse baust du die Blumen nicht streng in Reihen an, sondern gruppierst sie in „Häufchen“. Das sieht lockerer und natürlicher aus. Streue wie auf der Skizze dargestellt an jeden Platz ca. 6–8 Samen je Pflanzenart, bei den **Sonnenblumen** genügen 3–4, von **Kamille** säst du etwas mehr. Es ist nicht notwendig, mit dem Zirkel die genauen Größen je Pflanzplatz nachzumessen, gehe nach Gefühl und deinem Geschmack vor. Wichtig ist, dass du die Samen gleichmäßig verteilst.

Tipp:

Kamillensamen sind so winzig, dass du sie gar nicht zählen kannst. Säe sie einfach dünn aus.

Der Anbau erfolgt zwischen April und Mai. **Goldmohn**, **Schmuckkörbchen**, **Klatschmohn** und **Kamille** sind Lichtkeimer, du deckst sie nur leicht mit Erde ab. Die anderen Samen sind Dunkelkeimer und kommen etwa 1 cm tief in die Erde.

SO WACHSEN UND GEDEIHEN DIE EINJÄHRIGEN BLUMEN

Gieße nach der Aussaat gründlich und lasse auch die jungen Pflänzchen nicht austrocknen. Sind die Blumen einmal gut eingewachsen, machen sie keine Arbeit mehr. Etwas Wasser benötigen sie natürlich immer, aber anders als Gemüse kommen sie auch einige Tage ohne Wasserzufuhr aus.

Vereinzle zu dicht gesäte Blumen. Die folgende Aufstellung zeigt dir, wie viel Platz die Blumen rundum brauchen:

PFLANZE	PLATZBEDARF in cm (rundum)
Tagetes	15 × 15
Kornblume	15 × 15
Klatschmohn	20 × 20
Ringelblume	20 × 20
Schmuckkörbchen (Cosmea)	25 × 25
Borretsch	25 × 25
Goldmohn	nicht vereinzeln
Kamille	nicht vereinzeln
Sonnenblume	40 × 40
Jungfer im Grünen (*Nigella*)	15 × 15

Hast du im April angebaut, erscheinen die ersten Blüten bereits im Mai. Die meisten Blumen im Hochbeet sind Dauerblüher, d.h. es wachsen ständig neue Blüten nach. Wenn du die abgeblühten Blumen abschneidest, unterstützt du die Neubildung.

Tipp:

Du willst auch im nächsten Jahr Blumen im Hochbeet? Dann lasse die abgeblühten Blüten stehen. Es entwickeln sich Samen, die zu Boden fallen und im Folgejahr neue Pflänzchen bilden.

Sobald die Blumen blühen, schwirrt, flattert, summt und brummt es in deinem Hochbeet, dass es eine helle Freude ist. Leuchtende Farben und duftender Nektar ziehen Bienen, Hummeln und Co. magisch an und bieten für sie und ihren Nachwuchs Nahrung.

Die verschiedenen Farben und langen Blütezeiten sorgen für lebendige Vielfalt, denn jedes Insekt hat seine besonderen Vorlieben. Hummeln und Bienen „fliegen" auf Sonnenblumen und Borretsch, Schmetterlinge auf Kornblumen und Schwebfliegen auf Ringelblumen oder Kamille.

DAUERBLÜHENDES FARBENFESTIVAL IN DEINEM HOCHBEET

Tipp:

Lasse die Blumen über den Winter im Hochbeet. In hohlen Stängeln und Blattachseln finden viele Insekten ein willkommenes Winterquartier.

Tipp:

Konkurrenz für die Insekten? Blüten und Blätter von Borretsch sind essbar, aus Kamillen- und Ringelblumenblüten wird Tee und aus Ringelblumen eine heilende Salbe.

PFLANZE	BLÜTENFARBE	BLÜTEZEIT					
		Mai	Juni	Juli	Aug	Sept	Okt
Tagetes	rot						
Kornblume	blau, weiß, rosa						
Klatschmohn	rot						
Ringelblume	gelb/orange						
Schmuckkörbchen (Cosmea)	rosa, weiß						
Borretsch	blau-violett						
Goldmohn	goldgelb						
Kamille	weiß/gelb						
Sonnenblume	leuchtend gelb						
Jungfer im Grünen (*Nigella*)	hell- bis dunkelblau						

GIB DEN INSEKTEN JAHRELANG FUTTER: MIT MEHRJÄHRIGEN BLUMEN

Baue mehrjährige Blumen und Stauden an, wenn du den Insekten dein Hochbeet dauerhaft zur Verfügung stellen möchtest.

Der Vorteil im mehrjährigen Hochbeet: Du deckst einen längeren Zeitraum ab, d. h. Bienen und Co. finden vom zeitigen Frühjahr bis in den Herbst stets etwas Blühendes.

Auf Seite 92 findest du eine Aufstellung mit mehrjährigen Blütenpflanzen, die für Insekten besonders nützlich sind. Sie sind Nahrung, Brutstätte und Unterschlupf zugleich.

Achtung:

Von der Anlage des Dauerbeetes bis zu den ersten Blüten dauert es einige Zeit. Sei also nicht enttäuscht, wenn du dich im 1. Jahr noch nicht über die volle Blütenpracht freuen kannst.

Eine Sondergruppe unter den für Insekten nützlichen mehrjährigen Pflanzen sind Zwiebelblumen.

Achtung:

Baue Zwiebelblumen nie gemeinsam mit Gemüse oder Kräutern an, denn die Zwiebeln sind hochgradig giftig und es kann leicht zu Verwechslungen mit Speisezwiebeln oder Schalotten kommen.

Der Benefit für Insekten ist die zeitige Blüte. In das dauerhafte NUR-Insektenbeet passen folgende Zwiebelblumen:

PFLANZE	BLÜTENFARBE	BLÜTEZEIT				
		Jan	Feb	März	Apr	Mai
Schneeglöckchen	weiß	■	■	■		
Blausternchen	blau			■	■	
Traubenhyazinthe	violett, blau, weiß		■	■	■	
Krokus	gelb, blau, weiß, violett		■	■	■	
Hyazinthe	rosa, rot, violett, weiß			■	■	
Narzissen	gelb, orange, rot			■	■	
Tulpe	gelb, weiß, rot, orange, rosa, violett			■	■	■

BEPFLANZE DAS HIER-KREUCHT-UND-FLEUCHT-ES-HOCHBEET MIT KRÄUTERN UND GEMÜSE

Das klingt etwas kurios, aber tatsächlich sind viele Kräuter und manche Gemüsearten Magnete für Hummeln, Schwebfliegen und Co. Insekten fühlen sich besonders hingezogen zu den Blüten von Basilikum, Thymian, Salbei, Rosmarin, Oregano, Rucola, Schnittknoblauch, Lauch, den Blüten aller Kohlpflanzen, Zucchini, Gurken, Kürbis und vielen mehr. Mische gezielt blühende und nicht blühende Gemüsearten in deinem Hochbeet, dann freust du dich über summenden Besuch. Lasse manche Gemüsearten wie Lauch oder Kohlrabi auswachsen und blühen. Sie eignen sich dann zwar nicht mehr für die Ernte, sind aber ein wunderbares Bienenbuffet. Sei sparsam bei der Ernte mehrjähriger Kräuter, damit sie noch genug Energie für die Blüte haben.

Tipp:

Wohin mit dem vielen Lauch? Lasse einfach mal eine Pflanze stehen. Die Lauchblüte ist nicht nur eine hervorragende Nahrung für Insekten, sondern auch wunderschön anzusehen.

DAS DA-GEHT-NOCH-WAS-HOCHBEET

Die erste Ernte ist eingefahren und du knabberst an frischen Karotten, hast Erbsen oder Bohnen eingeholt und Frühkraut verkocht. Jetzt – mitten im Sommer – soll schon Schluss sein? Mitnichten! Starte mit der nächsten Anbaurunde – für die Herbst- und Winterernte.

Als Nachkultur ab Ende Juli/Mitte August

Das kommt ins Da-geht-noch-was-Hochbeet

Zwischen Mitte Juli und Ende August

Als Samen:

- **Lauchzwiebel** ‚Ishikura Long White';
- **Mairübe:** z. B. ‚Snowball' (weiß), ‚Petrowski' (gelb), ‚Di Milano a colletto viola' (violett)

Als Samen oder Jungpflanzen:

- **10 × Rote Bete:** z. B. ‚Rote Kugel 2' (rot), ‚Tonda di Chioggia' (weiß-rot), ‚Schneewittchen' (weiß), ‚Wintersonne' (gelb)

Als Jungpflanzen:

- **4 × Chinakohl:** z. B. ‚Atsuko', ‚Granaat' (grün), ‚Scarvita' (rot);
- **3 × Zuckerhut;**
- **4 × Fenchel:** z. B. ‚Perfektion';
- **4 × Endiviensalat:** z. B. ‚Bubikopf 2', ‚Escariol grüner', ‚Wallone';
- **4 × Kohlrabi:** z. B. ‚Blaro' (violett), ‚Noriko', ‚Lanro' (grün)

VORBEREITUNGEN

Da das Gemüse erst im Hochsommer angebaut wird, haben die zuvor wachsenden Kulturen bereits Nährstoffe aufgebraucht. Im 1. oder 2. Hochbeet-Jahr bleibt trotzdem genug „übrig", denn bis auf Chinakohl sind alle Pflanzen Mittelzehrer. Ist die Befüllung im Sommer bereits stark abgesunken, kannst du den Fruchtwechsel nutzen, um das Hochbeet mit abgelegtem Kompost und Erde aufzufüllen. Ab dem 3. Hochbeet-Jahr braucht das Gemüse jedenfalls einen Schub frischer Nährstoffe in Form von Kompost und Bio-Erde.

STARTSCHUSS FÜR DAS DA-GEHT-NOCH-WAS-HOCHBEET

Beginne ab Mitte Juli, bzw. sobald Platz im Hochbeet ist, mit der Bepflanzung. Du musst nicht alle Pflanzen auf einmal anbauen, denn auch die zuvor stehenden Kulturen wirst du nicht zum selben Zeitpunkt ernten. Sobald in einer Reihe Platz wird, kannst du ein neues Gemüse säen oder einsetzen. Du brauchst nicht streng nach der Skizze vorzugehen, die Gemüsearten dürfen die Anordnung wechseln. Wichtig ist, dass für jedes Gemüse der benötigte Platz vorhanden ist und dass die Pflanzen aus der Familie der Kohlgewächse, also Chinakohl, Mairübe und Kohlrabi, nicht direkt nebeneinander stehen.

Damit sich das Gemüse bis zur Ernte im Herbst/Winter ausreichend entwickelt, setzt du es großteils als Jungpflanzen.

4 Stück **Chinakohl** kommen auf eine 30 cm breite Reihe im Abstand von je 25 cm, zwischen Mitte Juli und spätestens Ende August.

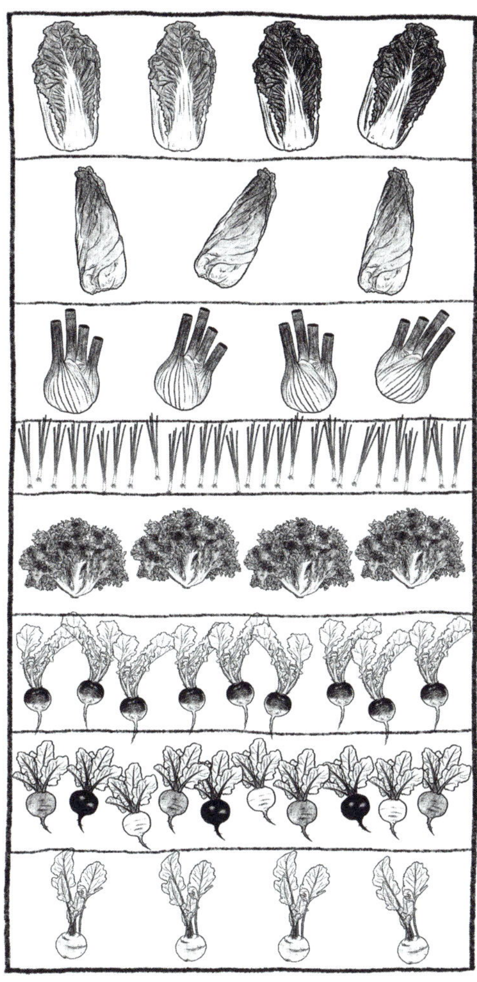

Pflanzabstände:

Chinakohl: 1 Reihe, 30 cm breit, 4 Stück
Zuckerhut: 1 Reihe, 30 cm breit, 3 Stück
Fenchel: 1 Reihe, 25 cm breit, 4 Stück
Lauchzwiebel: 1 Reihe, 15 cm breit, in der Reihe 2–3 cm Abstand
Endiviensalat: 1 Reihe, 25 cm breit, 4 Stück
Mairübe: 1 Reihe, 25 cm breit, in der Reihe 5 cm Abstand; auf 8–10 cm vereinzeln
Rote Bete: 1 Reihe, 25 cm breit, in der Reihe 3–4 cm Abstand; auf 8–10 cm vereinzeln oder 10 × Jungpflanzen
Kohlrabi: 1 Reihe, 25 cm breit, 4 Stück

Tipp:

Du willst mehr Farbe in der Salatschüssel? Pflanze abwechselnd roten und grünen Chinakohl!

Vom Zichoriensalat **Zuckerhut** passen 3 Stück in eine 30 cm breite Reihe. Auch ihn setzt du je nach freigewordenem Platz zwischen Mitte Juli und Ende August ins Hochbeet. Die gleichen Anbauzeiträume, also Mitte Juli bis Ende August, haben **Fenchel** und **Kohlrabi**. Von beiden kommen je 4 Jungpflanzen in eine 25 cm breite Reihe. Setze sie so tief, wie sie zuvor im Topf gestanden sind. Bei Kohlrabi muss die kleine Verdickung in der Höhe des ersten Blattansatzes unbedingt über der Erde sein, denn aus ihr wird später die Knolle. Das gilt auch für Fenchel. Setzt du ihn zu tief ein, werden seine Knollen klein und länglich. Von **Rote Bete** setzt du ab August 10 Jungpflanzen ins Hochbeet (Reihenbreite 25 cm). Ist bereits Mitte Juli Platz, kannst du sie auch als Samen aussäen, im Abstand von je 3–4 cm, 1 cm tief.

Endiviensalat wächst von allen Jungpflanzen am schnellsten, die 4 vorgezogenen Pflänzchen dürfen je nach verfügbarem Platz zwischen Anfang August und Mitte September in die Erde (Reihe mit 25 cm).

Säe **Lauchzwiebeln** so bald wie möglich, idealerweise im Juli. Da sie nur 15 cm Platz brauchen, bringst du sie leicht unter, auch als Untersaat von noch nicht fertig geerntetem Gemüse. Streue die feinen Samen sehr dünn aus und bedecke sie mit Erde.

Tipp:

Falls noch Pflanzen in deinem Hochbeet stehen, ist die Untersaat eine praktische Methode, um die nächste Kultur bereits anzubauen. Entferne dafür die untersten Blätter der „alten" Pflanzen und säe zwischen den bestehenden Reihen neues Gemüse. Bis es keimt und mehr Platz braucht, ist das alte Gemüse bereits geerntet. Diese Methode klappt gut bei in die Höhe wachsendem Gemüse wie Tomaten oder Paprika.

Lege von **Mairüben** alle 5 cm 1–2 Samenkörner etwa 0,5 cm tief in die 25 cm breite Reihe und decke die Samen mit Erde zu. Die zarten Rübchen wachsen rasch, bester Aussaatzeitpunkt ist im August.

Gut zu wissen:

Das Da-geht-noch-was-Hochbeet ist eine Nachkultur, du bepflanzt es im Juli oder August. Davor ist Platz für andere Vorkulturen und Hauptkulturen, z. B. das Ab-in-die Bowl-Hochbeet auf Seite 186.

DU WILLST JUNGPFLANZEN SELBST VORZIEHEN? SO GEHT'S:

Bis auf spezialisierte Gärtnereien ist im Sommer in den meisten Gartencentern Schluss mit Jungpflanzen. Dir bleibt also nur mehr das Vorziehen auf der Fensterbank oder – wenn vorhanden – im Gewächshaus. Fenchel und Zuckerhut säst du 4 Wochen vor dem Pflanztermin, Chinakohl und Rote Bete 3–4 Wochen, und bei Kohlrabi sind 3 Wochen Anzuchtzeit ausreichend. Pro benötigter Pflanze streust du 2–3 Samenkörner in einen Topf und lässt nach dem Auflaufen das stärkste Pflänzchen stehen.

Achtung:

Du ziehst deine Pflanzen im Haus vor? Gewöhne sie vor der Übersiedlung ins Hochbeet an den Sonnenschein, denn auch wenn die Pflanzen an einer hellen Fensterbank stehen, können das direkte Sonnenlicht und die Sommerhitze im Freien zu Verbrennungen führen. Also: Stelle die Pflanzen in die frische Luft und verlängere die Zeit „draußen" täglich um 1–2 Stunden. Nach einigen Tagen ist dein Gemüse fit für den Umzug.

ETWAS STARTDÜNGER GEFÄLLIG?

Versorge Chinakohl – er ist ein Starkzehrer – mit einer Portion Langzeitdünger. Alle anderen Gemüsearten sind Mittelzehrer und finden mit der oben beschriebenen Vorbereitung ihr Auslangen.

ZARTSCHMELZEND UND BITTERSÜSS: DIE HERBST-WINTER-BOOSTER AUS DEINEM HOCHBEET

Das Gemüse aus dem Da-geht-noch-was-Hochbeet ist Zutat für einen abwechslungsreichen Speiseplan und enthält viele gesunde Vitamine und Nährstoffe – und zwar dann, wenn die Sommerfrüchte zur Neige gehen und die Gemüseauswahl in den Geschäften eintönig wird oder zu viele Transportkilometer hinter sich hat. Alle Gemüsearten kannst du roh oder gekocht und warm oder kalt genießen.

Der aus Nordchina und Japan stammende **Chinakohl** fand über Umwege bereits Ende des 18. Jahrhunderts seinen Weg nach Europa, wird aber erst seit einigen Jahrzehnten großflächig als Salat für die kalte Jahreszeit verwendet. Erst die letzten 20–30 Jahre kam mit der Verbreitung der asiatischen Küche die Verwendung von Chinakohl in Wok und Co. in Mode. Heute wird er als vielfältiges Gemüse, das mit den verschiedensten Gewürzen und Zutaten harmoniert, für fast jede Speise verwendet., z. B. gratiniert, in Lasagne, als Suppe, kombiniert mit Kartoffeln, Reis und Fleisch und sogar als Zutat von Smoothies. Milchsauer vergoren ergibt er Kimchi. Die grün-gelben bzw. roten Blätter von Chinakohl enthalten weniger Senfölglykoside als andere Kohlarten und sind daher verträglicher. Chinakohl ist reich an Vitamin C, K, B6, Folsäure, Mineralstoffen und zahlreichen Aminosäuren.

Zuckerhut und **Endivie** gehören zur Familie der Zichoriengewächse und sind mit Chicorée oder Radicchio enger verwandt als mit Kopfsalat. Sie enthalten Bitterstoffe, die positiv auf die Galle und damit die Fettverdauung wirken.

Gut zu wissen:

Bitterstoffe sind dir ein Gräuel? Dann gehörst du wahrscheinlich zu den Supertaster*innen, zu Deutsch Superschmecker*innen. Eine Genvariante bestimmt, ähnlich wie bei Koriander, dass du die Bitterstoffe wesentlich unangenehmer wahrnimmst als Menschen ohne entsprechende genetische Disposition. Andere Lebensmittel, die von Supertaster*innen abgelehnt werden, sind z. B. Kaffee, Tee, Bier, Rohschokolade oder Brokkoli.

Tipp:

So reduzierst du Bitterstoffe: Weiche die Blätter 10–15 Minuten in lauwarmes Wasser ein, die Bitterstoffe werden dadurch gelöst und ausgewaschen.

Zuckerhut und Endivie verwendest du in Streifen geschnitten als Salat, z. B. in Kombination mit Kartoffeln oder Obst wie Äpfeln, Birnen oder Orangen. Auch gekocht oder gedünstet als Gemüse machen sie am Teller eine gute Figur.

Fenchel ist vorwiegend für die Verwendung der Samen als beruhigender Tee – nicht nur für Kleinkinder – bekannt. Im Wuchs ist der Gewürzfenchel allerdings filigraner als der für Speisezwecke geeignete Gemüse- bzw. Knollenfenchel. Die Knolle ist botanisch gesehen eine Zwiebel, die sich aus fleischig verdickten Blattstielen zusammensetzt. Nicht nur die Knolle, auch die Blätter sind – als Gewürz – essbar. Fenchel ist reich an ätherischen Ölen, die für sein Aroma verantwortlich sind und eine beruhigende, magenschonende Wirkung haben.

Fenchel genießt du roh als Salat oder zum Knabbern mit Dips, gekocht eignet er sich für zahlreiche mediterran angehauchte Speisen, z. B. in Kombination mit Tomatensauce und Parmesan.

Lauchzwiebeln, die kleinen Verwandten von Lauch, wachsen schneller als dieser und sind daher ideal für den späten Anbau. Wie auch Lauch sind sie reich an schwefelhaltigen Substanzen, die antibakteriell und entzündungshemmend wirken. Verwende Lauchzwiebeln roh in feine Ringe geschnitten als Zutat zu Salat oder als Zwiebelersatz für zahlreiche warm zubereitete Speisen.

Mairüben stammen aus dem Mittelmeerraum und wurden schon zu Zeiten der griechischen und römischen Hochkultur als Gemüse verwendet. Die Römer brachten die nahrhafte Rübe nach Mitteleuropa, wo sie vor Einführung der Kartoffel eine wesentliche Rolle in der Ernährung einnahm. Aufgrund ihrer kurzen Vegetationszeit – verglichen mit der Speiserübe – eignet sich die Mairübe als schnelle Zwischenfrucht und für den späten Anbau. Ihr Geschmack ist mild und leicht süß, mit der Auswahl verschiedenfarbiger Sorten von weiß, gelb und violett bringst du Abwechslung auf deinen Teller. Mairübe isst du roh, z. B. geraspelt, gekocht als Gemüsebeilage, gebraten in zahlreichen Aufläufen und Gratins oder gegrillt. Mairüben enthalten Zink, Eisen, Folsäure und Vitamin C.

Bunt geht es auch bei **Roter Bete** zu. Neben den klassischen roten Rüben, die rund oder länglich sind, wurden dekorative Sorten in den Farben rot-weiß, reinweiß oder sonnengelb gezüchtet. Der Geschmack neuer Sorten ist oft milder und weniger herb als der der „typischen" Roten Bete. Rote Bete eignet sich für nahezu jedes Gericht: roh und gekocht im Salat, als Gemüse, als Carpaccio, in Suppen und als Saft. Rote-Bete-Saft ist energiereich und kommt als Muntermacher an Kaffee oder Energydrinks heran.

Kohlrabi ist wie Mairübe und Chinakohl auf der Seite der sanften, also eher mild und weniger blähend wirkenden Kohlgemüse. Seine Knolle ist mit einer Wachsschale überzogen, die du vor der Verwendung abschälst. Das Fruchtfleisch ist reich an Ballaststoffen, sekundären Pflanzeninhaltsstoffen, Selen, Vitaminen und Eiweiß. Verwende Kohlrabi roh zum Knabbern oder ähnlich der Mairübe in zahlreichen Gerichten. Einfach und dennoch ein besonderes Highlight: Kohlrabigemüse mit Erbsen.

AUF DER ZIELGERADEN: LASS DEIN DA-GEHT-NOCH-WAS-HOCHBEET WACHSEN UND GEDEIHEN

Die ausgewählten Gemüsearten liefern dir üppige und große Köpfe und Knollen, wenn du sie mit einigen Maßnahmen unterstützt.

Vereinzeln

Lichte nach 3–4 Wochen zu dicht stehende Rote Bete und Mairüben auf jeweils 8–10 cm aus. Lauchzwiebeln brauchen lange, bis die ersten zarten Halme sichtbar sind. Vereinzle sie 3–4 Wochen nach dem Auflaufen auf je 3–4 cm.

Gießen

Da du die Pflanzen im Hochsommer setzt, ist das Gießen besonders wichtig. Lasse die Jungpflanzen nie austrocknen und gieße auch in der Phase der Knollen- und Kopfbildung, denn hier braucht das Gemüse viel Wasser. Chinakohl macht Wasserunterversorgung besonders zu schaffen, seine äußeren Blätter und die Blattrippen werden braun, bei starker Trockenheit fault der ganze Kopf von innen. Kohlrabi reagiert mit aufgeplatzten und holzigen Knollen. Bei Fenchel wirkt regelmäßige Wasserversorgung positiv auf die Größe der Knollen und ihre inneren und äußeren Qualitäten. Wassermangel hingegen verursacht braune Ränder an den Blattstielen und führt zu vorzeitiger Blüte. Etwas unempfindlicher sind Zuckerhut, Mairüben, Lauchzwiebel und Endivie, sie brauchen vor allem beim ersten Anwachsen und während der Kopf-/Schaftbildung ausreichend Wasser. Rote Bete darf sogar an manchen Tagen trocken stehen, denn mit ihren langen Wurzeln kann sie den Nachschub aus tieferen Schichten holen.

Tipp:

Gieße ab Herbst am Vormittag, damit die Blätter bis zum Abend abtrocknen. So verhinderst du Pilze und Fäulnis, die durch kalte und feuchte Nächte begünstigt werden.

Häufeln

Bedecke Lauchzwiebeln mit etwas Erde, sobald sie 10–12 cm hoch sind. Etwa ein Drittel „Grün“ muss noch aus der Erde ragen, damit die Pflanzen weiterwachsen. Durch die fehlenden Sonnenstrahlen bleicht der gehäufelte Teil aus, die Schäfte werden weiß und zart. Wiederhole das Häufeln 2–3-mal während des Wachsens.

Häufle die Fenchelknollen 3–4 Wochen vor der Ernte zu einem Drittel bis zur Hälfte an. Die Knollen erhalten durchs Bleichen einen zarteren Geschmack.

Düngen

Für das Hochbeet ab dem 3. oder 4. Jahr: Versorge das Gemüse im Sommer einmalig mit Brennnessel-Jauche oder einem anderen, langsam wirkenden organischen Flüssigdünger. Chinakohl bekommt als Starkzehrer eine etwas größere Portion und Mitte September eine weitere Gabe Dünger. Bei allen anderen Gemüsearten reicht einmaliges Düngen aus.

Kälteschutz

Die Ernte erstreckt sich von Herbst bis in den frühen Winter. Einige Gemüsearten halten leichte Fröste aus, andere bis -15 °C und weniger. Mit Kälteschutz verlängerst du die Erntezeit bis weit in den Winter und unterbindest starke Temperaturschwankungen. Vor allem Zuckerhut und Chinakohl macht ein zu großes Auf und Ab der Temperaturen zu schaffen, sie reagieren mit Minderwuchs und im schlimmsten Fall mit vorzeitiger Blüte. Versorge das Gemüse im beginnenden Herbst mit einer dicken Mulchschicht aus Laub, Stroh oder Miscanthus, vor allem Fenchel und Endivie freuen sich über die warme Decke. Ein Vlies und ab Ende Oktober/Anfang November ein Frühbeet-Aufsatz sind ein zuverlässiger Schutz vor nächtlichen Frösten. Lüften nicht vergessen!

Spezielle Zuwendung

Im Frühling machen Erdflöhe und Kohltriebrüssler Kohlrabi und Co. das Leben schwer, im Sommer und Herbst ist es der Kohlweißling. In milden Wintern ist er mittlerweile bis Dezember aktiv. Kontrolliere Chinakohl, Mairübe und Kohlrabi regelmäßig auf die Eier des Kohlweißlings. Das sind entweder Gruppen gelber, tönnchenförmiger Eier (Großer Kohlweißling) oder einzelne, grüne Eier (Kleiner Kohlweißling). Sind die Raupen einmal geschlüpft, musst du sie rasch absammeln, denn sie können über Nacht dein Gemüse bis auf die Blattrippen kahlfressen. Auch aufpassen musst du auf die Weiße Fliege, die an den Blättern – vorwiegend von Kohlgemüse, aber auch von Salat – saugt. Setze Nützlinge zur direkten Abwehr ein, z. B. Florfliegen oder Erzwespen. Wie immer ist Vorbeugung das beste Mittel, ein Insektenschutznetz sperrt die lästigen Tiere im Voraus aus. Es schützt gleichzeitig die Lauchzwiebel vor Lauchmotte und Zwiebelfliege.

Das früher übliche Binden von Endiviensalat ist heute kaum mehr notwendig. Die meisten Sorten sind selbstbleichend.

Tipp:

Nicht selbstbleichende Endivien-Sorten binden: Binde 2–3 Wochen vor der Ernte die äußeren Blätter mit einem weichen Faden zusammen, damit die inneren Blätter bedeckt sind. Durch Lichtmangel wird das Salatherz gelb, zart und weniger bitter. Gieße nach dem Binden nur mehr sparsam.

AB INS FINALE: AUF DIE PLÄTZE, ERNTE, LOS!

Im Herbst, nach der großen Sommerhitze, bekommt das Gemüse einen ordentlichen Wachstumsschub.

Chinakohl bildet zuerst zahlreiche rosettenförmig angeordnete Blätter, erst später wächst in der Mitte der typische kegelförmige Kopf. Chinakohl hält leichte Fröste etwa bis -5 °C aus. Ernte ihn je nach Witterung und Bedarf zwischen Oktober und Dezember. Biege dazu die äußeren, rosettenförmigen Blätter auseinander und schneide den Kopf mit einem scharfen Messer ab. Mit etwas Glück wachsen aus dem verbleibenden Mini-Strunk einige kleine Mini-Chinakohle.

Zuckerhut ist extrem frostfest und kommt noch mit Temperaturen von -15 °C und weniger zurecht. Ernte ihn unbedingt an frostfreien Tagen, sonst brechen seine Zellen und der Salat wird matschig. Seine Ernte beginnt im Oktober/November.

Fenchel ist weniger kältetolerant, er verträgt bis -4 °C. Von der Jungpflanze bis zur erntereifen Knolle vergehen etwa 70–90 Tage, die Ernte findet je nach Anbauzeit zwischen Oktober und Dezember statt. Schneide die Fenchelknolle mit einem scharfen Messer vom Wurzelhals ab, bei früher Ernte wachsen weitere Mini-Fenchel nach.

Lauchzwiebeln und **Mairüben** sind sehr frostfest, auch Eis und Schnee können ihnen nichts anhaben. Mit einer dicken Mulchschicht verhinderst du das Zufrieren des Bodens und erleichterst dir die Ernte. Diese ist ab Oktober den ganzen Herbst und Winter hindurch möglich. Ziehe die Zwiebeln oder Rüben nach Bedarf aus dem Boden.

Endiviensalat ist am wenigsten frostfest, er verträgt mit Abdeckung -1 bis -4 °C. Ernte ihn ab Mitte Oktober und entferne danach die äußeren, grünen Blätter. Sie enthalten am meisten Bitterstoffe und Nitrat. Ein Endivienkopf wird zwischen ½ und 1 kg schwer, er hält im Kühlschrank etwa 1–2 Wochen.

Rote Bete verträgt leichte Fröste, sollte aber nie ganz durchfrieren. Beginne die Ernte im Oktober bis zum ersten Frost (mit Kälteschutz etwas länger). Ernte von Rote Bete ganze Rüben mit Wurzeln und Blättern. Entferne vor dem Kochen nur die äußeren Blätter, belasse die Herzblätter und Wurzeln aber an der Rübe, sonst geht der wertvolle Rübensaft ans Kochwasser verloren – und damit Geschmack und Inhaltsstoffe.

Die **Kohlrabi**knolle ist eine Verdickung des Stängels, darum wachsen aus der Knolle Blätter. Kohlrabi ist frostfest bis -5 °C, seine Ernte beginnt ab Mitte Oktober. Schneide die Knolle mit einem Messer vom Strunk und entferne Blattstiele samt Blättern. Verwende neben der Knolle auch die jungen, in der Mitte befindlichen zarten Kohlrabiblätter. Sie passen feingeschnitten in Salate oder Smoothies.

DAS ACH-KANN-NICHT-IMMER-WINTER-SEIN-HOCHBEET

Die Hauptsaison in deinem Hochbeet ist vorbei, im September und Oktober erntest du die letzten Früchte und Blätter. Und dann kehrt Winterruhe ins Hochbeet? Ja, kann, muss aber nicht! Denn jetzt beginnt eine besonders spannende Zeit: Mit Wintergemüse erntest du bis zum nächsten Frühling.

Bevor es losgeht:

Das Ach-kann-nicht-immer-Winter-sein-Hochbeet ist eine Kombination von typischem Nachkultur-Gemüse für den späten Anbau. Davor wächst nahezu jede Hauptkultur, die du bis Ende September/Mitte Oktober aberntest. Gut geeignete Themenbeete sind

- das Ab-in-die-Bowl-Hochbeet (Seite 186),
- das Süße-Früchtchen-Hochbeet (Seite 170),
- das Tex-Mex-Hochbeet (Seite 142)
- oder das Rund-ums-Mittelmeer-Hochbeet (Seite 150).

Als Nachkultur ab September/Oktober

Das kommt ins Ach-kann-nicht-immer-Winter-sein-Hochbeet:

Zwischen Anfang September und Ende Oktober

Als Samen:

- **Radieschen** ‚Eiszapfen‘;
- **Winterportulak;**
- **Asia-Gemüse** ‚Pak-Choi‘;
- **Feldsalat:** z. B. ‚Vit‘, ‚Verte à coeur plein 2‘;
- **Winterkresse;**
- **Hirschhornwegerich;**
- **Asia-Gemüse** ‚Garnet Giant‘;
- **Pflücksalat** ‚Venezianer‘;
- **Asia-Gemüse** ‚Tatsoi‘

VORBEREITUNGEN

Der Nährstoffbedarf der Pflanzen ist nicht allzu hoch, es handelt sich um eine Kombination aus Mittel- und Schwachzehrern. Dennoch hat die zuvor stehende Hauptkultur einiges an Nährstoffen aufgebraucht. Gib daher etwas frische Erde oder abgelegten Kompost vor allem in die Reihen, in die du die Mittelzehrer setzt, das sind ‚Pak Choi‘, ‚Garnet Giant‘, Pflücksalat ‚Venezianer‘ und ‚Tatsoi‘.

STARTSCHUSS FÜR DAS ACH-KANN-NICHT-IMMER-WINTER-SEIN-HOCHBEET

Beginne ab Anfang/Mitte September mit dem Anbau. Der Anbauzeitpunkt hängt von der Ernte der noch im Hochbeet stehenden Hauptkultur ab. Während manches Gemüse früher räumt (z. B. Buschbohnen), bleibt anderes in einem milden Herbst bis Oktober im Hochbeet (z. B. Paprika, Tomaten).

> ***Achtung:***
>
> Mit dem Anbauzeitpunkt bestimmst du den Erntetermin. Gemüse, das du bis Ende September/Anfang Oktober anbaust, erntest du im Winter. Erfolgt die Aussaat ab Mitte/Ende Oktober, erntest du im zeitigen Frühjahr.

Beim Anbau musst du dich nicht streng nach dem Plan in der Skizze halten. Streue die Samen je nach frei werdendem Platz in die Erde. Zwischen den verschiedenen Gemüsearten aus der Kohlfamilie soll aber jeweils ein Nicht-Kohlgemüse stehen, um gegenseitige negative Einflüsse (z. B. das Anlocken von Kohlfliegen oder der mehligen Kohlblattlaus) zu unterbinden. Zu den Kohlgemüsen gehören: Radieschen ‚Eiszapfen', Asia-Gemüse ‚Pak Choi', Winterkresse, Asia-Gemüse ‚Garnet Giant', Asia-Gemüse ‚Tatsoi'.

Säe **Radieschen ‚Eiszapfen'** in eine 15 cm breite Reihe mit 2–3 cm Abstand je Korn, Saattiefe ist 0,5–1 cm. Radieschen keimen bereits ab 3 °C. Daran anschließend folgt **Winterportulak**, allerdings erst, wenn die Temperaturen unter 12 °C liegen, denn darüber keimt er nicht. Sein optimaler Keimbereich liegt zwischen 8 und 12 °C, unter 4 °C keimt der Samen nicht mehr. Säe Winterportulak breitwürfig in eine 15 cm breite Reihe in 0,5–1 cm Tiefe aus. Die Asia-Gemüse **‚Pak Choi'**, **‚Garnet Giant'** und **‚Tatsoi'** benötigen eine je 30 cm breite Reihe. Streue die Samen dünn in etwa 1 cm Tiefe aus, das Asia-Gemüse keimt ab 6 °C. Wenn du dich an die in der Skizze empfohlene Anordnung hältst, wachsen dazwischen jeweils Nicht-Kohlgemüse-Arten.

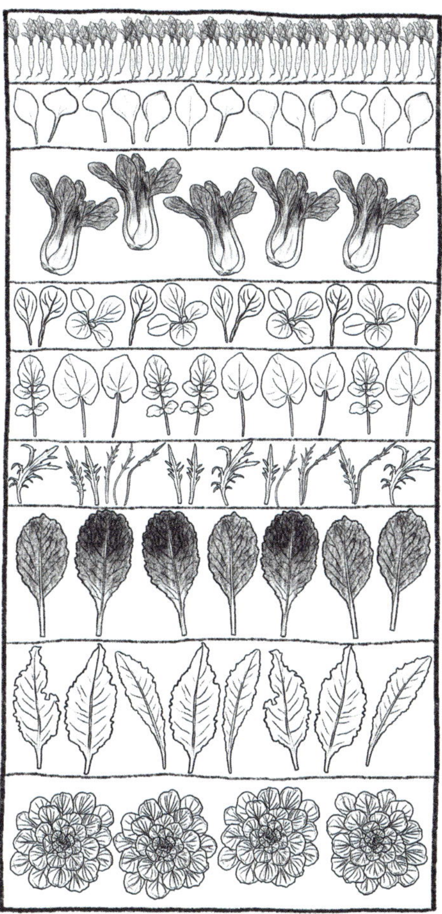

Pflanzabstände:

Radieschen: 1 Reihe, 15 cm breit, in der Reihe 2–3 cm Abstand
Winterportulak: 1 Reihe, 15 cm breit, breitwürfig säen
Asia-Gemüse ‚Pak Choi': 1 Reihe, 30 cm breit, reihig säen
Feldsalat: 1 Reihe, 15 cm breit, breitwürfig säen
Winterkresse: 1 Reihe, 20 cm breit, reihig säen
Hirschhornwegerich: 1 Reihe, 15 cm breit, reihig säen
Asia-Gemüse ‚Garnet Giant': 1 Reihe, 30 cm breit, reihig säen
Pflücksalat ‚Venezianer': 1 Reihe, 30 cm breit, reihig säen
Asia-Gemüse ‚Tatsoi': 1 Reihe, 30 cm breit, reihig säen

Kühle 3 °C genügen **Feldsalat**, um kleine Pflänzchen sprießen zu lassen. Säe ihn breitwürfig 1 cm tief in eine 15 cm breite Reihe. Daneben kommt die ebenso genügsame **Winterkresse**, auch ihr reichen schon 3 °C zum Auflaufen, rascher geht es allerdings bei Temperaturen ab 12 °C (Reihenbreite 20 cm, Saattiefe 0,5 cm). Höhere Ansprüche an die Keimtemperatur stellt **Hirschhornwegerich**, er braucht zumindest 10 °C, ideal sind 12–18 °C. Säe Hirschhornwegerich daher so bald wie möglich dünn in eine 15 cm breite Reihe (Saattiefe 0,5–1 cm). **Pflücksalat** der Sorte **‚Venezianer'** braucht 30 cm Platz, säe ihn dünn aus und bedecke ihn nur ganz leicht mit Erde, denn er ist ein Lichtkeimer. Er braucht 5 °C zum Keimen, entwickelt sich aber mit Anfangstemperaturen von 15–20 °C besser.

ETWAS STARTDÜNGER GEFÄLLIG?

Frische Erde und etwas Kompost sind mehr als ausreichend für das Wintergemüse. Zusätzlicher Dünger hat sogar nachteilige Effekte. Das Gemüse kann ihn aufgrund der kürzeren Tageslänge nicht verarbeiten und speichert ihn in Form von Nitrat. Nicht aufgenommener Dünger wird durch Regen- oder Gießwasser nach unten ausgespült und steht den Pflanzen nicht mehr zur Verfügung.

DIESE FROSTIGEN KERLCHEN SORGEN FÜR ABWECHSLUNG AM WINTERTELLER

Das Angebot in (Super-)Märkten ist eindeutig: Im Winter gibt es Chinakohl, Endiviensalat, Karotten und Kohl aus (meist) heimischer Produktion, frische Paprika und Gurken kommen aus Übersee oder europäischer Gewächshaus-Produktion. Das heimische Gemüseangebot in unseren Geschäften ist also nicht nur überschaubar, sondern auch nicht besonders fantasievoll. Und das Wenige wird mit viel Energieaufwand und/oder auf weiten Transportwegen zu uns gebracht.

Mit dem Wintergemüse aus deinem Hochbeet schlägst du mehrere Fliegen mit einer Klappe: Es ist abwechslungsreich, klimaneutral, frisch und du erntest es in bedarfsgerechten Mengen.

Im Hochbeet werden die Gemüsearten gleich zwei Zwecken gerecht: als rasch wachsende, zuverlässige Nachkultur und als sehr zeitige Vorkultur, denn die ausgewählten Arten und Sorten sind extrem frostfest, überwintern und liefern im Frühjahr immer noch frisches Grün.

‚Eiszapfen' ist das frostfesteste **Radieschen** und kann in milden Wintern bis zum nächsten Frühling im Hochbeet bleiben. Die schneeweiße, zapfenförmige Knolle isst du frisch als knackiges Knabbergemüse, als Salat oder gedünstet als Beilagen-Gemüse. Beim Kochen verliert das Radieschen seine Schärfe und schmeckt angenehm mild.

Winterportulak, auch Winterpostelein oder Tellerkraut genannt, gehört zur Familie der Quellkrautgewächse und hat damit keinen verwandtschaftlichen Bezug zu anderen häufig angebauten Nutzpflanzen. Ein wenig erinnert er – sowohl im Aussehen als auch im Geschmack – an die gewöhnliche Vogelmiere, ein Wildkraut. Winterportulak schmeckt leicht säuerlich und nach frischem Mais. Du verwendest ihn vorwiegend als Salat, er kann aber auch gekocht werden. Er enthält viel Vitamin C, Eiweiß und einige andere Mineralstoffe.

‚Pak Choi' ist nach Chinakohl das bekannteste Asia-Gemüse und vielseitig verwendbar. Er ist mild im Geschmack, da er wenig Senfölglykoside enthält. Eine ebenso milde Variante ist **‚Garnet Giant'**, der seinem Namen mit den großen, weinroten Blättern alle Ehre macht. Das dritte Asia-Gemüse im Bunde ist **‚Tatsoi'**, auch Rosetten-Pak-Choi genannt, mit dunkelgrünen, mild-würzigen Blättern. Die jungen Asia-Gemüse-Blätter passen in Salate, Suppen, den Wok oder eignen sich als Spinat-Ersatz. Im asiatischen Raum wird Asia-Gemüse gemeinsam mit Knoblauch und Sojasoße gekocht oder auf Wäscheleinen zum Trocknen aufgehängt und anschließend als Suppeneinlage serviert. Asia-Gemüse enthält viel Vitamin C, Carotin, Vitamin B und Mineralstoffe.

Du willst es würziger?

Dann säe folgende Asia-Gemüse-Sorten, sie schmecken senfartig-scharf: ‚Purple Wave', ‚Grün im Schnee', ‚Mizuna', ‚Green Wave', ‚Wasabino'.

Ein absolut frostfester Kerl ist auch **Feldsalat**. Eine Abdeckung ist zwar für seinen Frostschutz nicht notwendig, hilft dir aber, ihn im Winter zu finden. Ohne Frühbeet-Aufsatz verschwindet der kleinwüchsige Salat rasch unter einer Schneedecke. Der nussig-knackige Wintersalat ist unter vielen Namen bekannt: als Rapunzel (Deutschland), Vogerlsalat (Österreich) oder Nüssli (Schweiz). Du isst ihn solo, er schmeckt aber auch in Kombination mit anderen Salaten, Kartoffeln, Nüssen, Früchten wie Birnen, Äpfeln, Orangen und einigem mehr. Feldsalat enthält zahlreiche Vitamine, Folsäure, Eisen und andere Mineralstoffe.

Die scharf-würzige **Winterkresse** ist – zurückgehend auf ihren botanischen Namen *Barbarea vulgaris* – auch als Barbarakraut bekannt. Sie wird vorwiegend als Zutat zu Salaten, Suppen, in Aufstrichen, Saucen und Dips verwendet. Der hohe Gehalt an Vitamin C stärkt das Immunsystem und beugt so mancher winterlichen Erkältung vor.

Hirschhornwegerich ist – wie sein Name verrät – ein Wegerichgewächs und mit Spitz- und Breitwegerich verwandt. Er ist eine mehrjährige Pflanze, du kannst ihn entweder einjährig nutzen oder nach dem Winter im Hochbeet belassen. Seine Blätter schmecken nussig-herb und passen gut als Zutat in jeden Mischsalat. Kürz gedünstet verfeinert er Nudel- und Reisgerichte. Hirschhornwegerich enthält viel Eisen, Kalzium und Phosphor.

Unter den **Pflücksalat**en ist **‚Venezianer'** eine milde, bitterfreie Sorte, die auch salatverweigernden Kindern schmeckt. In Hinblick auf den Winter ist er sehr frostfest und übersteht selbst längere Kältephasen. Schneide die langen, lanzettenförmigen Blätter von ‚Venezianer' in feine Streifen, so kommt sein Aroma am besten zur Geltung.

AUF DER ZIELGERADEN: LASS DEIN ACH-KANN-NICHT-IMMER-WINTER-SEIN-HOCHBEET WACHSEN UND GEDEIHEN

Das späte Wintergemüse wächst relativ unkompliziert und anspruchslos. So unterstützt du es:

Vereinzeln

Lichte Radieschen ‚Eiszapfen' so weit aus, dass jedes Pflänzchen rundum 3–4 cm Platz hat. Eiszapfen sind lange und schmal und brauchen weniger Platz als kugelige Radieschen. Snacke erste Mini-Radieschen einfach zwischendurch weg, dann bleibt für die anderen mehr Raum.

Die Asia-Gemüse-Sorten ‚Pak-Choi', ‚Garnet Giant' und ‚Tatsoi' verwendest du entweder als Baby-Leaf-Gemüse oder als ganze Köpfe. Als Köpfe brauchen ‚Pak Choi' und ‚Garnet Giant' je 25 cm Platz, der breiter wachsende ‚Tatsoi' sogar 30 cm. Bei der Verwendung als Baby-Leaf lichtest du einfach zu dicht stehende Pflanzen aus. Ähnlich verhält es sich mit dem Pflücksalat ‚Venezianer'. Für ganze Köpfe benötigt er rundum 20–25 cm, für die Ernte einzelner Blätter vereinzelst du nur die zu eng geratene Aussaat.

Dünne auch zu dichte Aussaaten von Winterportulak, Hirschhornwegerich und Winterkresse aus.

> ***Tipp:***
>
> Zu dicht gesätes Blattgemüse musst du nicht wegwerfen. Ziehe einfach die jungen Pflänzchen aus der Erde, kappe die Wurzeln – der Rest kommt in die Salatschüssel. Das zarte Gemüse ergibt einen besonders feinen, bunt gemischten Salat.

Gießen

Das zarte Blattgewebe junger Pflänzchen hat kaum Möglichkeiten, Wasser zu speichern, und ist daher auf regelmäßige Zufuhr von außen angewiesen. Unterstütze auch das bereits angewachsene Gemüse mit zuverlässigen Wassergaben. Wassermangel verursacht braune Blattränder, ledrige und zähe Blätter und unregelmäßigen Wuchs. Radieschen werden scharf und holzig.

Achtung:

Wintergemüse stirbt im Winter nicht durch Frost, meist verdurstet es. Rücke daher im Winter – solange die Erde im Hochbeet nicht gefroren ist – regelmäßig mit der Gießkanne aus und versorge deine Pflanzen mit zimmerwarmem Wasser.

Kälteschutz

Obwohl das Gemüse extrem frostfest ist, helfen ein Vlies oder ein Frühbeet-Aufsatz durchaus: Du bekommst damit größere Pflanzen mit mehr Blattmasse. Das feucht-warme Klima fördert das Wachstum auch in der kalten Jahreszeit, die Bedeckung schirmt Gemüse und Erde vor Frost ab.

Ein wichtiger winterlicher Kälteschutz ist Mulch. Hülle nach dem ersten Anwachsen eine dicke Packung Mulch um die Pflanzen und bedecke auch in den Zwischenräumen die nackte Erde. Mulch schützt vor allem den empfindlichen oberen Wurzelbereich am Übergang von Erde zu Luft. Zudem friert die Erde unter einer Mulchdecke selten komplett durch. Extra-Bonus: Mulch reduziert die Verdunstung, du musst weniger gießen.

Spezielle Zuwendung

Je kälter es wird, umso weniger Tierchen kommen zu Besuch. Im September und Oktober treiben sich allerdings noch Schnecken, vereinzelte Erdflöhe und zahlreiche Kohlweißlinge herum. Zwei Maßnahmen, die dich vor dem kahlgefressenen Herbstbeet bewahren:

1. Kontrolle: Durchsuche das Hochbeet regelmäßig nach Schneckeneiern oder kleinen Mini-Schnecken. Kontrolliere, ob sich vor allem auf der Blattunterseite der Kohlgemüse-Arten Eier und Raupen vom Kohlweißling befinden.
2. Abdecken mit Insektenschutznetz: Mit dem Netz sperrst du die lästigen Flattergeister und Erdflöhe aus, bevor sie an deinen Pflanzen Schaden anrichten.

Unter der Abdeckung (Vlies, Frühbeet-Aufsatz) neigt das Gemüse vor allem im Winter zu Fäulnis, es kann auch Schimmel entstehen. Kontrolliere regelmäßig den Gesundheitszustand der Pflanzen und lüfte, sobald die Temperaturen über 4 °C steigen.

AB INS FINALE: AUF DIE PLÄTZE, ERNTE, LOS!

Je nach Anbauzeit erntest du das Gemüse aus deinem Hochbeet ab Mitte/Ende Oktober, den Winter hindurch oder erst im folgenden zeitigen Frühling. Keimt das Gemüse sehr spät, also erst zwischen Ende Oktober und Mitte November, legt es in der finsteren und frostigen Jahreszeit eine Wachstumspause ein. Es wächst erst wieder weiter, wenn die Tage länger werden, also Ende Januar/Mitte Februar. Mit der Ernte kannst du dann ab Anfang März rechnen.

Der große Vorteil von Wintergemüse:

Du hast keinen Stress mit der Ernte. Denn im Gegensatz zu im Frühling angebautem Gemüse schossen die Pflanzen nicht. Die Tage sind dafür einfach zu kurz, das Licht fehlt.

Radieschen ‚Eiszapfen' erntest du bereits ab 6 Wochen nach dem Anbau und ziehst sie nach Bedarf aus dem Hochbeet. Die Radieschen halten unter einer Abdeckung bis zu -5 °C aus, wird es bedeutend kälter, halten sie nicht bis zum Frühling durch.

Alle anderen Gemüsearten in deinem Hochbeet sind wesentlich frostbeständiger und vertragen sogar bis -20 °C – also Temperaturen, denen wir kaum mehr ausgesetzt sind.

Winter-Ernte-Regel Nr. 1:

Ernte nur an frostfreien Tagen bzw. geschütztes, nicht gefrorenes Gemüse. Sind die Blätter gefroren, brechen die Pflanzenzellen, das Gemüse wird matschig und ungenießbar.

Winter-Ernte-Regel Nr. 2:

Ernte ab Mittag/Nachmittag und idealerweise an sonnigen Tagen. Dann ist am wenigsten Nitrat in den Blättern.

Winterportulak erntest du etwa 5–6 Wochen nach dem Anbau das erste Mal. Schneide ganze Büschel der herzförmigen Blätter mitsamt ihren zarten Stielen ab, jedoch nicht zu tief. Aus dem verbleibenden Pflanzenherz treibt Winterportulak neu aus, du kannst das Gemüse bis zu 5-mal ernten.

‚Pak Choi', **‚Garnet Giant'** und **‚Tatsoi'** sind – bei Aussaat bis Anfang Oktober – nach wenigen Wochen bereit für die erste Ernte, zumindest als Baby-Leaf-Salate. Zupfe dafür jeweils die äußeren Blätter ab, der Vegetationskegel bleibt stehen. Vorteil von Baby-Leaf: Du bist von Spätherbst bis Frühling mit frischem Asia-Gemüse versorgt und erntest immer nur so viel, wie du gerade brauchst.

Bis zur Ernte des ganzen Kopfes dauert es etwa 2–3 Monate. Ausgewachsen ergibt **‚Pak Choi'** einen länglichen, dunkelgrünen Kopf mit breiten, weißen Blattrippen, optisch ähnlich wie Stielmangold. Aus **‚Garnet Giant'** wird eine salatförmige, locker gewachsene Pflanze mit weinroten Blättern, **‚Tatsoi'** schließlich formt eine dunkelgrüne, ausladende Rosette.

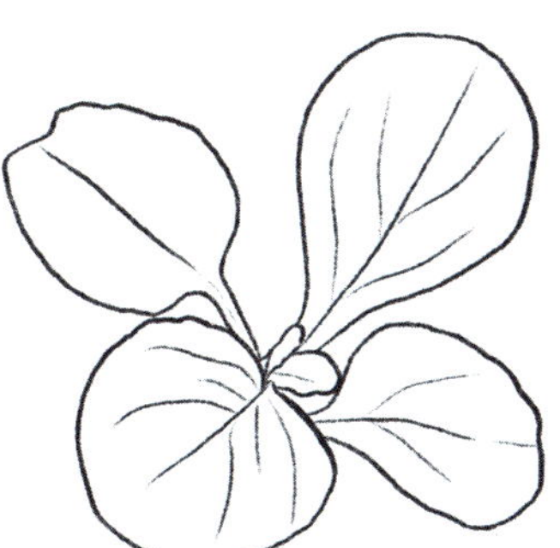

Achtung:

Beim Schnitt des ganzen Kopfes zerfällt ‚Tatsoi' in einzelne Blättchen.

Auch **Pflücksalat ‚Venezianer'** erntest du als Baby-Leaf-Salat, er treibt vom Pflanzenherz ausgehend laufen neue Blätter nach.

Feldsalat erntest du einmalig. Schneide die kleinen, grünen Pflänzchen mit der Schere knapp über der Erde ab und spüle sie in einem Sieb gründlich mit Wasser ab, denn in den Blattachseln verstecken sich gerne Erdkrümel. Die Wurzeln dürfen in der Erde bleiben, sie bauen sich langsam ab und wirken fördernd auf nachfolgende Pflanzen.

Hirschhornwegerich wächst zu Beginn zaghaft, später bildet er rasch 20–30 cm hohe, geschlitzte Blätter, die an ein Hirschgeweih erinnern. Er wird blattweise geerntet und treibt bis zum Frühling nach.

Genauso wüchsig ist die frostfeste **Winterkresse**, die du bis kurz vor der Blüte im folgenden Frühjahr erntest.

DAMIT DU ÜBER DIE JAHRE DEN ÜBERBLICK BEHÄLTST – DER ANHANG

REGISTER: ALLES, WAS DU VIELLEICHT NACHSCHLAGEN MÖCHTEST

A

B

C

D

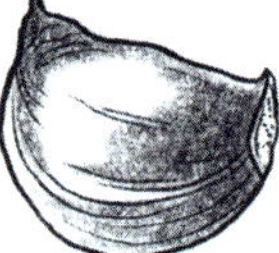

S

T

U

V

W

Z

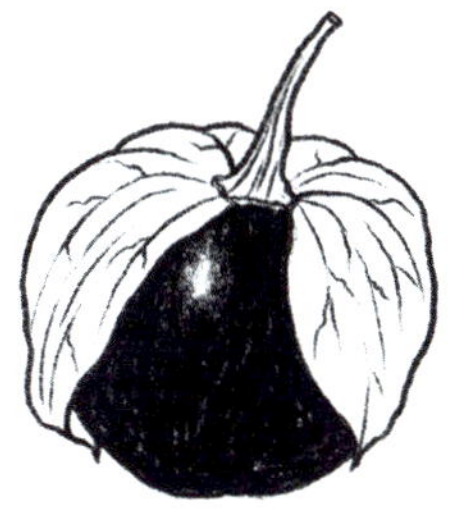

BEZUGSQUELLEN

Viele im Buch vorgestellte Systeme und Produkte wie Hochbeete, Terrassenbeete, Frühbeet-Aufsätze, Hochbeet-Bewässerung, Schneckenschutz, Wühlmausgitter, Noppenfolie, Nützlinge, Bio-Samen, Befüllungsmaterial, Vliese, Erweiterungen und mehr findest du im Online-Shop der Buchautorin Doris Kampas. Inklusive persönlicher Beratung!

bio-garten,
DI Doris Kampas
office@bio-garten.at
www.bio-garten.at

BEWÄSSERUNGEN (INKL. SOLAR-BEWÄSSERUNG) FÜR HOCHBEETE

bio-garten
www.bio-garten.at

BIO-SAMEN VON GEMÜSE, KRÄUTERN UND BLUMEN

Österreich

bio-garten
www.bio-garten.at

ReinSaat KG
www.reinsaat.at

Arche Noah
www.arche-noah.at

Samen Maier GmbH
www.samen-maier.at

Deutschland

Dreschflegel GbR
www.dreschflegel-saatgut.de

Culinaris
www.culinaris-saatgut.de

Schweiz

Pro Specie Rara
www.prospecierara.ch

Sativa
www.sativa-rheinau.ch

BIO-ERDEN, BIO-DÜNGER, HOCHBEET-BEFÜLLUNGS-MATERIAL

Österreich

bio-garten
www.bio-garten.at
(außer Blähton)

JH Naturrein Biogarten GmbH
www.naturrein-bio.at

Deutschland

W. Neudorff GmbH KG
www.neudorff.de

ökohum GmbH
www.oekohum.info

HOCHBEETE, TERRASSEN-BEETE, PYRAMIDEN-HOCH-BEETE, FRÜHBEET-AUFSÄTZE AUS HOLZ UND ZUBEHÖR, MULCH, KÄLTESCHUTZ- UND INSEKTEN-NETZE, GARTENVLIESE

bio-garten
www.bio-garten.at

KOMPOSTWÜRMER, WURMBOX

bio-garten
www.bio-garten.at

da Erdwurm
www.erdwurm.at

Vermigrand Naturprodukte GmbH
www.vermigrand.com

NÜTZLINGE, ÖKOLOGISCHE PFLANZENSCHUTZMITTEL

Österreich

bio-garten
www.bio-garten.at

biohelp Garten & Bienen
www.garten-bienen.at

Deutschland

W. Neudorff GmbH KG
www.neudorff.de

SCHNECKENSCHUTZ, WÜHLMAUSGITTER

bio-garten
www.bio-garten.at

NOPPENFOLIE (FREI VON WEICHMACHERN)

Österreich

bio-garten
www.bio-garten.at

Deutschland

www.gutta.com

ÖKOLOGISCHE BODEN-UNTERSUCHUNG

TB Unterfrauner GmbH
www.bodenoekologie.com

WO DU NOCH MEHR INFOS FINDEST: VERWENDETE LITERATUR UND QUELLEN

- **Albrecht, Willy 1944:** Grundlagen des Gemüsebaues, Graz
- **Baeumer, Kord 1992:** Allgemeiner Pflanzenbau, 3. Auflage, Stuttgart
- **Bedlan, Gerhard 2019:** Gemüsekrankheiten, Wien
- **Bodonno, Catherine P.; Neubauer, Oliver et al. 2023:** Nitrate: The Dr. Jekyll and Mr. Hyde of human health? https://www.sciencedirect.com/science/article/pii/S0924224423000894 (07.12.23)
- **Coleman, Eliot 2014:** Handbuch Wintergärtnerei. Frisches Biogemüse rund ums Jahr, Innsbruck
- **Eipeldauer, Anton 1940:** Schreber- und Hausgarten Kultur, Wien
- **Eipeldauer, Anton 1943:** Bodenbearbeitung und Düngung – Im Gemüsegarten des Selbstversorgers, Wien
- **Franck, Gertrud 1980:** Gesunder Garten durch Mischkultur, München
- **Heistinger, Andrea 2010:** Handbuch Bio-Gemüse. Sortenvielfalt für den eigenen Garten, Innsbruck
- **Heistinger, Andrea 2012:** Handbuch Bio-Balkongarten. Gemüse, Obst und Kräuter auf kleiner Fläche ernten, Innsbruck
- **Heistinger, Andrea 2013:** Das große Biogarten-Buch, Innsbruck
- **Herrmann, Gerald; Plakolm, Gerhard 1993:** Ökologischer Landbau. Grundwissen für die Praxis, Graz
- **Jabbour, Niki 2011:** The Year-round Vegetable Gardener, North Adams
- **Kampas, Doris 2017:** Biogärten gestalten. Das große Planungsbuch, Innsbruck
- **Kampas, Doris 2019:** Das unglaubliche Hochbeet. Ernten bis zum Umfallen, Innsbruck
- **Kampas, Doris 2020:** Das sensationelle Winterhochbeet. Ernten bis zum Abfrieren, Innsbruck
- **Kampas, Doris 2022:** Das phänomenale Erntebeet, Innsbruck
- **Kreuter, Marie-Luise 2004:** Kräuter und Gewürze aus dem eigenen Garten, München, Wien, Zürich
- **Kreuter, Marie-Luise 1989:** So entsteht ein Bio-Garten: für alle, die anfangen und es richtig machen wollen, München, Wien, Zürich
- **Kreuter, Marie-Luise 2002:** Pflanzenschutz im Bio-Garten, München
- **Kreuter, Marie-Luise 2004:** Der Bio-Garten, München, Wien, Zürich
- **Mayer, Johannes Gottfried; Uehleke, Bernhard; Saum, Kilian 2002:** Handbuch der Kloster-Heilkunde, München
- **Palme, Wolfgang 2016:** Frisches Gemüse im Winter ernten, Innsbruck
- **ReinSaat KG 2023:** Gemüse-, Kräuter- und Blumensaatgut aus biologisch-dynamischem und organisch-biologischem Anbau, Sortimentskatalog, St. Leonhard am Hornerwald
- **Schnitzer, Arthur 2017:** Schnecken, Innsbruck
- **Seipel, Holger 2014:** Fachkunde für Gärtner/-innen, Hamburg
- **Strasburger 2002:** Lehrbuch der Botanik, Berlin
- **Tronìčkova, Eva 1985:** Gemüse, Hanau/Main

ONLINE-SEITEN

- bio-garten, DI Doris Kampas: www.bio-garten.at
- www.garten-bienen.at
- www.samen-maier.at
- www.verbraucherzentrale.de/wissen/lebens mittel/lebensmittelproduktion/kunststoffe-7035
- https://rudolphina.univie.ac.at/rote-rueben-power-1

ÜBER DIE AUTORIN

DORIS KAMPAS

ist Pflanzenbauexpertin, Agrarwissenschaftlerin und Inhaberin ihres Unternehmens bio-garten. Die 2007 gegründete Firma ist spezialisiert auf die Entwicklung, Produktion und den Verkauf von Hochbeeten aus nachhaltigem Holz und weiteren ökologischen Produkten für den Bio-Garten.

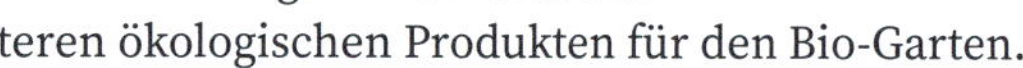

Von Hochbeeten, Pflanzpyramiden, Nützlingen, Bio-Samen und vielen anderen biologischen Gartenartikeln bis zur kompetenten Beratung finden Interessierte bei ihr alles zur Erfüllung ihres biologischen Nutzgarten-Traums.

Die Weiterentwicklung von Anbaumethoden und Produkten, die das Gärtnern weniger anstrengend, dafür einfacher und ertragreicher gestalten, macht die Autorin und ihre Firma zur Vorreiterin und anerkannten Expertin.

Ihr Wissen und ihre gesammelten Erfahrungen gibt Doris Kampas gerne in Vorträgen und Workshops, in verschiedenen Zeitungen sowie in ihrem bio-garten-Ratgeber (www.bio-garten.at) weiter.
www.bio-garten.at

Hilfe, Infos und Erfahrungsaustausch im Internet
Tipps und Tricks für Hochbeete und alles drumherum, regelmäßige Ratgeber-News oder einfach Erfahrungsaustausch findest du auf den Online-Kanälen der Autorin:
www.bio-garten.at
www.bio-garten.de
https://www.facebook.com/biogarten/
https://www.instagram.com/biogarten/

Komm in Doris Kampas' Facebook-Gruppe – hier gibt es direkten Erfahrungsaustausch rund ums Anbauen und Ernten:
https://www.facebook.com/groups/BioGarten/

WEITERS HABEN AM BUCH MITGEWIRKT:

Ruth Veres

ist selbstständige Illustratorin und Grafikerin in Wien. Mit ihren Zeichnungen, Illustrationen und der Gestaltung des gesamten Buches hat sie „Das große Hochbeet-Buch" erst zu dem gemacht, was es ist. Mit scheinbar lockerem Federstrich hat sie das, was sich mit Worten schwer beschreiben lässt, verständlich und nachvollziehbar gestaltet.
www.ruthveres.at

Daniel Zangerl und Daniel Pienz

Der Fotograf und sein Assistent fangen mit ihren natürlichen Aufnahmen die authentische Stimmung und Freude beim Hochbeet-Gärtnern ein. Daniel Pienz ist zudem das männliche Model im Buch.
www.danielzangerl.com

Julia Aldrian, Clara Ebenbauer, Henrike Kampas, Norbert Karner und Julia Scherzer

Unsere Hobbymodels standen einen ganzen Tag lang für wunderbare Fotos zur Verfügung.

Henrike Kampas

Ihre zwei wichtigsten Hobbies sind erstens der Garten und zweitens: das Kochen. Kein Wunder also, dass sie aus ihrer Hochbeet-Ernte fabelhafte Gerichte zaubert und dich im Buch an den Köstlichkeiten – zumindest in Form von Rezepten – teilhaben lässt.

Norbert Karner

ist Wirtschaftsinformatiker und begeisterter Hobbyfotograf. Als Ehemann hat er Doris Kampas nicht nur privat den Rücken freigehalten – auch viele hervorragende Fotos stammen von ihm. Darüber hinaus springt er immer wieder mal als Ideengeber oder für den Austausch von Gedanken ein, wenn Doris' Schreibfaden abreißt.

DANKE

Die Erstellung dieses Buches wäre ohne die Mitwirkung vieler helfender Hände nicht möglich gewesen.

Ein großer Dank gilt dem gesamten Team des Löwenzahn Verlags, das mir immer zur Seite stand: beginnend von der Konzeption des Buches über die Begleitung während des Schreibprozesses, das Lektorat, die Projektleitung bis hin zur Präsentation und Veröffentlichung. Danke an Christina Kindl-Eisank, Julia Scherzer, Sandra Span, Josefa Niedermaier, Alexandra Mayr, Stefanie Konrad, Janina Haas, Eva Ganzer und alle anderen tüchtigen Löwenzähne.

Die tolle grafische Gestaltung, alle Zeichnungen und das Buchcover des großen Hochbeet-Buches stammen wie immer von der unglaublich talentierten Ruth Veres, die alle meine Bücher zu lebendigen, anschaulichen Wegbegleitern für deine Hochbeete und deinen Garten macht. Dafür kann ich ihr nicht genug danken. Ein Blick auf www.ruthveres.at zeigt, dass Ruth nicht nur eine tolle Grafikerin, sondern auch eine begabte Künstlerin ist.

Ein herzlicher Dank gilt Daniel Zangerl, Daniel Pienz und meinen „Models" Julia Aldrian, Clara Ebenbauer, Julia Scherzer, Henrike Kampas und Norbert Karner, die mit viel Emotion und Geduld für fantastische Fotos gesorgt haben.

Vielen Dank an meine Mutter Henrike Kampas, die nicht nur ihren Garten für viele im Buch veröffentlichten Aufnahmen zur Verfügung stellte, sondern mich auch bei der Kreation zahlreicher Rezepte unterstützte.

Vielen Dank schulde ich meinen Kund*innen und Freund*innen, die uns Fotos von ihren Hochbeeten zur Verfügung gestellt haben.

Last but not least gilt ein großer Dank meinem Mann Norbert Karner, der mich bei meinen Vorhaben immer unterstützt und in intensiven Schreibphasen die anfallenden Aufgaben des Alltags und einiges mehr übernimmt.

2. Auflage

Erlerstraße 10,
A-6020 Innsbruck
E-Mail: loewenzahn@studienverlag.at
Internet: www.loewenzahn.at

Inhaltliche Betreuung: Löwenzahn Verlag/Christina Kindl-Eisank
Konzept: Löwenzahn Verlag/Sandra Span, Julia Scherzer
Lektorat: Löwenzahn Verlag/Christina Kindl-Eisank, Sandra Span
Projektleitung: Löwenzahn Verlag/Julia Scherzer

Umschlag- und Buchgestaltung, Illustrationen sowie grafische Umsetzung: Ruth Veres, www.ruthveres.at

Fotografien: alle Doris Kampas und das bio-garten Team, außer: Andrea Sönntgen Seite 13 (links oben) | Barbara Maudet S. 11 (rechts) | Daniel Zangerl S. 5, 6, 8 (rechts unten), 15 (oben), 16, 26, 32, 38, 48, 52 (Mitte), 54, 62 (rechts), 65 (unten), 93, 94 (links oben), 103, 111, 112 (oben, Mitte), 113 (rechts), 114, 115, 123, 125 (rechts oben, unten), 126, 135, 161, 169, 184, 192, 203, 209, 230, 231 – www.danielzangerl.com | Elke Willms S. 124 (rechts unten) | Friedel Strauß S. 124 (rechts oben) | Grit Weber S. 8 (links Mitte) | Jasmin Klein S. 125 (links oben) | Katharina Guth S. 10 (links) | Katrin Schwan S.13 (links unten) | Kristina Orgass S.7 (oben) | Luzia Brand S. 8 (links unten); S. 110 | Marisa Schüßlbauer S. 13 (rechts oben) | Maximilian Späth S. 124 (links oben) | Melanie Schmid S. 112 (unten) | Rebecca Minx S. 8 (rechts Mitte) | Sabine Pleininger S. 106 (links) | Sonja Billmann S. 10 (rechts) | Stefanie Hübner S. 127 (rechts) | Ulrike Lindgens S. 18

Bibliografische Information der Deutschen Nationalbibliothek

Die Deutsche Nationalbibliothek verzeichnet diese Publikation in der Deutschen Nationalbibliografie; detaillierte bibliografische Daten sind im Internet über <http://dnb.dnb.de> abrufbar.

ISBN 978-3-7066-2995-9